LA LLAMA DE AMOR DEL INMACULADO CORAZÓN DE MARÍA

Diario Espiritual

Isabel Kindelmann

LA LLAMA DE AMOR DEL INMACULADO CORAZÓN DE MARIÁ

Diario Espiritual

Movimiento Llama de Amor
del Inmaculado Corazón de María

El 5 de junio de 2009, el texto original húngaro del Diario Espiritual recibió del Cardenal Péter Erdö, arzobispo de Esztergom-Budapest y Primado de Hungría, la autorización de impresión número 494-4/2009.

La imagen de la cubierta es una representación de la *Virgen de la Llama del Amor* pintada por el artista Erwin Schôppl, Regensburg, Austria, 1977.

Primera edición

Editado por:

The Flame of Love of the Immaculate Heart of Mary inc.
La Flamme d'Amour du Cœur Immaculé de Marie inc.

ISBN 978-0-9879765-8-1

Llama de Amor del Inmaculado Corazón de María
B.P. 21111, C.P. Jacques-Cartier
Longueuil (Québec), Canada
J4J 5J4

marie@laflammedamour.org

ISABEL KINDELMANN

Budapest, Hungría

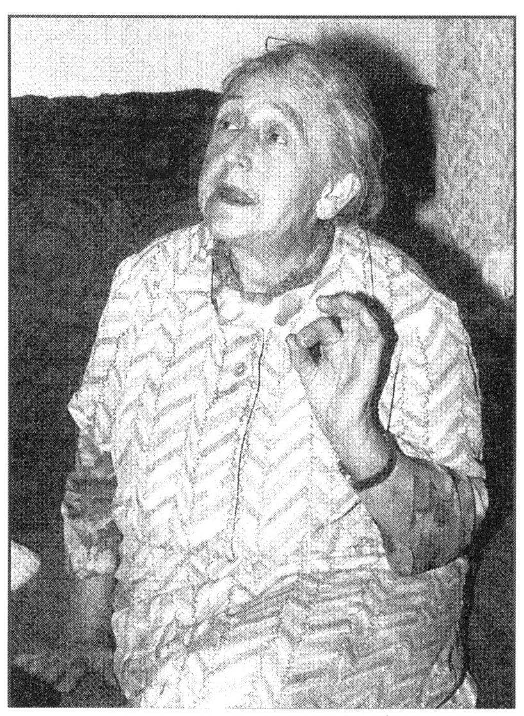

BIOGRAFÍA

Isabel Kindelmann, nació en el Hospital San Étienne, en Kispest, Hungría el 6 de junio de 1913.

En los escritos póstumos de su director espiritual, fallecido en 1976, nosotros podemos comprender que ella era procedente de una familia pobre. Sus padres fueron Joseph Szántó (1871-1917) y Ersébet Mészáros (1878-1924). Su padre era protestante, su madre católica. Los hijos recibieron una educación católica.

Isabel tuvo doce hermanos y hermanas, seis veces dos gemelos. Solo ella, que era la décimo tercera de los hijos, no tenía gemelo. De todos, fue la única que arribó a la edad adulta. Siete de sus hermanos y hermanas fueron víctimas de la gripe española en 1919. Posteriormente dos de ellos murieron a causa de la difteria y dos accidentalmente. Otro de sus hermanos murió joven pero Isabel no supo la razón de su deceso.

ISABEL – "Después de la muerte de mi padre, dígase de 1917 a 1919, yo fui criada por mi abuelos maternos en Seresznyéspuszta, debido a mi salud frágil, el médico me aconseja de vivir en el campo. De este período, solo recuerdo que ellos me llevaban a la iglesia de Szekazard, a catorce kilómetros de allí, y que mi abuela llevaba siempre un rosario enrollado alrededor del puño, incluso cuando iba a alimentar las gallinas y los puercos".

"De septiembre de 1919 a junio de 1923, seguí la escuela elemental de niñas jóvenes en la calle Pannonia en Budapest".

Desde el 8 de noviembre de 1923, en el marco de una acción internacional, Isabel fue enviada a Suiza, con la familia de un rico fabricante de máquinas agrícolas en Willisau. "De la niña enclenque que había sido –dice ella– devine, bajo la supervisión de ayas francesas y alemanas, a una niña joven, pasando de veinte y uno a treinta y ocho kilos".

"En noviembre de 1924, regresé a Budapest, en realidad por amor a mi madre que estaba gravemente enferma y ya no dejaba la cama".

"A finales de 1924, mis 'padres' de Willisau deseaban adoptarme y llevarme definitivamente a Suiza. La cita estaba fijada para las diez horas en la estación de Graz (Austria). Yo llegué a las diez de la noche y ellos me esperaban a las diez de la mañana. Fue este malentendido fatal lo que fijó que debía cumplir mi misión en Hungría. Una joven pareja húngara me regresó a Budapest".

A la edad de doce años, yo trabajaba en el hogar de mi tío materno en Vajta, desde las Pascuas hasta la cosecha del maíz, pero no podía soportar la pereza de mis tres primos y de mi prima, y los dejé sin decir una palabra para volver a Budapest.

"De noviembre de 1925 a junio de 1926, fui contratada como doméstica en la casa de la madre de un notable de la provincia. Debía trabajar en la mañana hasta la caída de la tarde y recibía solo una comida al día. Vivía en una situación social lamentable y sufría de hambre, por lo que tomé mi equipaje y partí en dirección al centro de la ciudad".

"Bajo la puerta con cochera de una pequeña casa en ruinas, yo percibía una dama anciana no muy simpática llevando un sifón de agua de Seltz vacío en la mano. Ella me mira y me llama; me pide comprarle una botella de agua de Seltz en el café de enfrente. Me da el dinero y mira si yo hacía aquello que me había dicho. Le entrego el agua del Seltz y ella me interroga. Luego subí a su casa y me ofrece un desayuno. Me contrata para cultivar su pequeño jardín por el contravalor de la comida. Había allí visitantes extraños. Gritando, resistí físicamente a un joven hombre que frecuentaba la casa. Ese mismo día, me fui de allí, volviendo a errar con mi pequeño equipaje".

"Ese día, el 10 de agosto de 1926, me fui a la iglesia de Adoración Perpetua de la Avenida Ülloi. Cuando la iglesia cerró, erré hasta terminar sobre un banco de la plaza Matyas. El agente de policía que hacía la ronda tuvo piedad de mí y no me echó. Cuando se hizo de día, me fui a la iglesia del Corazón de Jesús, donde dormí durante toda la misa. Después de haberme recalentado, comencé a errar para encontrar trabajo. Al lado de la iglesia de Jozsefvaros, sobre la puerta de una cremería, leí que ellos contrataban portadores de leche. Me presenté y ellos me contratan, pero me dicen que no podría tomar el trabajo hasta tres días más tarde que el antiguo portador hubiera dejado la cremería. ¿Qué hacer durante esos tres días? Había en la calle Koszuru, una fábrica que contrataba rápidamente personas que se ocuparan de romper las nueces. Los empleados estaban sentados a lo largo de una mesa. Cada uno tenía dos cestas. Ellos tomaban las nueces de una cesta, las rompían, y metían las nueces descascaradas en la otra. La producción de cada uno era pesada. Pagaban cuatro fillers por hora, y por diez fillers podía comprar cinco croissants en el mercado de la plaza Teleki, el menos caro de la ciudad. Fui donde los padres franciscanos que me dieron un poco de dinero. Compartí el pan con una mujer hambrienta que comimos rápidamente sobre un banco de la plaza. Los franciscanos me propusieron enviarme a las hermanas de la calle María, las cuales efectivamente me dieron asilo por un pengo. El hambre me empuja a robar y sentí vergüenza. Fui a confesarme. El padre que me confesaba lloraba conmigo y me aseguraba que yo no había cometido pecado, debido a que era la miseria lo que me había llevado a robar. Más tarde, las hermanas donde yo estaba alojada me hacen gracia del precio de alojamiento".

"En mi miseria y sin ningún apoyo humano, debía cambiar de empleador por cada centavo de más. Por un mismo trabajo en una cremería de la calle Baross (octavo distrito de Budapest) me daban seis pengos y la comida. La tercera cremería, igualmente en la calle Baross asegura mi existencia casi durante un año. Era este el trabajo más favorable desde un punto de vista material, ganaba ocho pengos, y trabajaba solo de cinco y media a once de la mañana. Pasaba mis horas libres rezando, más frecuentemente en la iglesia de Adoración Perpetua donde participaba regularmente en el oficio de Adoración Perpetua".

"Para completar mi salario, me contraté en una fábrica donde pelaba papas. Pagaban dos fillers por diez kilos de papas peladas. En tres horas podía ganar doce fillers. Paralelamente, vendía golosinas en un pequeño cine en las afueras de la ciudad. No veía las películas. Durante las escenas, sentada en una butaca vacía, pensaba en Dios. La directora me pide prestado frecuentemente pequeñas sumas. Cuando sus deudas se elevaron a veinte pengos, ella prefiere deshacerse de mí y me despide".

"Yo devine portadora ocasional en Halles en el noveno distrito. A las seis de la mañana, iba a Halles y proponía mis servicios a las damas que iban a hacer las compras. Al llegar a sus casas, más de una me invitaba a tomar el desayuno. Fue así que conocí a una familia burguesa de Budapest, gracias a la cual pude asistir a los cursos de enfermera de la calle Dohany, en el octavo distrito. No sería hasta una decena de años más tarde que yo podría poner en práctica mis conocimientos de enfermera en el hospital de las hermanas franciscanas y en el hospital antituberculosos de la calle Tarogato".

"Yo continuaba con esta ocupación en Halles incluso cuando obtuve un empleo en una pequeña empresa familiar de cepillos. Mi salario se elevaba a 60 pengos por mes y la familia me ofrecía el almuerzo. De esta manera tenía los medios para alquilar una habitación y me instalé en la calle Magdolna número 10, en el primer piso, donde pagaba 20 pengos por mes. Trabajaba de 8 de la mañana a 4 de la tarde".

"En el este combate por el pan de cada día, deseaba darle a conocer al Buen Dios a las personas y no cesaba de preocuparme por la necesidad de la enseñanza religiosa y de la misión".

"A la edad de quince años, decidí convertirme en religiosa de la Adoración Perpetua (La Congregación de religiosas reparadoras fue fundada en París por la condesa de Oultremont). Pasaba horas mirando silenciosa el Santo Sacramento expuesto para la adoración de los fieles. Así mi corazón se llenaba del amor de Dios".

"Un día, decidí dirigirme al convento y preguntarle a la hermana portera como yo podía ser admitida. Ella me responde que era necesaria una recomendación y me entrega una hoja impresa sobre la cual estaba enumerado aquello que hacía falta aportar al convento luego de la admisión. Además de la enorme enumeración de elementos, indicaba que cada cual podía aportar una cierta suma en dependencia de sus posibilidades".

"Leí todo aquello con estupefacción y pensaba que yo no podría jamás amasar semejante fortuna. Mi pobreza había hecho fracasar mis proyectos de convertirme en religiosa. Sin embargo, el deseo de devenir religiosa misionera nacía y crecía en mi alma. Yo no dudaba que Dios tenía otros proyectos conmigo".

Otoño 1928. "Yo no me acuerdo del todo del nombre de la dama anciana que encontraba frecuentemente en la Adoración Perpetua. Le conté parte de mis proyectos y mis sueños de misionera. Ella me da la dirección de las hermanas misioneras de la calle Hermina, que educaban los huérfanos y demandaban también misioneras".

"Al llegar a la calle Hermina, pedí hablar con la hermana encargada de las admisiones. Fue allí que por primera vez en mi vida escuché la expresión 'Superiora'. La hermana portera me hace entrar al cuarto de huéspedes. La Superiora llega y me invita a sentarme, debido a que ella se había quedado de pie por hábito. Le dije mi intención de darle a conocer a las personas el Buen Dios. Después de haberle contado que yo era huérfana y haberle dicho lo que ganaba, se levanta y me dice: '¿Sabes tú, mi pequeña, por qué tú quieres convertirte en religiosa? Tú no tienes la vocación, solamente que eres huérfana, no tienes un hogar, y es por eso que quieres entrar a un convento'".

"En este punto la conversación fue interrumpida. Todo se estremece en mí. No le conté mi fracaso a nadie, solo a la dama que me había dado la dirección de este convento. Después de haberme escuchado, ella me dice: 'Ve a la Casa-Madre de la avenida Ménesi, a la casa de la Superiora Provincial'".

"Tomé el tranvía para ir a Pest (Buda y Pest están separadas por el Danubio que dividía la ciudad en dos) por el puente Ferenc József. Pedí a hablar con la Superiora Provincial. Debí esperar alrededor de cinco minutos que me parecieron tan largos como los cinco minutos que precederán mi muerte".

"La Superiora Provincial me habla con tanta gentileza que yo estaba completamente relajada. Le conté todo con completa sinceridad. Ella me toma la mano como una madre y me dice: 'Nosotros rogaremos al Señor Jesús que el haga su voluntad y él nos dirá lo que debemos hacer. Todo pasará según su voluntad'. Entramos las dos en una capilla, pero me quedé detrás, parada cerca de los bancos. Yo miraba de lejos como la Superiora Provincial hablaba con el Señor Jesús. Con una dulce ligereza, la Superiora viene a mí, me toma la mano y me lleva a la sala de recepción. Allí, me invita a sentarme, pone su mano sobre la mía, me mira profundamente a los ojos, y me dice: 'Mi pequeña, la voluntad de Dios es diferente'. Yo sentí un malestar. '¿Sabes tú cuál es la voluntad del Buen Dios? Él quiere otra cosa de ti. Él te confiará otra misión. Esta misión que Dios te confiará, cúmplela lo mejor que puedas'".

PRONUNCIAMIENTOS DEL CARDENAL PÉTER ERDÖ

Pronunciamientos del Señor Cardenal Péter Erdö, Primado de Hungría, Arzobispo de Esztergom-Budapest, sobre la Asociación Movimiento Llama de Amor del Inmaculado Corazón de María

I. Palabras tomadas de la homilía pronunciada el 1.de Junio de 2009, en Máriaremete, con ocasión de la Fiesta de los Carismas:

"Siento así mismo como signo del Espíritu Santo vivificador que después de un trabajo prolongado de especialistas, justamente para la primavera de este año se haya terminado la revisión del Diario Espiritual de la señora Isabel y del reglamento de la asociación de oración de la Llama de Amor. Hemos encontrado que este movimiento que está funcionando en numerosas diócesis del mundo con aprobación de los obispos y prospera aquí en Hungría también, país de su origen, es portador de una espiritualidad auténticamente católica y así mismo de una devoción hacia la Virgen María del todo conforme a nuestra fe católica. Reciba, pues, en nuestra Diócesis también el reconocimiento, contribuya a la renovación espiritual de nuestra comunidad de creyentes y a la de nuestro pueblo. Este sábado, 6 de Junio, a las 11 horas, vamos a promulgar solemnemente la aprobación en la iglesia del Corazón de Jesús de Kispest".

II. Palabras pronunciadas por el Emmo. Cardenal Péter Erdö en la iglesia del Corazón de Jesús de Kispest, el 6 de Junio 2009 en el X. Encuentro Nacional de la Llama de Amor (de Hungría), antes de la santa misa.

"Agradezco cordialmente las palabras amables de salutación que me han dirigido el señor párroco y la señora guía del Movimiento Llama de Amor en Hungría. Efectivamente es una realidad que el Espíritu Santo está obrando en la Iglesia hasta el fin de los tiempos. Frecuentemente la comunidad entera de la Iglesia recibe impulsos que brotan del corazón de personas cristianas plenamente entregadas y profundamente creyentes que –una vez examinados por los sucesores de los apóstoles– son acogidos por ellos con reverencia como dones de Dios para toda la Iglesia.

Solían decir por ciertas épocas que la institución y el carisma son dos realidades distintas y como si fueran opuestas entre si. La historia de nuestra Iglesia demuestra que, al contrario, los carismas verdaderamente auténticos –o sea aquellos dones especiales que Dios da a personas creyentes para beneficio de toda la Iglesia– y la estructura institucional de la misma establecida por voluntad de Cristo están justamente en estrecha correlación entre si.

El ejemplo más bello para esto es la historia de las órdenes religiosas. El gran fundador de una orden es un personaje auténticamente carismático como lo era San Francisco o San Ignacio de Loyola: eran un fenómeno extraordinario en su época. La Iglesia se regocija tanto de aquel valor que resplandece en su vida, de aquella espiritualidad, de aquella forma de vida que él representa, que le grita: '¡No te vayas!' Que se quede esta forma de vida, que perdure este carisma en la Iglesia. Así nacen las órdenes religiosas que el carisma se torna en institución.

Digo más todavía: es Cristo mismo, su persona y su misión, quien recorre en la Iglesia el camino de la historia. 'Como el Padre me ha enviado, les envío yo también a ustedes' (Juan 20, 21) –dice Jesús a los discípulos. Por tanto, la Iglesia en la tierra –en forma de una comunidad visible– lleva adelante la misión de Cristo. De esto sigue que no es una organización puramente humana, extraña, sino vive dentro del mundo. La Iglesia es una sociedad visible también, no sólo una realidad misteriosa invisible de la gracia: la es también, pero es la misma única Iglesia. No son dos cosas distintas, sin embargo está expuesta a todo aquello que la debilidad humana y la historia humana producen como obstáculo o a aquello que en una persona en un momento dado de la historia como belleza o como posibilidad aparece. Creo que en el caso del Movimiento de la Llama de Amor estamos frente a algo semejante.

Una mujer creyente, la señora Isabel, ora y oye voces en su alma... Y estas voces admirables –ella percibe así– provienen de la Virgen María. Nadie pregunta –ya que no es esto lo importante– cuál era la naturaleza de estas percepciones suyas que están descritas en el Diario Espiritual. No se trata de que la Iglesia hubiera hecho aquí en los años pasados un enjuiciamiento o comprobación de un acontecimiento especial o de un fenómeno sobrenatural sino (se trata) del contenido de los mensajes. Esto es lo que profunda– y seriamente hemos estudiado.

Mientras en Hungría no se podía ocuparse oficialmente de este asunto, en numerosos países del mundo esta espiritualidad se ha difundido y hemos constatado que produce frutos positivos. Antes de que hubiéramos tomado esta decisión en Budapest hemos hablado con muchas personalidades del extranjero, obispos y sacerdotes, con pastores de almas de nuestra patria y ellos han dado testimonio de qué frutos produce la Llama de Amor en la vida de personas particulares y de las comunidades. Y nosotros sabemos que el árbol bueno produce frutos buenos. Efectivamente eran muy positivos estos testimonios.

Luego hemos designado una comisión. Varios sacerdotes tomaron en sus manos los documentos escritos que quedaron: el Diario Espiritual, la documentación sobre fundaciones en el extranjero y sobre aquello de cómo reconocieron en muchas partes del mundo desde Brasil hasta México ciertos obispos este Movimiento como asociación de derecho privado de creyentes en Cristo. Esto ha dado como resultado –no hace mucho que se ha concluido esta investigación– que nuestra Iglesia reconoce como auténtico, o sea concorde con la fe católica todo el contenido escrito del Diario Espiritual y considera que la actividad, vida y reglamento de esta comunidad está de acuerdo con todo lo que caracteriza los movimientos de espiritualidad y las comunidades auténticas de la Iglesia Católica.

Esto ha conducido a que es la Iglesia entera que recibe el carisma como un regalo de parte de Dios. Por tanto en vez de olvidarnos de el, debemos ponerlo sobre el candelero para que ilumine a todos los de la casa. Que brille este carisma a todo el pueblo húngaro también, mientras ya había logrado efectos de gracia serios en muchos otros países. Nosotros oramos por esto, por esto es que he dado la resolución que ahora le pido al señor director de la oficina del arzobispado tenga la bondad de darle lectura".

* * *

Extractos del Decreto

(Leído por el Canónigo László Süllei)

Gran Señora de los Húngaros, ¡ruega por nosotros!

Con las presentes líneas fundo en la Arquidiócesis de Esztergom-Budapest la Asociación *Movimiento Llama de Amor del Inmaculado Corazón de María* como asociación eclesial de creyentes en Cristo de derecho privado dotada de personalidad jurídica.

Al mismo tiempo apruebo también para el territorio de la Arquidiócesis los Estatutos de la Asociación aceptados en Sao Paulo (Brasil) el 15 de agosto 2008 y aprobados el 11 de Diciembre 2008 en la Arquidiócesis de Hermosillo (México).

Ruego a Dios conceda su bendición abundante para la vida y actividad de la Asociación.

¡Que su actividad sirva para la renovación espiritual de nuestra patria!

Budapest, Domingo de Ramos de 2009
Con mi bendición de Pastor
PÉTER ERDÖ, Cardenal, primado, arzobispo

PRÓLOGO

Carta del Señor Arzobispo Bernardino Echeverría Ruiz, Arzobispo de Guayaquil, Ecuador

Con grande devoción y emoción hemos leído éste libro, Llama de Amor, traducido por el Padre Róna S.J., y presentado para obtener la licencia previa a su impresión. Debemos confesar, con sinceridad, que en las páginas de éste libro, hemos encontrado las más bellas y profundas lecciones para la vida espiritual, por lo que no solamente creemos conveniente dar la respectiva aprobación, sino también recomendar éste libro que servirá para profundizar en las exigencias de la vida cristiana.

Llama de Amor es un nuevo nombre que se da a ése inmenso y eterno amor que María profesa a todos los seres humanos por quienes Cristo ofreció su vida y derramó su sangre. Por lo mismo, Llama de Amor es el nombre de amor de María a sus hijos. Llama que ilumina, llama que calienta, llama que incendia, llama que ardiendo en el Corazón de María quiere también arder el corazón de sus hijos, especialmente en los días escogidos para la oración reparadora que son los jueves y los viernes de cada semana.

Con ésta Llama de Amor, que es el Corazón Inmaculado de María, descubriremos el tesoro infinito de las cinco Llagas de Cristo que no solamente es el refugio para el alma, sino la lección acerca de la cruz que debemos comprender cuando nos persignamos repitiendo una de las más sencillas y profundas oraciones. Por la Santa Cruz, líbranos de nuestros enemigos. La Cruz, el arma más poderosa para vencer al demonio, a ése espíritu del mal, que cada día domina más y más en el mundo.

Por esto, la Llama de Amor debe estar encendida para salvar a todos los cristianos; para salvar las familias, salvando a los padres y madres de cada familia cristiana; para ayudar a la santificación de los sacerdotes, que mientras más se asemejen a Cristo más eficaz ministerio ejercitarán con todos sus hermanos; ésta Llama de Amor debe iluminar todos los momentos de la vida del cristiano, todos los momentos de enfermedad, de agonía, de muerte. Aún después de la muerte ésta Llama de Amor debe seguir iluminando la esperanza de quienes se encuentran en el purgatorio.

Al mismo tiempo que concedemos la licencia para que se publique éste bello libro de amor, hacemos fervientes votos porque llegue a muchas manos y se convierta en el instrumento en el cual podamos todos acercarnos más a Dios, iluminados siempre, con ésta eterna Llama de Amor que es el Corazón Inmaculado de María.

Mons. Bernardino Echeverría Ruiz
Arzobispo de Guayaquil

* * *

Nota del P. Gabriel Róna, S.J.:

Monseñor Bernardino Echeverría, después de haber estudiado personalmente el manuscrito del Diario, al devolverlo me leyó esta carta. (Con fecha junio 1989)

El 26 de noviembre de 1994 Mons. Bernardino fue creado por S.S. Juan Pablo II Cardenal de la Santa Madre Iglesia. Hasta su muerte acaecida el 6 de abril del 2000 era un amigo y gran apóstol de la Llama de Amor.

Fue él quien aprobó los Estatutos del Movimiento. Solicitó al Santo Padre que diera su aprobación para que la Llama de Amor fuera aceptada en toda la Iglesia. (22 de octubre 1996)

Recibió la respuesta del Vaticano: "Alentándole a proceder para que la Asociación dé frutos abundantes entre sus miembros, así como en la Iglesia toda, le invito a seguir con la delicada tarea de su acompañamiento espiritual".

J. Francis Stafford
Presidente del Pontificium Consilium Pro Laicis
263/97/S-61/B

Mons. Bernardino ejercía con mucho amor y entrega este encargo hasta su muerte. Fue él quien presidió el "primera encuentro espiritual internacional de La Llama de Amor" que tuvo lugar en México D. F. en julio de 1999.

PADRE GABRIEL RÓNA

El padre Gabriel Róna, S.J., reside en Budapest, Hungría. Él vivió treinta años en Ecuador. Fue en esa época que él recibe providencialmente los escritos de la señora Isabel Szántó Kindelmann: un mensaje celeste que habla de la Llama del Amor del Corazón Inmaculado de María. Él se consagró a la tarea de traducir estos escritos del húngaro al español, lo cual él resume de la siguiente manera: "Satán intensifica al máximo su esfuerzo por perder las almas. Frente a él, su eterna adversaria, María Santísima. Nosotros sabemos que 'allí donde el pecado abunda, la gracia sobreabunda' (Rom 5,20). Ella obtiene del Padre Celestial, por los méritos de la pasión de su Santísimo Hijo, una efusión de gracias muy grande, como jamás ha habido desde que el verbo de Dios encarnó (13 de abril de 1962). Ella va a cegar a Satán por la Llama de luz y de gracia que brota de su Corazón Inmaculado. Ella nos dice aquello que debemos hacer para colaborar con ella en esta obra. La Santísima Virgen María llora, suplica, ruega y nos pide oraciones, sacrificios, horas santas en familia, ayunos, para ayudarla en esta lucha contra el mal".

El padre Gabriel Róna fue coordinador internacional del Movimiento Llama del Amor hasta agosto de 2008 y luego consejero espiritual hasta abril de 2012. El murió el 21 de junio de 2015, en Hungría.

INTRODUCCIÓN

Este Diario fue escrito por una mujer humilde llamada Isabel de Kindelmann, que vivió en Hungría de 1913 a 1985.

Es sabido que la Iglesia Católica en ese país vivía bajo un régimen de persecución durante muchos años.

El Diario logró llegar al Occidente a manos de una religiosa húngara, llamada Sor Ana Roth, que al conocer el mensaje apremiante de la Santísima Virgen, que es el principal contenido de éste Diario, publicó los textos más importantes en folletos de 16 y luego de 60 páginas, que fueron traducidos a muchos idiomas, alcanzando gran difusión.

El Diario integro fue editado en húngaro en 1985, en Alemania. Mi deseo es que el mensaje de la Santísima Virgen llegue cuanto antes a manos de muchos fieles de habla hispana.

LA AUTORA DEL DIARIO ISABEL KINDELMANN

La señora Isabel, nació en Budapest, siendo la decimotercera de una familia humilde. A los once años se quedó Completamente huérfana. La dureza de la vida maduró su personalidad. Pudo estudiar únicamente hasta el cuarto año de primaria, pero aún esto estaba dentro de los planes de Dios, para que nos convenciéramos que no es ella quien nos habla, sino Dios mismo por medio de su "Instrumento Humano". Tres veces llamó a las puertas de los conventos para hacerse religiosa... pero en vano lo intentó. En 1930 se casó con un honesto artesano, con quien vivió 16 años en armoniosa vida matrimonial. En 1946 se quedó viuda con 6 hijos menores de edad. La lucha por mantener a su familia se hizo tremendamente dura, sobre humana.

En una semana trabajaba de seis hasta las catorce horas, y en la siguiente, de las catorce a las veintidós horas.

Trabajaba a veces doble jornada (una vez en una fundición de hierro). Solamente así pudo mantener a su familia y educar a sus hijos. Su misión providencial comenzó en el año de 1961; de aquí en adelante ya podemos conocer su vida espiritual, gracias al Diario, escrito a mano en 423 páginas por la señora Isabel.

CONTENIDO DEL DIARIO

Comienza con la descripción de una terrible "noche obscura". Por medio de la Santísima Virgen, regresa la luz divina y comienza a oír la voz de nuestro Señor Jesucristo y de María Santísima, en forma de locuciones interiores; sus palabras las percibía claramente en su alma.

El Diario no solamente contiene pensamientos espirituales elevados, sino un mensaje de gran trascendencia, más aun, una *iniciativa de gracia* de parte de la Santísima Virgen, de inmensa importancia, que tal vez, se podría resumir así:

Satanás intensifica al máximo sus esfuerzos por perder a las almas.

Frente a él, su eterna enemiga, María Santísima. Sabemos que "donde abundó el pecado, sobre abundó la gracia". (Rom. 5,20) Ella alcanzó del Padre Celestial, por los méritos de la Pasión de su Hijo Santísimo, una efusión de gracias tan grande, como no lo ha habido desde que el Verbo de Dios se hizo carne. (Son palabras de nuestra Madre Santísima). Ella va a cegar a Satanás con la Llama de Luz y Gracia que brota de su Inmaculado Corazón. Esta Llama debe encender todos los corazones, hasta los de aquellos que no pertenecen a la Iglesia Católica. Nos dice qué tenemos que hacer para colaborar con Ella en ésta obra. La Santísima Virgen María llora, suplica, ruega, nos pide oraciones, sacrificios, Horas Santas en familia, ayunos, para ayudarla en esta lucha contra el mal.

Alguien podría preguntar: En ésta obra ¿qué hay de novedad? ¿Añade algo a lo que la Iglesia cree o hace para venerar a la Santísima Virgen? Responderíamos que estos escritos ponen ante nuestros ojos a María Santísima como Ella siente y actúa en la obra presente de nuestra historia. Esa maternidad espiritual inmensa, esa preocupación increíble por la salvación de las almas de sus hijos. Oigamos sus palabras:

"Toma ésta Llama, es la Llama de Amor de Mi Corazón. ¡Enciende con ella el tuyo y pásala a otros!"

"Con ésta Llama llena de gracias que de Mi Corazón les doy a ustedes, enciendan todos los corazones en todo el país, pasándola de corazón a corazón. Éste será el milagro que convirtiéndose en un incendio, con su fulgor cegará a Satanás. Este es el fuego de amor que alcancé del Padre Celestial por los méritos de las llagas de mi Hijo Santísimo". (13 de abril de 1962)

Gracias a Dios, los folletos de Llama de Amor tuvieron una acogida maravillosa en la república mexicana; país que tanto ama la Santísima Virgen y donde tanto es amada. Señal segura de su predilección hacia ese pueblo.

Esperamos que el amor hacia Ella vaya creciendo más y más con la lectura y meditación de éste Diario Espiritual.

Quisiera comunicarte, querido lector(a), que el Diario que tienes en tus manos mereció la aprobación del Gobierno Eclesiástico de la Arquidiócesis de Guayaquil Ecuador.

También tienes el juicio favorable de mi orden, la Compañía de Jesús. Tengo el gusto de transcribirlo a continuación:

1º- La materia de que se trata es útil.

2º- Supera la calidad media de muchas autobiografías y testimonios.

3º- Concuerda con la doctrina de fe y costumbres, tal como es propuesta por el magisterio eclesiástico, por los autores espirituales y por el sentir del pueblo.

4º- No contiene nada que pudiera ser motivo fundado de ofensa contra nadie. La obra, por tanto, parece ser digna de ser publicada.

Mientras tanto se buscaban en la República Mexicana otras aprobaciones de diferentes obispos (ya que en ese país es en donde se edita en castellano) y así llegaron cartas de felicitación, animando para la difusión y dando la bendición para propagar la auténtica devoción a María Santísima, tanto del Arzobispo de Acapulco, como del de Celaya, de León, de Atlacomulco, Guadalajara, Durango, Aguascalientes, Hermosillo, Tuxtla Gutiérrez, Ciudad de México (no llegaron de más lugares porque no fue enviado el folleto a todos los señores obispos).

Como dato curioso, mencionaremos que el mismo día daba su aprobación tanto Mons. Gabriel Díaz Cueva, en Guayaquil, Ecuador, como Mons. Victorino Álvarez Tena, en México, obispo de Celaya. El arzobispo de México, Mons. Ernesto Corripio Ahumada, nos dio la autorización de palabra, bendiciendo la obra, posteriormente por escrito.

Ahora ya te dejo, querido lector(a), con el Diario Espiritual en tus manos y los mejores deseos de que llene tu corazón de amor para nuestra Madre bendita y con el afán de dar respuesta a Ella de sus apremiantes súplicas.

Guayaquil, Ecuador, 15 de junio de 1989.

El traductor: P. Gabriel Róna S.J.

igyekezzetek leánykáim!!!

Közel az idő mikor szeretetlángom kifog gyúlni, és abban a pillanatban is rabbá lesz a sátán, melyet érezteni fogok veletek, hogy bizalmatokat fokozzam és ez nagy erőt ad nektek. Ezt az erőt mindenki fogja érezni kihez csak el jut. Mert nem csak a nekem ajánlott országba, hanem az egész föld kerekségén kifog gyúlni és az egész világon elfog terjedni még a legmegközelíthetetlenebb helyeken is, mert a sátán előtt nincs megközelíthetetlenség. meritsetek erőt és bizalmat én eddig még soha nem látott csodákkal segitem munkátokat mely észrevétlenül szelíden csendben fog terjedni Szentfiam engesztelésére.

Kérem a Szent Atyát, hogy szívem Szeretetlángjának ünnepét Gyertyaszentelő Boldogasszony napján február 2-án tartsátok.

Nem kívánok külön ünnepet!

Egy alkalommal sok elfoglaltságom miatt reggeltől késő délutánig nem gondoltam [illegible]. Mikor magamra maradtam igen panaszos szavakkal így szólt hozzám az Úr Jézus: Látod milyen rég már megint magad vesződtél ügyes bajos dolgaiddal mert nem bízol hozzám úgy teszel mintha egyedül is tudnál valamit tenni, tanuld meg már végre, hogy hatalmamba férkőzve a mások számára is elérsz mindent. Szedd össze felebarátaid nehézségeit, a családod zökkenéseit és Én elintézek mindent neked.

Higyj hatalmamba!! Ha nem bízol [illegible] igye

Imagen de la página 85 del Diario Espiritual escrito a mano por Isabel kindelmann.

DIARIO ESPIRITUAL

1961-1981

~ 1 ~

1961-1962

MIS LUCHAS ESPIRITUALES

NOCHE OBSCURA

El camino del Señor, por el que Él nos conduce, no se interrumpe jamás; somos nosotros los que nos desviamos de él. Yo también me desvié. Las muchas preocupaciones, el trabajo agotador, unidos al estado de viudez, acabaron con mi recogimiento espiritual y poco a poco me iban apartando de Dios. El continuo trabajo por sobrevivir ocupaba mi alma. Al cabo de larga lucha, mi vida espiritual se había opacado tanto que hasta la firmeza de mi fe se encontraba amenazada.

Esta continua lucha por la existencia hacía que me preguntara a mí misma: "ves, siempre te he dicho, ¿para qué tener una familia numerosa?" Mientras yo daba vueltas a estas cosas, todo lo que antes había sido sagrado para mí y daba sentido a mi vida, me parecía necedad, vacío. Me despedían de un lugar de trabajo y tenía que ir a buscar otro en otra parte. Entonces la miseria se hacía todavía mayor y más fuerte la tentación.

El enemigo malo me molestaba continuamente: "¿Por qué te estás engañando a ti misma? Tú sabes bien que ya hubieras abandonado hace tiempo la lucha, sólo que no sabes que decir a tus hijos. No sabes cómo decirles todo aquello en que ni tú misma crees ya... Quítate ya, por fin, la máscara y verás cómo te alivias. Ya descubrirán tus hijos lo que ahora tratas de ocultarles..."

Entonces me detuve en seco, y por un momento se presentó ante mí el rostro de Dios que ya lo tenía muy borroso. Así se inició una gran lucha en mí. Imploraba a Dios. Algo indescriptible; no encuentro palabras para expresar la lucha espiritual que comenzó en mí. La lucha era larga, espantosa; se me crispaban los nervios.

Iba todavía a la Santa Misa, pero ¡era para mí tan vacía! Y me cansaba. Entonces trabajaba en dos turnos al día en la fábrica y aún los domingos me tocaba trabajar. Mis niños iban a la misa dominical por la mañana, mientras que yo iba por la noche. Era mejor, porque así no veían mi falta de recogimiento. Al tiempo de la santa misa, en lugar de hacer oración, bostezaba aburrida. Un día decidí no ir más, "no voy más para bostezar" – pensaba. Poco a poco me parecía como que hasta mi conciencia se hubiera resignado a ello.

Un domingo me puse a lavar la ropa de la semana. De mañana envié a mis hijos a la santa misa, mientras que yo lavaba todo el día. Llegó la noche y mis hijos me advirtieron: "Mamá, ¡ya son las cinco y media!" Me sentía molesta por ello y seguía con mi trabajo. Hasta que uno de mis hijos, minutos antes de las seis, me dijo: "Por favor, ¡apresúrate!" Eso me sacudió, y me fui.

Me fui pero en ese estado no sabía cómo dirigirme a Dios. Me pasaba divagando con mi pensamiento: ¡Qué tonta soy! ¿Por qué guardo todavía el ayuno del Carmelo? ¡Es una pura manía!... ¡deja ya todo eso!... Decidí no privarme más de comer carne siendo mi alimentación de tan mala calidad. Este ayuno lo he guardado siempre, sin ninguna dificultad, pero sólo por rutina.

Cuando regresé a casa, yo misma ignoro cómo cayó en mis manos el pequeño Salterio de la Santísima Virgen. Lo abrí y me puse a orar. Esta oración que anteriormente brotaba siempre de mi corazón hacia Dios, ahora me parecía un murmullo vacío... Tomé en mis manos mi antiguo libro de meditación, pero en vano me esforzaba: un silencio oscuro, frío y mudo me rodeaba por todas partes. Rompí a llorar "Dios ya no quiere saber más de mí".

Una semana en el turno que comenzaba en la madrugada, y en la otra, en el de la tarde que terminaba muy noche.

Experimenté una gran angustia interior y me sobrevenían tales pensamientos que descubrirlos sería blasfemar contra Dios.

En medio de este gran combate el enemigo maligno me hizo oír en mi alma palabras horribles: "Por eso he permitido esto, para que te convenzas que es inútil luchar más".

La terrible lucha duró unos tres años hasta que un día mi hija C. me dijo. "Mami, date prisa, hoy a las dos de la tarde será el entierro del doctor B". Ya era la una de la tarde.

Eso me golpeó en el corazón y, sin pensarlo más, me vestí para no atrasarme. Cuando entré en sala de velaciones, prorrumpí en llanto. Pensaba: Él está ya bien. Él ha sido un verdadero Carmelita, de vida santa y ejemplar... ¿Pero yo?... ¿Llegaré yo allá?...

"No llores" – era su voz amable y mansa como tan solo las almas bienaventuradas pueden hablar. "¡Regresa al Carmelo!"

El día siguiente era domingo, 16 de julio, fiesta de la Reina del Carmelo, patrona de nuestra iglesia. Llegue temprano de mañana y me quedé hasta entrada la noche. Con mucha dificultad me levanté para ir a confesarme. Una sequedad terrible consumía mi alma. No sentía ningún dolor de corazón. La penitencia la recé tan solo mecánicamente mientras pensaba: toda esta gente está alabando a la Madre Santísima; pero no me pasó por la mente el que yo también la estuviera alabando. Sólo seguía pensando en el hermano B, porque eso proporciona un poco de alivio en mi alma.

Fue él, quien me dio el impulso para ir hacia la Santísima Virgen: "¡Anda y póstrate delante de Ella!" Así lo hice pero... no encontré la paz.

Ya era muy de noche cuando llegue a casa. Ahí me sorprendió una sensación tan rara como si hubiera dejado mi alma golpeada y gastada en el Carmelo. A pesar de que aquel día no había tomado un solo bocado, con mucha dificultad me puse a aplacar mi hambre. El maligno se puso de nuevo junto de mí: "¡Tonta! ¿Para qué te sirve todo esto?" Descansa bien y no des importancia a estas cosas".

Con un peso en el corazón, salí al jardín donde en el silencio de la noche, mis lágrimas comenzaron a brotar abundadamente. Bajo la luz de las estrellas, delante de la imagen de la Santísima Virgen de Lourdes, que había en nuestro jardín, empecé a orar con profundo fervor.

A la mañana siguiente fui de prisa a la pequeña capilla que frecuentaba en otras tiempos, cuando era yo aún una joven mamá, y donde me había encontrado tantas veces en la mesa del Señor con el hermano B. Hoy también era la simpatía que sentía hacia él la que me Ilevaba allá. En el camino me encontré con algunas antiguas conocidas quienes se acordaban de mí como una joven mamá ejemplar.Esto me confundía porque creía que el maligno ahora quería tentarme de vanidad. Imploraba de corazón: "Madre mía del Cielo, nunca más quiero serte infiel! ¡No me abandones! ¡Tenme firmemente! ¡Tengo miedo de mi misma! Están tan inseguros mis pasos".

Durante la santa misa, rogué sin cesar al Señor Jesús: Señor, perdona mis pecados. No me atrevía a acércame a la mesa del Señor, aunque la persona que estaba a mi lado más de una vez me cogió por el brazo: "¡Vamos ya!"

EL SEÑOR LLAMA A LA PUERTA

En estos días recibí aquellas gracias extraordinarias que el Señor concede únicamente a aquellos que son débiles y convalecientes. Una hermana que estaba arrodillada junto a mí me dijo: "Me arrodillo junto a usted para ser yo también una santa". Oh, yo sabía que ella veía y sentía al Señor Jesús dentro de mí.

Luego andaba continuamente con mis ojos empapados en lágrimas. El amor que sentía hacia el Señor Jesús, empapaba mis ojos con lágrimas de arrepentimiento. No quería ver más el mundo, sólo buscaba el silencio para poder oír continuamente la voz del Señor. Porque a partir de entonces era Él quien me hablaba... ¡Oh, estas conversaciones intimas son tan sencillas!...

HACE TANTO TIEMPO QUE TE ESPERABA

Rogué me permitiera sumergirme en el mar de sus gracias. Pedía fervorosamente estas gracias para mis hijitos también, que los atrajera a su cercanía. Me prometió que si se lo pedía con frecuencia y perseverancia me lo concedería.

Mientras yo, sumergida en profunda devoción lo adoraba, el demonio me habló así: "¿Crees que Él puede hacer esto? Si Él tuviera poder, lo haría porque eso sería también grato para Él".

¡Qué tremenda bofetada! Se me oprimió el corazón...

Entonces apareció el Sagrado Rostro del Señor, ante mis ojos espirituales y habló así:

JC.- "¡Mira mi Rostro desfigurado y mi Sagrado Cuerpo torturado! ¿Acaso no sufrí por salvar las almas? ¡Cree en Mí y adórame!"

En ese momento hice actos de fe, esperanza y caridad, y le supliqué no permitiera que jamás me separe de Él. Que me encadenara firmemente a sus sagrados Pies, para que quedara así, siempre junto a Él. Así me sentiría segura. El, por su parte, me pidió que renunciara a mí misma, ya que soy muy distraída y mundana.

JC.- "No te obligo, la libre voluntad es tuya. ¡Sólo si tú lo quieres!"

Con todas mis fuerzas he procurado hacerlo. Después todo a mi alrededor se fue ordenando de tal manera que era llevada cada vez más cerca de Él, pues Él me seguía urgiendo.

JC.- "Grandes gracias quisiera darte, pero para eso ¡renuncia completamente a ti misma!"

Graves eran éstas palabras para mi entendimiento. Por eso le pregunté: ¿Seré capaz de eso?

JC.- "Tú, sólo debes querer, lo demás confíamelo a Mí".

Esto me ha costado nuevas y nuevas luchas, pero el Señor iluminó mi entendimiento y me ha guiado paso a paso. Esas renuncias las tuve que realizar dentro de mi familia.

Mientras mi último hijito me acompañaba, no estaba claro para mí el sentido y el valor de las renuncias. En mi casa tuve que estrecharme más y más para dejar espacio a mis hijos que fundaban sus familias. Esto me costó mucho. Tenía una casa de cuatro habitaciones con las comodidades modernas. Todavía quedó el amplio comedor en mi poder. Aún a esto renuncié aunque me costó mucho.

Al salir de allí, los recuerdos alegres y tristes del pasado han invadido mis pensamientos. Han desfilado ante mi muchos acontecimientos familiares, las noches tan íntimas de las Navidades, las bodas, fiestas de bautizo de los nietecitos, la mesa servida pobremente en los años de indigencia, cuando durante años no había para el desayuno sino un pedazo de pan untado de manteca. Durante años el pobre plato de legumbres sin ningún acompañamiento, pero tuve el cuidado de poner junto a cada plato una manzana a la cual sacaba brillo. Ponía la mesa con esmero para que los niños no sintieran que vivíamos años de pobreza.

En aquellos tiempos andaba alegremente en medio de ellos y guardaba para mí la continua preocupación por su alimentación. Es decir, éste cuarto formaba parte de mi corazón y esto hacía difícil la renuncia.

Me trasladé a otra habitación pensando que ahí iba a hacer mi nido con mis recuerdos. Era el cuarto de los niños, pensé... ¡aquí mi alma tendrá paz, tranquilidad, ya no tendré que cambiar más de habitación!....

Poco antes se había casado mi hijo más pequeño. Tuve que ayudarle para que él también pudiera tener su habitación. Renuncié a este cuarto igualmente. Sentí que fue el Señor quien me pidió este sacrificio, para que yo fuera enteramente pobre... Desfilaron ante mis ojos noches pasadas en vela junto al lecho de algún hijo enfermo, sus alborotos alegres, las oraciones de las noches, las íntimas lecturas familiares. Al pensar en estos recuerdos, sentí un dolor como cuando arrancan algo muy querido al corazón. Y el Señor urgía...

RENUNCIA A TI MISMA

JC.- "¡Renuncia completamente a ti misma!"

Entonces repartí todo lo que tenía entre mis hijos para que nada me atara más a éste mundo, después, tuve la sensación de haber hecho una necesidad. No me quedó ni un sitio dónde poder reclinar mi cabeza con tranquilidad. La voz del Señor seguía urgiéndome:

JC.- "¡Renuncia a ti misma!"

Todo se hizo oscuro y triste alrededor de mí. Ahora, ¿Qué puedo hacer de mi vida? Y vino el maligno con una amplia sonrisa: "No te desanimes, no eres todavía tan vieja, descansa bien, vístete bonita, diviértete y, si tienes una oportunidad, ¡cásate!... eso no es nada vergonzoso. Entonces tendrás de nuevo tu hogar y vas a pertenecer a alguien. Tu conciencia puede quedar tranquila, has cumplido con tu deber de madre".

Subió la sangre a mi rostro porque verdaderamente me sentía tan abandonada... La mañana siguiente me postré ante el altar del Señor: "Señor mío ¿sabes, verdad? Que yo me encadené a tus sagrados Pies y no quiero moverme de ahí".

Le pregunté: "Señor, ¿por qué me has dejado tan sola?"

JC.- "Para el bien de tu alma. Yo también durante horas luché solo en mi agonía, y a ti, ¿hasta este pequeño sacrificio te parece difícil? ¡Acepta todo lo que te va a venir todavía!"

Entonces me dirigí a mi hija C, de quien llevaba yo el gobierno de la casa. De hoy en adelante tú serás la pequeña ama de casa, yo ya no cocinaré más. Me miró sorprendida, como preguntándome qué iba yo a hacer. –"Lo que ustedes me pidan, dije, y comeré lo que ustedes me den". C me contestó: "Mi querida madre, haces como si fueras una ermitaña".

En ese momento entró mi hija la más pequeña M; madre de dos niños pequeños. Tengo que buscarme un trabajo, dijo, porque de un solo sueldo no nos alcanza (su marido es profesor). Entonces renuncié a su favor al producto de mi trabajo bien remunerado en la cooperativa, trabajo que consistía en pintar plásticos, para que no tuviera que dejar ella solos en su casa a sus dos hijos pequeños. Esta fue mi última renuncia. En unos pocos días pasó todo esto, tuve que hacer rápidamente el sacrificio porque el Señor me urgía:

JC.- "La libre voluntad es tuya, no te la impongo, acepto si tú también lo quieres. Lo único que tiene valor ante mis ojos es que te entregues enteramente a Mí con absoluta confianza. ¿Crees que Yo no puedo recompensarte por todo esto? ¡Qué riqueza te espera!"

EN LA ESCUELA DEL DIVINO MAESTRO

Cuando estas apremiantes renuncias se cumplieron en mí, era 10 de febrero de 1962, un día sábado. Al día siguiente, domingo, fiesta de la Santísima Virgen de Lourdes, por la tarde temprano huí del alboroto de la vida familiar. Mi alma anhelaba silencio. Como ya no tenía un hogar, el Señor Jesús quiso que así fuera.

EN EL TEMPLO

En ese hermoso domingo, una gran multitud de gente fluía desde el Santuario de Mariaremete (Ermita de María) y los fieles devotos visitaron nuestro templo dedicado al Espíritu Santo.

Yo estaba arrodillada en medio de la multitud Y después de breve adoración le daba cuenta al Señor: Jesús mío, aquí me tienes. Me he desprendido totalmente del mundo como era tu deseo. Para que nada en absoluto pueda interponerse entre nosotros dos. ¿Te agrado ya así? Oh, Dios mío ¡qué miserable soy! ¡Cuánto me ha costado hacer la renuncia! ¿Sabes qué humillante es vivir así? La voz del Señor se oyó en mí:

JC.- "¡Así tienes que vivir de hoy en adelante en la más grande humillación!"

Al oír estas palabras, mi alma se sumergía en sus eternos pensamientos. Le pregunté: ¿Ahora ya me aceptas? El Señor no me contestó, sólo había un gran silencio en mi alma.

Con la cabeza inclinada sólo le miraba a Él, ¿qué me va a decir? Sentí que esta renuncia a todo me había impulsado a la cercanía del Señor. Nada perturbaba ya el silencio de mi alma. Mientras estaba así de rodillas, mi alma se llenó de profundo arrepentimiento y gratitud hacia Él. ¡Esperaba sus palabras como nunca! Después de largo tiempo rompí por fin el silencio. ¿Te alegras, Jesús mío, de cuantas almas devotas han llegado a Ti?

JC.- "Sí, contestó tristemente, pero como tienen tanta prisa, no me da tiempo para entregarles mis gracias".

Lo comprendí y ¡cómo hubiera deseado consolarle! "Oh, dulce Jesús mío, Yo vivo para Ti, muero para Ti. Soy tuya para toda la eternidad". Mientras tanto buscaba como poder consolarle en su profunda tristeza. me acordé de aquél pajarito que, según la leyenda, quería sacar las espinas de la Sagrada Cabeza de Cristo. Mientras se empeñaba en hacerlo su pecho se teñía de rojo con la Sagrada Sangre del Señor.

Yo permanecí mucho tiempo allí y comenzaba a sentir frío. Quería despedirme de Él para irme a mi casa. Entonces en el profundo de mi alma oí su voz suplicante :

JC.- "¡No te vayas todavía!"

Permanecí en mi sitio. Después de poco tiempo oí la dulce voz en el silencio de mi alma:

MENSAJE DE LA MADRE DE DIOS

S.V.- "¡Mi querida pequeña hijita carmelita!"

Al escucharla, gran arrepentimiento inundaba mi alma. Después volví a oír dos veces más esta dulce voz y entre tanto me brotaban lágrimas de pena y dolor por mis pecados.

Poco tiempo después la Santísima Virgen comenzó hablar de nuevo en mi alma como si estuviera reteniendo el llanto, luego dijo:

S.V.- "¡Adora, repara a mi Santo Hijo muchas veces ofendido!"

Me quedé pensativa. Esto no puede venir del maligno porque el no dice: adora y repara... Después se produjo un pequeño desconcierto en mi alma: ¿cómo puedo yo realizar esto? Todavía me quedé un poco más en el templo. No oraba, sólo quería ordenar mis pensamientos. Pero una rara penumbra cubría mi mente. En Camino a la casa le pedí a la Santísima Virgen: ¡Madre mía del Cielo! si eres Tú la que me pide esto, dirige entonces mis caminos a la cercanía de tu Santísimo Hijo.

Ni el día siguiente pude liberarme de este pensamiento. Durante la santa misa suplicaba fervorosamente: "Madre mía del cielo, ¿cómo y que tengo que hacer? ¿Estarás, verdad, a mi lado? ¡Soy tan pequeña y débil sin Ti!

Terminada la santa misa, sentí un fuerte impulso de pedir la llave de la casa del Señor para poder tener libre entrada a ella.

Me presenté ante la hermana sacristana con mi petición. Expresé la situación en mi casa.

Le sorprendió la amenidad con la que yo se lo describí... Respondió que no estaba en su poder concedérmelo. Tenía que pedir permiso al Sacerdote. Dos días después, muy temprano, la hermana me comunicó la buena noticia. Recibí la llave solicitada. El mismo día fui con la querida llave y al abrir la puerta, latía fuertemente mi corazón. Sentía que el Señor de un modo particular compartía conmigo su casa: en vez de un hogar me ha dado otro. Por eso es tan querido para mí este templo.

Cuando entré por la puerta lateral, me paré delante del altar de la Santísima Virgen, Patrona del pueblo húngaro. La saludé: ¡Dios te salve María, mi dulce Madre! Te ruego humildemente, guárdame bajó tu especial protección, ¡encomiéndame a tu Hijo Santísimo! Soy tu infiel hijita carmelita, Madre mía, empleo las mismas palabras con las que Tú te has dirigido a mí. Sé que no soy digna de ser llamada así. Aunque viviera siglos, no podría ni de lejos merecerlo. ¡Ven, Madre mía, condúceme ya a tu Santísimo Hijo!"

LA PRIMERA HORA SANTA, ESFUÉRZATE PARA QUE ESTEMOS MUCHOS

Como me encontraba sola en la amplia iglesia, me postré a los pies del Señor como no lo había hecho nunca antes y le pregunté: ¿No estamos más que los dos?

JC. - "Lamentablemente".

Escuché su voz triste en el fondo de mi alma.

JC.- "Esfuérzate para que estemos muchos".

No hay palabras para expresar la gratitud y el dolor del corazón que brotó de mi alma hacia el Señor.

¡Oh, mi dulce Salvador! Nadie sabe mejor que Tú cuanto he andado a tientas hasta llegar, por tu Gracia, a Ti. Señor mío, ahora que has quitado la corteza externa de mi alma, siento que la abundancia de tu Gracia me inunda.

¡Oh, Jesús Mío! ve quitando las grandes faltas de mi alma a golpe de cincel, no me importa que me duela, para que el día que tenga que presentarme delante de Ti en la hora de mi muerte, puedas reconocer en mí la obra de tus Santas Manos.

Mi amable Jesús, quiero arrepentirme tanto de mis pecados como no lo hizo jamás ningún pecador arrepentido y amarte a Ti como no te amó jamás ningún pecador convertido.

Mi amable Jesús, te ruego con profunda humildad que en adelante no pase ni un solo día de mi vida sin que la gratitud y el amor, que sienta por Ti, hagan brotar de mis ojos lágrimas de arrepentimiento.

Humíllame, mi Señor Jesús, en todos los momentos de mi vida, para que yo sienta sin cesar lo pobre y miserable que soy.

Oh, mi Señor Jesús, mi corazón se estremece al pensar que ya ahora, aquí en la tierra, puedo vivir Contigo, pero, después de mi muerte, por algún tiempo tendré que separarme de Ti a causa de mis pecados. Dime, mi amable Jesús, ¿qué será de mis innumerables pecados?

Una angustia inimaginable vino sobre mí y, ¡cómo le suplicaba al Señor! El entonces me hizo sentir que mis pecados se perderían en su amor misericordioso.

Quién sabe hasta cuándo me hubiera quedado allí olvidada de mí misma y postrada a los pies del Señor, si la hermana sacristana no me hubiera avisado que a las siete y media se cierra la puerta. Entonces no tenía la llave. No podía separarme del Señor Jesús y le rogué que viniera conmigo. Me dirigí a mi casa por un camino más largo por las calles silenciosas. Sentí que el Señor venía conmigo. No nos hemos dirigido una palabra. Hubiera querido postrarme en el polvo de la calle, tanto sentía su presencia.

Desde que Él me dio una casa tan grande, le visitaba cada noche con el alma humilde y arrepentida, –movida por la gratitud– y conforme al deseo de la Santísima Virgen, le adoraba y le reparaba.

¡Qué alegría siento cuando voy a Él! Él está siempre en casa y me espera. No intento describir estas horas íntimas porque sería imposible hacerlo.

El año de 1961 pasó en medio de estas conversaciones que por entonces no puse por escrito. Sólo comencé a escribir cuando el Señor me lo ordenó. Cuando el amable Salvador lleva una breve conversación conmigo, la escribo palabra por palabra. Durante las Horas Santas ocurre con frecuencia que las ideas pasan directamente a la conciencia de mi yo y luego me siento incapaz de expresarlas. En una ocasión le agradecí él haberme asegurado eterno refugio.

JC.- "¡Asegúrame tú también, mi pequeña carmelita, un refugio eterno! ¿Sientes verdad, cuánto los dos nos pertenecemos? ¡Tu amor no descanse jamás!"

Una vez me pidió que hiciera los lunes oración nocturna por las almas sacerdotales que están en el purgatorio.

Otro día estuve de visita en casa de unas personas conocidas mías, en donde tenían una capilla. Terminada mi visita, no entré allí para despedirme de Él. Con dulce acento me reprochó mis muchas indelicadezas para con Él. Le dije: "Perdóname, mi amable Jesús. ¿No te pedí que desbarataras los rasgos ásperos de mi alma?" Me contestó con voz apacible:

JC.- "Hijita mía, ¡Me tienes que amar día y noche!"

En cierta ocasión le pedí que me permitiera sentir su presencia llena de majestad y de bondad.

JC.- "No pidas esto para ti misma, hijita mía. Lo concedo a aquel por quien has hecho un sacrificio o por quiénes has ofrecido tus oraciones".

Perdóname, ¡Jesús mío... ves que egoísta soy!

JC.- "Conozco tu imperfección y tu miseria, hija mía. Pero esto no debe disminuir tu empeño en el futuro porque esto es un motivo más para que con mayor abandono cuentes con mi amor".

AYUDA A LA CONVERSIÓN DE LOS PECADORES

Entre el 4 y el 7 de marzo de 1962

No sé lo que pasó en el país. En esos días casi cada cinco minutos me urgía el Señor a que me pusiera de rodillas para ofrecerle reparación.

También en la primera semana de marzo ocurrió lo que voy a narrar.

Hacía mis labores de casa continuamente sumergida en Él y le rogaba me permitiera participar en la mayor medida posible en su obra Salvadora. Entonces el Señor en lo profundo de mi alma comenzó a hablarme:

JC.- "¡Pide abundantes gracias! ¡Cuánto más pidas tanto más vas a recibir! ¡Pide para otros también! ¡No temas pedir demasiado!

¡Soy feliz cuando más puedo dar! ¡Sólo tus anhelos ya me hacen feliz! ¡Y qué diré si aceptas fielmente los sacrificios que te pediré para mi causa! Son muchos los que repetidamente me piden que puedan participar en mi obra, pero cuando tendrían que aceptar un sacrificio que Yo, con mis Manos les ofrezco aceptar, se asustan de Mí...

¡No me dejes nunca sin tus sufrimientos y ayuda a la conversión de los pecadores! Si así haces, recibirás gran premio. Llegará el tiempo en que no sólo en lo profundo de tu alma oigas mi voz; la oirás sonora y alta y te bendecirá.

Hija mía, mucho tienes que sufrir. No te daré ninguna consolación que te ate a la tierra.

Siempre derramaré sobre ti mi gracia fortificante y estará contigo la fuerza del Espíritu Santo.

¡Tienes que quitar todo lo que en ti se inclina al mal y vivir en todo según mi beneplácito. Yo te ayudo para que sigas el recto camino. ¡Sumérgete tan sólo en mi enseñanza!"

A pesar de todo mi empeño, mi Señor, no noto ningún adelanto en mí.

JC.- "¡Por eso, no te preocupes! ¡Comienza de nuevo cada día! Nuestra Madre te ayudará. ¡Pregúntale todo a Ella! Ella sabe cómo pueden agradarme".

En ese tiempo el Señor Jesús me pidió muchas veces:

JC.- "Hija mía, ¡renuncia a ti misma! Te pido esto con tanta insistencia porque sólo puedes participar en mi obra redentora si totalmente, sin interrupción ninguna, vives unida a Mí en cada momento...

Ofrece esto a mi Padre en todo tiempo, sin interrupción ninguna, también por aquellos que me han consagrado su vida y, sin embargo, más viven para el mundo que para mi obra redentora. No piensan en su vocación. Haz penitencia por tus pecados y al mismo tiempo por ellos también. Cómo quisiera lavarle de sus pecados! ¡Ojalá vinieran a Mí! No te ahorres ninguna fatiga, hijita mía.

¡No conozcas ningún límite! No te separes nunca ni por un instante de mi obra salvadora, porque si lo hicieras, sentiría que tu amor hacia Mí se habría disminuido. ¡Cuánto ansío tu amor! ¡Ojalá sintieras siempre lo que Yo siento!..."

El Señor me hizo tener contacto con una persona a quien hacía quince años no había visto y con quien, por lo demás, sólo me había encontrado tres veces en toda la vida. El Señor Jesús infundió en mí gran confianza hacia ella (porque soy de carácter muy reservado). Le hablé del estado de mi alma, y de cómo me encontraba en una gran oscuridad. Después de la conversación que tuvo lugar en la capilla, la Hermana (porque era religiosa) me dijo: "¡Puede ser autosugestión!" Esto me impactó terriblemente. Me asaltaron pensamientos terribles y la falta de fe enturbiaba toda mi clarividencia. Me parecía que todo lo que pasaba conmigo era mera ilusión, o quizá el maligno, disfrazado de ángel de luz, quería perturbar la paz de mi alma que tanto costó conseguir.

TODO COMIENZO ES DIFÍCIL

En estas angustias pasé todo el día. Cuando de noche fui a adorar de nuevo al Señor, pensaba en medio de toda mi incertidumbre: ¡Dios mío! ¿Qué está pasando propiamente en mí? ¿A dónde me he dejado arrastrar? ¿Cuál es lo verdadero: lo que ahora hay en mí o lo que había antes?

Quién no ha sufrido nunca semejante tentación, difícilmente puede comprender lo que siente ante tal incertidumbre. Estuve largo tiempo en silencio y poco a poco se fue disipando esta terrible oscuridad. Comencé a sentir que el maligno ya no me confundía tanto, y mi alma comenzaba a sentir alivio.

Cuando al día siguiente me arrodillé para recibir al Señor en la Sagrada Comunión, ya había recobrado por completo la paz en mi alma. En casa también, sumergida en Él, hice mis labores... Mientras lavaba la ropa le adoraba sin cesar y pensaba dentro de mí: "¡Qué miserable soy! ¡Cómo es que soy tan impotente para ayudarle!" Al sumergirme así en sus pensamientos eternos, el Señor comenzó a hablar en el fondo de mi alma:

AYUNA A PAN Y AGUA POR DOCE SACERDOTES

JC.- "Entrégate por completo a Mí, mi hijita carmelita, sólo así puedes hacer sacrificios por Mí. Te pido algo grande. ¡Escúchame, no temas! Sé muy humilde y pequeña, sólo así serás apta para cumplir mi encargo. Cada jueves y viernes ayuna a pan y agua, ofrécelo por las doce almas sacerdotales. En cada uno de estos días, pasa cuatro horas en mi divina Presencia y

ofrece reparación por las muchas ofensas que he recibido. El viernes, desde el mediodía hasta las tres de la tarde, adora mi Sagrado Cuerpo y mi Sangre Preciosa que derramé por los pecados del mundo entero. El ayuno del viernes guárdalo hasta la hora en que mi Sagrado Cuerpo fue bajado de la cruz. El aceptar este sacrificio atrae gracias extraordinarias.

¡Haz lo que te pido, hijita mía!"

¡Me suplicaba tanto!

JC.- "Comprométete a ello durante doce semanas por las doce almas sacerdotales que serán las más aptas para llevar a buen fin mis planes. Yo las quiero hacer dignas con gracias especiales. ¡Hazlo, hijita mía! Haciéndolo tú también serás la preferida de mi Corazón. Conocerás quien será la persona que hará llegar mi petición a las doce almas sacerdotales. Ellos tendrán que hacer lo mismo que Yo te pedí, a saber, reparación y sumergirse en mi sagrada Pasión. Hijita mía, esas doce almas sacerdotales son las mejores en el país".

Me pidió que cumpliéramos durante doce semanas tanto yo como aquellos doce sacerdotes a quienes llegará su mensaje.

JC.- "¡Te voy a dejar sufrir, hija mía, en gran sequedad espiritual.

Diferentes tentaciones te van a atormentar, pero no temas, mi Gracia estará sin cesar contigo. Ten plena confianza en Mí. Esta es la llave de mi Corazón!

¡Deja tus dudas! El Espíritu Santo, a quien invocas tantas veces, tomará posesión de tu alma por medio de Nuestra Madre, su Predilecta.

Sé que, Conmigo, tienes sed de las almas. Se regocija tanto mi Corazón cuando me suplicas y me dices que con sed insaciable tienes deseos de Mí. Yo también siento eso por ti y por todas las almas que he colmado con mis gracias. ¡Ojalá sintieran la sed abrasadora de mi Alma! Verdaderamente estoy mendigando su amor. Te ruego, hija mía, por lo menos tú, ¡no me abandones! A cada latido de tu corazón, arrepiéntete de tus pecados, ofréceme reparación y consuélame. Si tu amor viniera a menos, dirígete a Nuestra Madre Celestial,

Ella llenará tu corazón con abundante amor hacía Mí. Te agradezco que tu corazón sienta Conmigo, que lata en Mí. No te canses nunca de contemplar mis Santas Llagas, de donde sacarás siempre gran fuerza.

¡Ofrécete al Eterno Padre y vive con la Santísima Trinidad! (No nos olvidemos que aunque estas palabras hayan sido pronunciadas en singular, se dirigen a todos), **en las tentaciones refúgiate bajo el manto de nuestra Madre. Ella te defenderá del maligno que continuamente te molestará. Yo estaré contigo si perseveras junto a Mí. A ti nadie ni nada podrá ya arrancarte de Mí...**

No te espantes, hijita mía, tú sólo vive escondida en gran humildad. Nadie debe saber de ti, a excepción de unas pocas personas. Ganarás méritos con tu sufrimiento, ofrécelo en unión Conmigo al Eterno Padre por las almas a Mí consagradas. Tu humildad sea tan grande que irradie bondad y amor sobre todos con quienes trates.

Nosotros estaremos siempre juntos, hijita mía. Pide siempre a Nuestra Madre que te guarde en oculta humildad. Aprende a hablar con cada uno de tus prójimos de tal forma que por tus palabras los conduzcas hasta Mí. ¡A Mí me debes pedir, de Mí debes sacar amor! Los sacrificios necesitas hacerlos sin desmayar porque son necesarios para alcanzar la meta. El Padre Eterno sabe con qué carácter te ha creado. Sabe que eres violenta, irritable, pero tienes que transformarte según mi Corazón... En adelante sólo puedes usar de violencia contra el mal, pero, ¡no te desalientes! ¡Mira con confianza hacia arriba, hacia Mí, y pide abundantes gracias. En medio de tu familia, sé un sacrificio ardiente. Especialmente los sacrificios pequeños, insignificantes, debes hacerlos, y ¡ven a Mí porque sufro abandonado! No te preocupes que sólo puedas hacer cosas pequeñas, no te va bien esto. Sigue siendo muy pequeña. Disuélvete en Mí como gota de agua en el vino".

RENUNCIA YA A TI MISMA - INSISTENCIA DE JESÚS

8 de abril de 1962

El Señor me pidió que las horas santas no las uniera con sus criaturas:

JC.- "¡No te busques a ti misma! Ya he repetido muchas veces que Yo te quiero enteramente para Mí! ¡Renuncia a ti misma! ¡Nada se interpondrá entre tú y Yo!"

Le contesté: "Mi Señor Jesús, no soy más que una principiante".

JC.- "Por eso no debes desanimarte, hija mía, una vez tenías que comenzar. Recuerda cómo, cuando eras joven, tu constante afán era estudiar, pero nunca tuviste oportunidad de hacerlo. Fui Yo quien no lo permití y puse en tu camino todos los obstáculos.

Yo te preferí así, totalmente ignorante porque ya entonces tenía mis planes respecto a tí; quería hacerte madurar para Mí".

Señor, ¡cuántas veces has dirigido a mí los rayos vivificadores de tus gracias! Yo te he esquivado, he andado por otros caminos.

JC.- "¿Te acuerdas, no es cierto, cómo hace tan sólo unos meses querías matricularte en la escuela popular superior? Pero Yo me opuse también a eso. Te he llamado para admitirte en mi escuela. Ahora alégrate mucho y sé una alumna aprovechada. El Maestro Soy Yo. Aprende de Mí. Yo no escatimo ninguna fatiga; me dedicaré a ti desde la mañana hasta la noche".

Sí, mi Señor, le contesté, lo malo es que yo tengo muy poco sentido de Ti.

JC.- "Es cierto, hija mía".

Entonces me mostró una multitud de ocasiones en las que yo le había ofendido. Por ejemplo, cuando estuve en un lugar donde había una capilla, me despedía de todo el mundo menos de Él. Luego cuando hago la genuflexión, debo pensar también en Él con mucho amor...

JC.- "Porque si no haces estas cosas... ¡Me duele tanto!"

Me dolí mucho de estas faltas y mis ojos se llenaron de lágrimas de arrepentimiento.

ACUDE A MI MADRE, ELLA TE AYUDARÁ

JC.- "Te repito de nuevo, hijita mía, necesitas cambiar para que seas como Yo te quiero. Te ayudo para que sigas el recto camino, pero tienes que asimilar bien mi enseñanza y tienes que cumplir con todas tus fuerzas las tareas que te asigno. ¡Acude a mi Madre, Ella te ayudará!"

Yo la quiero mucho, Señor. Fue Ella quien me invitó a adorar y reparar a su Hijo Santísimo. Oh, ¡cómo me confundí en mi alma cuando oí su voz! Oh, ¡qué profundo arrepentimiento despertó en mí su voz ahogada en llanto!

JC.- "Sí, hijita mía, aquél fue el primer encuentro, el gran paso, cuando mi Madre te encomendó a Mí de un modo especial. Desde entonces, hijita mía, vuelas como una flecha hacia Mí. En tu vuelo no regreses a mirar la tierra, no sea que el ruido del mundo te perturbe".

HACE TANTO TIEMPO QUE TE ESTABA ESPERANDO

JC.- "Desde que te crié, estoy esperándote a ti y a todas las almas".

Señor mío, ¡ya no me sueltes más!

JC.- "Tú te soltaste de Mí; no fui Yo quien te solté".

Oh, Jesús mío, por eso he quedado tan infeliz y sin educación. Edúcame Maestro mío.

JC.- "¡Renuncia a tu voluntad, hija mía. Te pido esto tantas veces porque solo puedes participar en mi obra redentora si totalmente y sin interrupción vives unida a Mí en cada momento.

Acuérdate, mi pequeña hija carmelita, del tiempo en que quedaste viuda y tus hijos comenzaron a crecer, ¡Cómo les pedías que te ayudaran tan sólo una hora cada uno!... ¡Qué

gran ayuda hubiera sido esto para ti! Y qué triste estabas cuando con toda clase de pretextos se excusaban... Tú, tenías que atarearte sola y abandonada.

Piensa en cuántos hijos tengo Yo también hija mía. ¡Si sólo una hora me ayudara cada uno! ¡Qué delicias tendría Yo con ustedes! En estos momentos pienso especialmente en las almas a Mí consagradas, a quienes considero las escogidas de mi Corazón. Y siendo así, ellas no quieren unirse íntimamente Conmigo.

Les divierten los pensamientos mundanos. ¡Sumérgete en Mí! ¡Ayuda en lugar de ellas no durante una hora, sino sin parar! No me preguntes cómo tienes que obrar. ¡Sé ingeniosa! Aprovecha cada oportunidad para calmar mi sed con tu deseo de salvación de almas".

Señor mío, con sed insaciable te anhelo a Ti. Yo te quiero amar con todas mis fuerzas, en nombre de aquellos también que no se acercan a Ti. Durante esta conversación, he recibido gracias muy grandes de parte del Señor.

Dios mío, ¿qué has hecho conmigo? Ahora ya definitivamente no sé si soy yo quien vivo. Como si ya no pisara más la tierra, no veo nada con mis ojos, mi oído no percibe la voz del mundo, mi corazón ya no late más que en Ti y por Ti, mis labios no atinan cómo alabarte. Quisiera bendecirte pero no encuentro palabra alguna que fuera digna de Ti. Te miro con ojos cerrados y con labios mudos. Contemplo tu sufrimiento indecible que soportas por mí, miserable pecadora. Soy incapaz de comprender lo que hiciste por mí... ¿por qué precisamente yo? ¡cuàndo hay tantas almas puras y dignes de Ti!

JC.- "De entre los más grandes pecadores escojo almas para mí, hija mía, para realizar por medio de ellas mi obra redentora. A estas, si aceptan, Yo les colmo de gracias especiales. A quien siente conmigo y vive para Mí, con mi amor sin límites le arranco del mundo como he hecho contigo. Sufro tan indeciblemente, mi hijita carmelita, y qué bueno es sentir que estás Conmigo y unida a Mí, tú también sientes mi amor".

Señor mío, mi voluntad es tuya. ¡Obra Tú en mí!

EMPÉÑATE EN CONDUCIR A MÍ A LOS PECADORES

JC.- "Empéñate, hija mía, con todas tus fuerzas en conducir a Mí a los pecadores. Fuera de esto no dejes lugar para otro pensamiento. Mira sin cesar mis ojos para ver mi tristeza por las almas.

Desea con todo el anhelo de tu alma que la mirada de las personas a Mí consagradas no me esquive y no se distraigan en las cosas del mundo, sino sólo me contemplen a Mí. Que acojan la mirada de mis Ojos y se sumerjan en Mí. Si miran en mis Ojos con corazón arrepentido, con el rayo de mi gracia las haré mejores. Sumergiéndolas en el amor de mi Corazón, las haré nacer de nuevo, con tal de que me tengan plena confianza.

Irradio mi amor hacia ti, hija mía, porque me has dado un refugio y puedo descansar en tu alma. Siéntelo como un gran honor para ti, ya que por medio de ello, me estás honrando a Mí. ¡No me prives jamás de ello! Esto depende únicamente de ti. Yo he ido hasta el extremo en mi amor, sabes cuanto me agrada oír cuando, postrada ante Mí, me dices que quieres arrepentirte de tus pecados como ningún pecador se haya arrepentido jamás y quieres amarme más que todos los pecadores convertidos. Con estos anhelos tuyos, mi hijita carmelita, te has introducido enteramente en mi Corazón. Tus palabras sencillas han movido mi Corazón misericordioso a infinita conmiseración. Ves, ¡para esto no hace falta haber realizado grandes estudios! ¡Qué felicidad ha procurado también a mi Padre Celestial tu profundo y sincero arrepentimiento! Haz esto en cada momento de tu vida. ¡Haz todo de lo que de ti depende, hija mía, con incansable tenacidad por salvar las almas! Sea ésta tu escuela. El Espíritu Santo va a trabajar contigo para corregir tu naturaleza inclinada al mal en favor de tu salvación. ¿Sabes, verdad, que mi Reino sufre violencia? Tus constantes tropiezos no quebranten tu ánimo, esto te conservará en la humildad... Medita frecuentemente esto hasta que lo hayas hecho enteramente tuyo porque el día de hoy es el día de nuestra especial unión en que te colmo de gracias a fin de fortalecerte de una manera extraordinaria.

Te espera una gran lucha, pero en el signo de la Cruz vencerás. Cuando te santigües nunca estés distraída. Piensa siempre en las Tres Divinas Personas. Lo que ahora te voy a decir, hazlo público: ¡Santíguate cinco veces seguidas mientras piensas en mis Santas Llagas! Mira siempre a mis Ojos bañados de sangre de tantos golpes, que de ti también he recibido".

Oh, mi Señor Jesús, no, no sigas, porque mi corazón se quiebra.

JC.- "¡Compadécete de Mí!"

PERSEVERA CONMIGO

10 de abril de 1962

JC.- "No te angusties, mi querida hijita carmelita, pensando cómo haré valer mi causa. Yo colaboro con las almas escogidas. ¡Conténtate con ser buena! ¿Sabes, verdad, cómo es una auténtica carmelita? Vive humildemente escondida y en unión Conmigo la vida contemplativa. ¡Trata de vivir así, refrena tu lengua, guárdate de decir palabras que están de más!...

Mi amor hacía ti, mi pequeña carmelita, no conoce límites. Sabes que feliz estoy cuando aceptas los sacrificios que te ofrezco. (Lo dijo con gran ternura) **¡Persevera Conmigo! ¡Qué feliz me haces con ello!... ¡Desea para Mí muchas almas para que Yo pueda repartir mis gracias!"**

En una ocasión cuando me postré delante de Él, me dijo:

JC.- "¿Sabes cómo te he estado esperando con el corazón oprimido? ¡Ves, qué solo Me encuentro! Si tú no vinieras, Me encontraría enteramente huérfano.

Tú también, hijita mía, eres huérfana y conoces qué amargo es sentir la orfandad".

Luego seguía conversando, instruyéndome.

JC.- "Siempre te pido: no te angusties por no poder hacer sino cosas pequeñas. Vuelvo a decirte: ¡Permanece enteramente pequeña! ¿Sabes qué vamos a hacer? Tú me darás las

piedrecitas del mosaico que reúnes a lo largo del día, Yo las iré colocando según su color y su forma y cuando todo esté terminado, ¡cómo vas a maravillarte al ver la obra de arte que con ellas he criado! Pero, ves, en vano soy artista si tú no me las reúnes, no puedo realizar Yo la obra de arte".

(El tono de su voz era de verdadera súplica).

ORDEN DEL DÍA

Un día me dijo:

JC.- "Te voy a dar ahora, hija mía, la distribución de tus días. De esto comencé a hablarte una vez, lo recordarás, pero quería incluir más cosas en tu programa, por eso lo he diferido hasta hoy. Ven, si tienes tiempo, y si tienes mucho, dímelo, el querer es tuyo. Respeto mucho tu voluntad. Me halaga si me la entregas espontáneamente".

L U N E S: día de las ánimas

"Cada movimiento tuyo esté marcado con el deseo de querer ayudarlas.

Desea en unión Conmigo que las ánimas cuanto antes puedan contemplar mi Rostro. Tanto el ayuno estricto como la oración durante una parte de la noche, ¡ofrécelos por ellas!

El ayuno estricto que ahora te pido y la oración de vigilia no lo pido tan sólo a ti. Los harás públicos juntos con los demás mensajes de mi Corazón: Quien ayuna a pan y agua el lunes, librará cada vez un alma sacerdotal del lugar del sufrimiento. Quien practica esto, él también recibirá la gracia del ser librado del lugar de las penas antes de que transcurran ocho días después de la muerte.

Esto mismo lo pide Nuestra Madre. Ella apelando a su Llama de Amor me obliga a esto.

Nota del editor: Suponiendo que ha muerto en gracia de Dios. (En una conversación, la señora Isabel dijo lo siguiente: "En el Diario, en diferentes lugares donde se habla de la liberación de las almas, cada vez hubiera tenido que escribir: si han muerto en gracia de Dios. Como lo consideraba entonces tan evidente, me parecía superfluo expresarlo".)

M A R T E S: este sea el día que ofreces por tu familia

Haz comuniones espirituales por cada miembro de ella, ofrécelos uno por uno a nuestra querida Madre, Ella los tomará bajo su protección. La oración de vigilia de esta noche la ofrecerás también por ellos".

Señor, yo suelo dormir profundamente, ¿Qué será si no puedo despertarme para velar?

JC.- "Yo te ayudaré en esto también. Si algo te es difícil, dilo con confianza a nuestra Madre. Ella también pasó muchas noches en vela orando. Sabes, hija mía, tienes que ser muy responsable para con tu familia. Debes conducirlos a Mí, a cada uno según su modo de ser particular. Pide ininterrumpidamente mis Gracias para ellos. Vamos a trabajar juntos, no puedo prescindir de tu ayuda. Tu dignísimo Patrono es San José. ¡No lo olvides! ¡Invócale a él también todos los días! Te ayudará con alegría. Y así tendremos la causa ganada.

M I É R C O L E S: día de las vocaciones sacerdotales

Pídeme muchos jóvenes de almas fervorosas. Cuantas quieras, tantos vas a recibir, porque en el alma de muchos jóvenes vive el deseo, sólo que no encuentran quién les ayude a realizarlo.

No seas acobardada. Por medio de las oraciones de vigilia puedes alcanzar también para ellos gracias abundantes.

J U E V E S: Dedícalo para ofrecer reparación al Santísimo Sacramento

En ese día pasarás horas en mi Sagrada presencia. Adórame con fervor especialmente grande y repárame por las muchas ofensas que me han infligido.

El ayuno estricto ofrécelo por las doce almas sacerdotales. La vigilia nocturna también ofrécela por ellas. ¡Sumérgete en mi dolorosa agonía en mis padecimientos de sudores de sangre! De esto vas a sacar mucha fuerza espiritual.

V I E R N E S: día de mi Pasión

¡Con todo el amor de tu corazón, sumérgete en mi Dolorosa Pasión! De mañana, al despertarte recuerda lo que, después de los terribles tormentos nocturnos, me esperaba todo el día. Mientras estés trabajando, contempla hasta el fin el Via Crucis en que no tuve ni un momento de descanso. Exhausto hasta el extremo, me obligaron a subir al Monte Calvario. Tienes mucho que contemplar. Llegué en verdad hasta lo último. Por eso te digo, no puedes caer en exceso al hacer algo por Mí. Desde el mediodía hasta las tres de la tarde adora mis Santas Llagas. El ayuno ojalá lo guardes hasta la hora en que bajaron mi Sagrado Cuerpo de la cruz. Este día, la oración de vigilia, ofrécela por los doce sacerdotes. Si aceptas sacrificarte, hija mía, recibirás todavía mayor abundancia de gracia.

S Á B A D O: día de nuestra Madre

En este día, venérala a Ella de un modo especial, con particular delicadeza.

Ella, bien lo sabes, es la Madre de las gracias, desea que la veneren en la tierra como la veneran en el cielo la multitud de ángeles y de santos. Pide, para los sacerdotes que estén agonizando, la gracia de la buena muerte. Ofrece a ésta intención cada instante del día. Sabes, ¡qué gran premio recibirás por eso! En el cielo las almas sacerdotales intercederán por ti y la Santísima Virgen también esperará tu alma en la hora de tu muerte. La vigilia nocturna ofrécela a este fin".

D O M I N G O:

Para este día el amable Redentor no dio ningún programa.

(Estas conversaciones tuvieron lugar aproximadamente en el mes de julio, pero no sé exactamente el día.)

PRIMERA COMUNICACIÓN DE LA SANTÍSIMA VIRGEN

En el año de 1962, el Viernes de Dolores cayó el 13 de abril.

En este día también según el deseo del Señor Jesús, le estaba adorando y reparando desde el mediodía hasta las 3:00 de la tarde. Rogaba a la Santísima Virgen que grabara en mi corazón las Llagas de su Santísimo Hijo y le moviera a compadecerse cada vez más de nosotros. Mis lágrimas comenzaron a brotar abundantemente. Mientras me pasaba esto, sentí en lo profundo de mi alma la pena indecible y el sollozo de la Madre Dolorosa. Con su sollozo contagió mi corazón.

MENSAJE DE LA MADRE DE DIOS SOBRE LA LLAMA DE AMOR DE SU INMACULADO CORAZÓN COMO UN NUEVO INSTRUMENTO PARA HACER VALER LA OBRA DE SALVACIÓN

Me dijo sollozando:

S.V.- "Hay tanto pecado en el país, mi hijita carmelita, ¡Ayúdame, salvémoslo! Yo pongo un Haz de Luz en tus manos, es la Llama de Amor de mi Corazón. ¡A la Llama de Amor de mi Corazón añade tu amor y pásala a otros, hijita mía!"

Madre mía, ¿Por qué no haces milagros para que crean en Ti, como lo hiciste en Fátima?

S.V.- "Cuanto mayores fueron los milagros, hijita mía, tanto menos creerían en Mí. Ves, pedí los primeros sábados y no me han hecho caso.

Yo soy vuestra Madre bondadosa y comprensiva y en unión con ustedes, les voy a salvar. El rey San Esteban me consagró su país y Yo le prometí que acogería en mi Corazón su intercesión y la de los santos húngaros.

Un nuevo instrumento quisiera poner en sus manos. Les pido encarecidamente que lo acepten con gran comprensión porque mi Corazón mira a mi país con aflicción.

Los doce sacerdotes a quienes mi Hijo Santísimo eligió, serán los más dignos de cumplir mi petición. Toma, hija mía, ésta Llama, tú eres la primera a quien la entrego. Es la Llama de Amor de mi Corazón. ¡Enciende con ella el tuyo y pásala a otros!"

La Virgen Santísima sollozó tanto que apenas entendí lo que decía. Le pregunté qué tenía que hacer. Yo, en nombre de todo el país, le prometí todo, sólo para aliviar su dolor porque mi corazón también estaba por partirse.

LA MADRE DE DIOS NOS PIDE QUE HAGAMOS HORA SANTA DE REPARACIÓN EN FAMILIA

S.V.- "Te pido, hija mía, que los jueves y viernes ofrezcas a mi Hijo Santísimo una reparación muy especial. Esta reparación se haga en la familia. Esta hora que pasarán en su hogar haciendo reparación, comiénzala con lectura espiritual y continúen con el rezo del Santo Rosario u otras oraciones en un ambiente lleno de recogimiento y de fervor. Háganlo por lo menos entre dos o tres porque dónde dos o tres se reúnen, allí está mi Hijo Santísimo. Al comenzar, santígüense cinco veces y mientras lo hacen ofrézcanse por medio de las Llagas de mi Santo Hijo al Eterno Padre. Hagan lo mismo al terminar. Santígüense de ésta manera también al levantarse y al acostarse y aún durante el día porque eso les acercará por medio de mi Hijo Santísima al Eterno Padre y su corazón se llenará de gracia".

EL MILAGRO DE LA LLAMA DE AMOR

S.V.- "Con ésta Llama llena de gracias que de mi Corazón les doy a ustedes, enciendan todos los corazones en todo el país, pasándola de corazón a corazón. Éste será el milagro que, convirtiéndose en un incendio, con su fulgor cegará a Satanás. Este es el fuego de amor de unión que alcancé del Padre Celestial por los méritos de las Llagas de Mi Hijo Santísimo".

Al oír esto, comencé a excusarme mucho: No soy digna... Tú me confías tu causa, pero ¿cómo podría yo transmitirla? y me excusaba nuevamente... Pasados algunos días, la Santísima Virgen prometió que me ayudaría con su ayuda eficaz y con su amor maternal a hacer los sacrificios pedidos por su Hijo.

S.V.- "Estaré contigo, mi pequeña hija carmelita, y te estrecho a mi Corazón".

Mi Madre celestial, Bienaventurada Virgen María, quería preguntarte algo. Ella ya lo sabía y respondió a mi pregunta:

S.V.- "Lleva al Padre E la petición de mi Santo Hijo".

La Virgen Santísima le llamó ante mí, su querido hijo... Mientras Ella hablaba, comprendí por una Gracia maravillosa suya, en qué medida la voluntad de la Santísima Virgen está unida a la del Padre Eterno, de su Divino Hijo, y de Dios Espíritu Santo. La Santísima Virgen prometió que estará con nosotros para que la pequeña Llama se propague como un reguero de pólvora.

MISIÓN SUBLIME: PROPAGAR LA LLAMA DE AMOR

15 de abril de 1962

S.V.- "Mi pequeña hija carmelita, invito a los que viven en la casa de los Padres Carmelitas... Todos ellos con gran entrega y amor hacen trabajo misionero a lo largo de todo el país. Que sean ellos los primeros en recibirla para propagar la Llama de Amor. Su misión es sublime y conmovedora. No seas cobarde, hijita mía, ¡ponte en marcha cuanto antes! Mi Llama de Amor va a partir desde el Carmelo. Ellos son los que más me honran, o mejor, son ellos los más llamados para honrarme a Mí.

Lleva dos velas, enciende primero tu pequeña vela y con su llama enciende la otra. Luego pásala a mi querido hijo. Él va a propagarla entre mis doce devotos más insignes".

(Posteriormente pregunté a la Santísima Virgen si los doce sacerdotes serían todos carmelitas. Ella me contestó con un "no".)

S.V.- "Yo estaré con ustedes y los inundaré con gracias muy especiales. Una vez que se hayan reunido los doce sacerdotes, comiencen simultáneamente, en doce templos a Mí dedicados, esta devoción. Entreguen la vela encendida que han recibido en ésta ceremonia unos a otros, llévenla a casa y comiencen la oración en familia con éste mismo rito.

Si su fervor no decae, me consolaré".

TOMAD PARTE TODOS EN MI OBRA DE SALVACIÓN

17 de abril de 1962

Petición a los Sacerdotes.

Muchas cosas me dijo el amable Salvador. Pidió que no nos rindiéramos en ésta lucha espiritual porque la lucha sin tregua aumenta la gracia:

JC.- "Pide a mis hijos (los sacerdotes) **que envíen a las almas a mi Madre querida, y que no pronuncien ninguna homilía sin exhortar a los fieles a tener una profunda devoción hacía Ella. Somos el país de la gran Señora del pueblo húngaro. Hagan brillar esto constantemente ante los ojos de los fieles ya que se trata del deseo de nuestra Gran Señora.**

Y tú hija mía, con todas las fuerzas y sacrificios de tu vida, anhela sin cesar la llegada de mi Reino, que la Llama del Amor de mi querida Madre se inflame y se propague por las chispas del amor".

Una vez, estando postrada delante del Señor Jesús y lamentándome del tiempo perdido de mi vida, me habló así:

JC.- "El aumento de la caridad contrapesa las ocasiones que has desaprovechado. Al crecer tu amor mis gracias también van a crecer en ti y en gran medida".

Luego habló todavía largamente conmigo:

JC.- "Lo que te voy a decir ahora, hija mía, no es sólo para ti, entrégalo a mis queridos hijos: que entretejan lo esencial de estas mis palabras con los pensamientos de su alma. Tienes que sacudir a las almas tibias de la desidia en la que se han hundido. Primero, háganlos conscientes de que son llamados a vivir en intima unión Conmigo. Comuniquen esto especialmente a las almas que a pesar de que me reciben frecuentemente en su corazón, no por eso se acercan más a Mí. En vano querría llevarlas a mayor profundidad espiritual, si ellos dan vuelta y me abandonan.

En el fondo de su alma ni se acuerdan de Mí en medio de los trabajos del día. ¡Esto me duele tanto! ¡Sufro tanto! Cuando dicen: 'Señor, no soy digno de que entres en mi casa' no me

den la espalda, sino háganse dignos, dispongan sus corazones para una continua unión Conmigo. Háganlo durante el día también, por medio de una jaculatoria fervorosa o una mirada de amor. ¡Qué ansias tan grandes siento por ustedes! ¡Son tan pocos los que vienen a Mí! Por lo menos los que vienen sean entregados y de verdad recogidos. Despierten en sus almas la confianza hacia Mí. Lo que más me duele es que no confían en Mí. En vano tienen fe, sin la confianza no pueden acercarse a Mí. Pide a mis hijos que despierten valor en las almas. Diles cuán queridos son para Mí todos los que luchan. Que las almas no abandonen la lucha, porque la lucha ininterrumpida aumenta en ustedes mis gracias. Envíenlas a mi dulce Madre.

Desea para Mí, hijita mía, muchas almas. Que sea éste el objetivo de tu vida que no pierdas nunca de vista. Por éso te he arrancado del mundo, para esto te escogí, me alegro de que, al menos tú, te hayas compadecido de Mí, me comprendas y en mi inmenso dolor me consueles".

Mientras me decía esto, derramaba su dolor sin límites en mi corazón. Mi Señor Jesús, yo soy una miserable pecadora. Pero Él seguía hablándome:

JC.- "Es tu arrepentimiento, hija mía, lo que te ha traído cerca de Mí. Pide este profundo arrepentimiento para muchas almas. Hay tan pocas almas así, aún cuando Yo llamo a muchas a mi especial seguimiento. No soy caprichoso, escojo las almas de aquí y de allí, de entre las circunstancias más diversas, pero lastimosamente con poco resultado. Hoy me quejo mucho, hijita mía. He tenido necesidad de abrir mi corazón delante de ti, con su mar de penas. ¿Por qué tanta conducta indigna tengo que soportar de parte de las almas a Mí consagradas? ¡Ven más temprana a Mí y consuélame todavía más! ¡Sal de tus propios límites! ¡Qué tu amor hacia Mí sea ardiente, lleno de fervor! Sufre con amor y atiende con más amor mi Voz. Para poder oír mi Voz, sé muy callada porque con mi Voz delicada, silenciosa, sólo las almas sumergidas en el amor pueden sintonizar. Mantén vivo tu anhelo por Mí, siendo hostia viva por el amor. El amor es fuego que sola-

mente la aceptación incesante de sacrificios puede mantener incandescente".

APRESÚRATE A PASAR LA LLAMA DE AMOR
PARA SALVAR TU PAÍS

20 de abril de 1962

J.C.- "Toma parte sin cesar en mi trabajo redentor. No preguntes cómo, ansía que llegue mi Reino a ti y a todas las almas.

Cuando te aprestes a descansar, revisa todo tu día, ¡qué has hecho para que llegue mi Reino!"

Al día siguiente inundó mi alma con un dolor agudo, oprimía mi corazón y quemaba verdaderamente: Tú lo conoces, Jesús mío, porque Tú me lo diste, me prometiste darme diferentes sufrimientos. Tanto me duele y sin embargo, ¡cuánto me agrada sufrir! No sé con qué comparar este dolor.

JC.- "Podrías saberlo –contesté Él mansamente. **Recuerda cuando eras todavía niña, lejos de tu madre y de tu querida patria. Esta era la pena que durante largo tiempo te torturaba".**

Era la añoranza por la patria, mi amable Jesús.

JC.- "Ya ves, has atinado. Este fuerte dolor que te he enviado es la añoranza por la patria celestial. Súfrelo por aquellos que no sienten ansia por la patria eterna".

Hoy me pidió el Señor Jesús:

JC.- "Apresúrate a pasar la Llama de Amor de mi Madre para que así aparte del país la mano castigadora de mi Padre".

Me costó muchísimo partir, el Señor me dio ánimo:

JC.- "¡Ya no titubees más, hijita mía! La Santísima Virgen bajo la advocación de la Gran Señora de los Húngaros, te va a acreditar. Nuestras palabras, que te hemos dirigido, sean tus oraciones".

En estos días, por cierto, he sentido impulsos de transmitir los mensajes recibidos al Padre E.

En los días consecutivos fui temprano donde el Señor Jesús. Después de estar largo tiempo callado fue Él quien comenzó a hablar en mi alma. Con voz mansa tan silenciosa que apenas se oía, me dijo muchas cosas pero todo pasó a la conciencia de mi yo.

Sentí la maravillosa importancia de sus bondadosísimas palabras que penetró en mi alma, pero me siento incapaz de expresarlas a excepción de unas pocas palabras con que me movió a urgente acción. Entre otras cosas me pidió que ya no me demorase más en entregar las peticiones a mí confiadas y que las instrucciones dictadas por Él las entregara cuanto antes al Padre. Sentí gran temor al saber que ya no había tiempo para dilaciones. En mi gran susto le rogué a la hermana sacristana que dijera al Padre que me encomendara en sus oraciones. No dije nada más. Por tratarse de un asunto tan confidencial no lo pude comunicar con nadie más fuera de aquel para quien el Señor lo destina.

Ese día el maligno oprimía sin cesar mi alma. Esto duró hasta que ya de noche me postré a los pies del Señor. Después de breve silencio, el Señor Jesús, comenzó a hablarme con indecible, maravillosa ternura. Un amor tan indescriptible, hasta ahora desconocido para mí, pasó de Él a mi alma temblorosa. Esta extraordinaria, maravillosa sensación recorría por largo rato todo mi cuerpo y mi alma. Y el Señor me habló con voz tan tierna como nunca hasta ahora. Sentí que a Él también le dolía lo que me iba a decir.

JC.- "Esta es nuestra noche de despedida, mi hijita carmelita. Tu alma ha sido el depósito de mis apacibles palabras. A partir de ahora te cubriré con el silencio. Te voy a privar no sólo de mis palabras, sino hasta de sentir continuamente mi presencia".

Cuando pronunció esto, el maligno respiró aliviado y con malicia. El Señor me permitió sentirlo. El maligno dijo: ¡Ha llegado mi hora! Sentí que estaba muy lejos y como si el Señor con un gesto lo hubiera aniquilado. Sentí cómo el Señor le dolía el tener que causarme tristeza. Me inspiró con placible bondad:

JC.- "Por el bien de tu alma tengo que hacerlo".

Al penetrar su inspiración en mi alma un sentimiento para mi totalmente desconocido, delicado, estremecedor y lleno de gracias inundó todo mi interior. Sentí que era el Espíritu de Amor, el Espíritu de Santidad.

Mientras Él irradiaba a mi alma su Espíritu, sentí que el Espíritu Santo exhalaba sobre mí una fuerza de gracia de un orden diferente para vencer todas las tentaciones. Esto me dió tanta tranquilidad que las lágrimas que brotaban de mis ojos por la partida del Señor, cedían el lugar a un silencioso recogimiento. Y después de descansar así en mi alma, el Señor una vez más me habló:

JC.- "¡No me entiendes mal, hija mía! Yo seguiré estando contigo, también en adelante cuando me recibas en la Santa Comunión, y esperaré tu venida con el corazón oprimido como lo he recibido hasta hoy. ¡Sé fiel, no busques tus sentimientos! ¡Renuncia a ti misma y sólo ámame a Mí! ¡Llene tu alma únicamente el Espíritu de Amor! Ámame como a un niño pequeño envuelto en blancos pañales. Búscame como mi Madre me buscó angustiada en medio de la multitud. Y donde quiera que te encuentres, ¡alégrate de Mí! Piensa en Mí cuando necesites una mano que te ayude.

Si piensas que tienes necesidad de apoyo paternal, mira hacia arriba, a mi Padre Eterno y con el Espíritu Santo sumérgete en Nuestro Amor".

Estas eran sus palabras de despedida. Con todo lo bondadoso que era, me han dejado con tristeza. En las noches anteriores era siempre el Señor Jesús, quien me despertaba para la oración de vigilia. De hoy en adelante será mi ángel de la guarda, quien me despertará cuando llegue la hora. ¡Oh, que diferencia entre el anterior y el actual despertar!

EN LA ESCUELA DE LA HUMILDAD

27 de abril de 1962. Viernes.

Después de la Santa Misa, partí decididamente para entregar al Padre E, el mensaje de la Santísima Virgen. Traigo una carta para usted Padre, le dije, en la carta está el mensaje recibido de la Santísima Virgen. Temblaba en todo mi cuerpo pero sentí que la fuerza del Espíritu Santo me asistía. Esperé hasta que terminó de leer.

Me miró sorprendido y contesté con palabras evasivas: "No puedo dar respuesta a ello..." Yo no esperaba respuesta. Yo sólo soy una miserable pecadora y llevo sufriendo ya bastante por ésta causa... Me retiré con el alma oprimida. Me sentí profundamente humillada.

Luego me quedé todavía largo tiempo en el templo sumida en mis pensamientos. Me quejaba ante la Santísima Virgen: ¿A quién me enviaste, Madre querida? Me ha rechazado, no me dijo ni una palabra de aliento. Con dolor en el alma y con la vergüenza por la humillación sufrida, salí del templo. Pero sí hubo algo que me dijo el Padre E. Me dijo que fueran donde el Padre X. A él no lo conocía; jamás había oído hablar de él. Al día siguiente fui a verle pero como no lo encontré en casa, al otro día volví a buscarle. En la santa confesión expuse ante él la situación especial de mi alma. Brotaron de mí oleados de palabras acompañadas con lágrimas. Aunque nunca le había visto, me abrí ante él, con plena confianza; le supliqué que me orientara en mi singular estado de alma. Le dije: "Con la mayor humildad le pido que me diga si estoy en error para así lograr tranquilizarme". Sus palabras mansas y bondadosas me devolvieron la paz: no encontró en mí nada anormal. Era mi humildad de la cual sacó ésta conclusión. Estas palabras daban consuelo a mi alma. Regresé a mi casa apaciguada. Hemos quedado en que la próxima vez le llevaría escritas las comunicaciones de la Santísima Virgen, porque hay sacerdotes que se confiesan con él y va a tratar con ellos sobre éste asunto.

DILES A QUIENES INCUMBE...

30 de abril de 1962

La Santísima Virgen me animó de nuevo:

S.V.- "Di a quienes incumbe que no tengan miedo, que confíen en Mí. Con mi manto maternal, Yo misma les defenderé.

Que los ocho santuarios más concurridos del país y en cuatro iglesias a Mí dedicados en la capital, comiencen simultáneamente ésta devoción: La entrega de mi Llama de Amor.

Que ardas en deseos, mi hijita carmelita, de hacer sacrificios. Alimenta sin cesar la Llama de mi Amor con tus sufrimientos".

YO SOY EL MENDIGO DEL PAÍS

2 de mayo de 1962

Llevé al Padre X las comunicaciones escritas. Me recibieron con la noticia de que el Padre estaba enfermo, que había sido sometido a una grave operación y no se podía hablar con él... Mi corazón se llenó de tristeza y pensé que la Llama de Amor de la Santísima Virgen sufriría un nuevo atraso...

El Señor Jesús me dijo:

JC.- "No temas, mi pequeña carmelita, mi Sagrado Corazón será permanente asilo para ti. ¿No es cierto que lo sientes así y cuando lo sientes, ya estas descansando? El amor de compasión late sin cesar entre los que se aman. ¡Permanece en mi amor y atrae a otros también a mi cercanía! Sabes, somos tan pocos, una simple mirada abarca fácilmente nuestro campamento. Mi mirada siempre los vigila. Mi corazón sufre mucho por los ausentes. ¡Persevera junto a Mí, no sea que tenga que sufrir una decepción amarga!"

Su voz era tan suplicante que mi alma ardía por Él... Al día siguiente sentí tanta angustia que hasta mis fuerzas físicas lo resentían grandemente. El Señor me dijo:

JC.- "¡Sufre Conmigo, hija mía!"

Otra vez caminaba por la calle, era mediodía. El Señor, inesperadamente comenzó a hablarme. Se quejaba con tristeza y me pidió que escribiera sus palabras:

JC.- "Yo soy el mendigo del país, hijita mía. A Mí no me quieren dar trabajo. Han prohibido toda mendicidad en el país, solamente Yo sigo mendigando. Ando sin comer, ni beber, de calle en calle, de casa en casa, de pueblo en pueblo; en frío invierno y en calor, cuando aúlla el viento o llueve a cántaros. Nadie me pregunta a dónde voy en un estado tan lamentable. Mi pelo es pegajoso de sangre, mis pies agrietados por andar detrás de ustedes, extiendo mis manos sin cesar pidiendo ayuda... Ando de Corazón a corazón y apenas recibo una pequeña limosna: después cierran rápidamente la puerta de su corazón y apenas puedo echar una mirada adentro. Tengo que retirarme modestamente y mis gracias quedan acumuladas en mi Corazón, pide muchas gracias, hijita mía, también para los demás. Oh, verdaderamente, estoy en deuda contigo, tengo que agradecerte tu fidelidad. ¿Te sorprendes de esto? No te quedas maravillada, cada pequeño sacrificio tuyo mitiga mi sed infinita, desgarradora. ¡No vivas ni por un instante sin sacrificios!"

SACRIFICIO - ORACIÓN

JC.- "Tengo que decirte que recientemente he llamado a muchas almas a mi especial seguimiento, pero sólo muy pocas comprenden qué es lo que deseo de ellas. Inclúyelas continuamente en tus oraciones y sacrifícate por ellas, para que el campamento de almas reparadoras, que de ésta manera trato de reunir, hagan contrapeso a mi justa ira.

Mi Madre querida me suplica. Es Ella, quien ha retenido hasta ahora mi justa ira. ¡Su Llama de Amor me obliga también a Mí!"

En cierta ocasión mientras le adoraba, el Señor Jesús, me habló así:

JC.- "En cada latido de tu corazón esté el arrepentimiento. En cada respiración aspira mi amor y al expirar, pásalo a tu prójimo".

El 2 de mayo de 1962, la hermana asignada para acompañarme me preguntó ¿qué diferencia sentí cuando, en lugar del Señor, fue mi ángel de la guarda quien me despertó? En ese momento no pude darle la respuesta. Ahora que el Señor, ya no me hace oír su amable voz, mi conversación con Él se ha convertido en un monólogo.

PEQUEÑAS CENTELLAS, CRIATURAS DE DIOS

"Tú me has hecho comprender muchas cosas, mi buen Jesús, y gracias a tus inspiraciones yo las puedo expresar. Pero cuando esto ocurrió, Tú ya habías cubierto con el silencio mi alma. Ahora entiendo, pero no puedo expresarlo con palabras".

Estando así arrodillada, silenciosamente delante del Señor, comenzó a brillar ante mis ojos espirituales un gran resplandor que no podía abarcar con la mirada. Esa gran luz parecía una luz viva que chispeaba y despedía pequeñísimas partículas centelleantes en todas direcciones. Esas partículas eran más pequeñas que un grano de polvo, sin embargo, brillaban aún las más pequeñas con admirable fulgor. Al estar en ésta contemplación, el Señor me concedió comprender por qué no había encontrado palabras adecuadas para expresarlo. Las partículas pequeñitas de maravilloso fulgor, han despertado en mí la sensación de que se trataba de las criaturas de Dios. Ese día era martes y comenzaba a hacer comuniones espirituales por mis hijos. Les he encomendado al cuidado de la Santísima Virgen. Pero de las comuniones espirituales no he podido hacer todavía ninguna. Ahora que el Señor Jesús me privó no sólo de sus palabras sino también de sentir su presencia, grande sequedad agotaba mi alma. Estaba arrodillada en muda inmovilidad. Me acordé de las palabras del Señor:

JC.- "Un sólo Padre Nuestro o Ave María, rezado en medio de una gran sequedad espiritual es mucho más fructífero que

la oración exuberante de quien está sobreabundado de gracia".

ORACIÓN COMUNITARIA

Evocando estas palabras del Señor, en medio de la sequedad espiritual he sentido gran sosiego en el alma.

Mientras estaba así arrodillada sin pronunciar palabra, en esta tarde de mayo ha comenzado el canto de las letanías alabando a la Santísima Virgen. Nunca he sentido como ésta vez, cómo la oración comunitaria puede elevar el alma a un admirable fervor.

TENTACIÓN DEL MALIGNO

Permanecí en un devoto silencio, en vano intentaba orar, estaba incapaz de hacerlo. En vez de ello, el maligno comenzó a torturar mi alma. De ninguna manera lograba librar mis pensamientos de su influjo. Primero suscitó gran miedo en mí. Era una sensación tan terrible, como si hubiera querido tomar posesión de mí, pero algo se lo impedía...

Durante un rato estuve allí arrodillada con mi mente obscurecida. Pensé en que antes de que el maligno se posesionara de mí, acudiría al sacerdote para que rezara por mí. Vi cómo el Padre E, cruzando la iglesia, salía del templo, pero no tenía fuerza para seguirlo. Después de la partida del Padre no podía moverme ni en lo más mínimo y, continuamente me oprimía el pensamiento del que soy una poseída y que no tengo por qué estar en el templo. El demonio me ordenó que saliera del templo, pero yo seguí allí todavía largo tiempo. En ese entonces no sabía cómo podría librarme del maligno.

Al salir del templo, el maligno me acompañó y en forma muy humanitaria comenzó a hablar conmigo: "¡Regresa a tu familia! ¡No quieras destacarte sobre los demás! ¿No ves cómo te agota y te hace perder vida esto que haces?

Toda tu vida ha sido una lucha, ¡ya es tiempo que descanses! ¡Esta vida es tan corta! ¿Por qué apremiarte tanto? Tus pensamientos tontos, ¿por qué los quieres entregar a otros? ¡No creas que vas a llamar la atención sobre ti! ¿Verdad que esto te halagaría? Párate y reflexiona, y verás que yo tengo razón. Y cuando caigas en la cuenta de ello, serás tú quien me agradecerás que te haya librado de tanta calamidad".

Me alegré cuando llegue a la puerta de la casa, mis nietecitos me esperaban y con alegría me hacían pequeños cumplimientos. Esto puso fin a las molestias del maligno.

Después de merendar me fui a mi nuevo domicilio. Ni siquiera allí me soltaba el maligno sino que seguía molestándome. Irrumpió de nuevo sobre mí. Intenté rechazarlo con todas mis fuerzas. Con gran vigor me puse a meditar pero tanta perturbación me obligó a reflexionar. En vano me examiné la conciencia. No encontré razón para ellos... sentí que antes de dar cualquier paso por esta causa, tendría que pensarlo muy bien. Aquella soberbia mía que el maligno puso ante mis ojos me hizo pararme de repente... En medio de grandes zozobras me fui a descansar. Toda ayuda del cielo se interrumpió y sólo la oscura inquietud de la noche cayó sobre mí. ¡Qué bueno será oír la apacible voz del Señor! ¿Qué diría El de estas cosas?... En estos días tuve muchas y graves tentaciones... El maligno, con todas sus mañas, quiso despojarme de mi calidad de ser humano.

PARA RECIBIR GRANDES GRACIAS, EL SEÑOR PREPARA NUESTRA ALMA CON SUFRIMIENTOS

4 de mayo de 1962

La Santísima Virgen comenzó a hablar:

S.V.- "Ahora que has pasado esta gran tentación, hijita mía, te voy a premiar. Has superado una gran prueba, hemos querido aumentar tu humildad.

Por eso ha permitido mi Santo Hijo, que se te acerca tanto Satanás. Así te has hecho más apta para propagar la Llama de Amor. Sabes, para recibir grandes gracias es necesario preparar tu alma con mayores sufrimientos. Sólo así puede crecer la gracia en tu alma. Ahora, después de la victoria, te

estrecho en mi Corazón y cuando me dirijo a ti, acogerás con mayor entrega mi santa causa. Ha sido oportunidad para ganar méritos en favor de otras almas también. Haz sin cesar sacrificios por los doce sacerdotes. Ellos también van a sufrir y tú, siéntete feliz de poder sufrir con ellos. Tu mérito, por pequeño que parezca, aumenta en ti las gracias. Yo confío mi causa a unos pocos para que, una vez conquistados los pocos, los muchos vayan en pos de ellos. ¡Siéntete feliz de ser uno de los pocos! Lastimosamente aún entre los pocos hay quienes me rechazan y ¡cómo duele esto a mi Corazón maternal!

Y ahora tienes que propagar mi Causa. Aquellos a quienes he escogido, que tengan plena confianza en Mí. Yo como Madre cuidadosa, conduzco todos sus pasos. Sólo pido que hagan sus almas aptas y que se preparen con gran fervor a la obra de reparación. Miro con pena la alarma que despierta en ustedes mi Llama de Amor.

¿Por qué se atemorizan en su corazón? ¿Cómo podría Yo, siendo su Madre amantísima, dejarles en dudas? Únanse con todas sus fuerzas y preparen sus almas para acoger la Llama Sagrada. En los santuarios, los peregrinos estarán dispuestos a acogerla. Yo, la Madre de la Gracia, suplico sin cesar a mi Hijo Santísimo que acoja el esfuerzo más pequeño y la asocie a sus méritos. No tengan miedo a la Llama que va a encenderse desapercibida, apacible como una mansa luz, no despertará sospecha en nadie. Ése es el milagro que se producirá en los corazones de ustedes".

FIESTA DE LA CANDELARIA

S.V.- "En la fiesta de la Candelaria, mis queridos hijos la entregarán procesionalmente para que de ésta forma la Llama de Amor de mi Corazón se haga fuego vivo en los corazones, en las almas. Preparen todo de tal forma que se vaya propagando como reguero de pólvora. Y aquellas almas que Yo escogí hagan todo para prepararse para la gran misión".

Madre mía, Nuestro Señor Jesucristo prometió que tú me vas a acreditar. En lo profundo de mi alma oí la dulce respuesta de la Virgen Santísima que me tranquilizó plenamente:

S.V.- "Vete a mi muy querido hijo (Padre X). **Él va a hacer todo como si fuera Yo misma porque él va a ser mi enviado en mis santuarios para acreditar mi Llama de Amor. ¡No temas, él no va a oponerse, ni excusarse! ¡Tú, sólo vive en escondida humildad y abrázate con el sufrimiento! ¡Yo, la Madre de los Dolores, siento como si con cada uno de tus sufrimientos derramarás bálsamo medicinal en las llagas de mi Santísimo Hijo! Seas tú una de aquellas almas que no pueden vivir sin sufrimiento, porque estas almas, por su unión con los sufrimientos de mi Santísimo Hijo, sienten cada vez más su cercanía. Desea con todas las fuerzas de tu corazón que mi Llama de Amor se encienda cuánto antes y ciegue a Satanás".**

Entre el 3 y 11 de mayo de 1962, cuatro veces me pidió la Santísima Virgen que no descuidara su encargo.

ANUNCIA MI MISERICORDIA, SACRIFÍCATE

Palabras del Salvador:

JC.- "¡Te escojo a ti, hijita mía, para que seas portadora de mi Divina Misericordia. Llénate a ti misma de la abundancia de mi Divina Misericordia y cuando abras tu boca para hablar, anuncia la misericordia de mi Corazón que casi se quema por el deseo que tiene de los pecadores.

Que toda tu vida sea un solo anhelo por medio de la oración, el sacrificio y el deseo de participar en mi Obra Salvadora".

¡Cuántas veces puse ya por escrito, mi buen Jesús, tus tristes quejas, pero es tan poco lo que pude ayudarte!

JC.- "¡Qué arda de deseo tu corazón, hijita mía, con esto sólo ya mitigas el ardiente dolor de mi Corazón! Si todas las almas consagradas a mi Corazón anhelaran lo mismo que Yo, crecería el campamento de mis reparadores.

Sabes, cuán grande es su número y si todos ellos, con alma y corazón, por sus oraciones y sacrificios participan en mi obra redentora, no tendría que quejarme tanto. Ámame todavía más, hijita mía, y sírveme con mayor entrega aun. ¡No dejes que te domine el poder de la rutina!

Que tus sacrificios sean siempre fervorosos y ardientes. Quisiera aumentar en ti, hijita mía, mis gracias, pero para poder hacerlo, necesito hallar más aceptación de sacrificios en ti. Te ruego aceptes mi petición, sé muy modesta, renuncia a todo gozo, todo placer con el cual no me sirves a Mí. Renuncia a leer libros de distracción, a escuchar tu música favorita, a buscar estar en sociedad. En tus paseos sólo piensa en mi Sagrada Pasión. Quisiera que aumentaras todavía más tus ayunos, si tú también lo aceptas. No te entregues a ningún placer, que tu desayuno y tu merienda sean modestamente pan y agua. Solamente en las comidas principales puedes comer otras cosas, pero te ruego que trates de hacerlas insípidas. No las comas por su buen sabor, sino únicamente para alimentar tu cuerpo. El cuerpo en todo caso exigirá lo suyo. Tienes que renunciar más todavía a tu reposo nocturno.

Te pido una vigilia de dos horas, de tal manera que tengas que levantarte dos veces cada noche por una hora. Mi hijita querida, ¿puedo contar contigo? Te lo pido Yo, el Dios-Hombre".

¡Oh, mi Señor y mi Dios! Tú sabes que sin Ti no soy nada. El alma está dispuesta pero el cuerpo, lo sabes, mi Señor, es débil. Tú conoces mis dos "yo" que aquí abajo en la tierra como dos eternos e inseparables enemigos existen en mí. Mi alma y mi corazón lo acepta, pero el lado oscuro de mi débil voluntad y de mi mente se encrespan contra él. Te renuevo, mi dulce Jesús, mi ofrecimiento: ¡Soy tuya, dispón de mí! ¡No quiero ni lo más mínimo oponerme a Ti, porque te amo ardientemente! Revísteme con tu fuerza para que pueda cumplir con tu petición.

La velada nocturna me resulta muy dificultosa, me cuesta muchísimo despertarme. Pedí a la Santísima Virgen: Te suplico, Madre mía, ¡despiértame! Cuándo es el ángel de la guarde quien me despierta, no me hace bastante efecto.

La siguiente noche, fue la Santísima Virgen, quien me despertó. Quería levantarme y vestirme creyendo que había llegado el tiempo de la velada y no me parecía respetuoso hablar acostada con la Santísima Virgen. Pero todavía no había llegado la hora de comenzar la vigilia, las dos de la madrugada, era sólo la media noche. La Santísima Virgen me habló así:

OFRECE POR LA JUVENTUD Y LA NIÑEZ TUS VELADAS NOCTURNAS

S.V.- "Sigue en la posición en que estás, hijita mía, no me faltarás al respeto. Una madre puede hablar con su hija, en cualquier momento, en cualquier lugar. Escúchame, te ruego, no te distraigas durante el tiempo de la vigilia. Este es un ejercicio sumamente útil para el alma, es su elevación a Dios. Haz todo el esfuerzo físico necesario. Yo también he velado mucho. En la familia era Yo quien permanecía velando durante las noches mientras el Niño Jesús era todavía bebecito porque San José trabajaba mucho esforzándose para que pudiéramos vivir pobremente. ¡Hazlo tú también, aun en tu día de descanso que es el domingo, velarás y oirás tantas Santas Misas cuantas te sean posibles! ¡Ofrécelas por la juventud! ¡Piensa en todos los niños a quienes conducen cada año a mi Santo Hijo! ¡Cuántas almas se extravían porque sus almas no pueden echar raíces ya que nadie se preocupa de su adelanto espiritual! Que tu alma esté llena de oración sacrificada también en los días de descanso. Este día ofrécelo especialmente por ellos. Mi Hijo Santísimo, aun estando cansado dejó que los niños se le acercaran. ¡Para esto tú tampoco debes estar nunca cansada! Sabes, él fue quien te pidió que participaras continuamente en su obra redentora".

Hoy, de nuevo es el Señor Jesús quien me habla:

JC.- "Mi hijita carmelita: los sacrificios a lo que te invité últimamente, los aceptaste. Tal vez te sorprende, pero necesito agradecértelos. ¿Ves, qué condescendiente es tu Maestro? Pero voy más lejos todavía: Funde tus sufrimientos en uno solo con los míos. Tus méritos se acrecientan grandemente por ello y adelantan en gran medida mi Obra Redentora. Encierra en lo profundo de tu corazón esta gracia grande que de Mí recibiste. Este es un regalo especial de Dios. Es Él quién te honra a ti, pobre pequeña alma. ¿Puede haber algo más sublime para ti? ¡Aprende de Mí! Porque eres pequeña y mise-

rable, por eso te escogí. Hija mía, no estés nunca cansada cuando se trate de sufrir por Mí. ¡Empéñate todavía más con la ayuda de mi gracia!"

Y me rogó el Dulce Redentor que rezara junto con Él la oración que expresa sus anhelos:

JC.- "Que nuestros pies vayan juntos
que nuestras manos recojan unidas,
que nuestros corazones latan al unísono,
que nuestro interior sienta lo mismo,
que el pensamiento de nuestras mentes sea uno,
que nuestros oídos escuchen juntos el silencio,
que nuestras miradas se compenetren profundamente fundiéndose la una en la otra,
y que nuestros labios supliquen juntos al Eterno Padre, para alcanzar misericordia".

Esta oración la hice completamente mía. La meditó Él tantas veces junto conmigo: aseverando que estos son sus eternos anhelos. Me enseñó esta oración a fin de que yo la enseñe a los demás. Hagamos nuestros Sus eternas pensamientos, Sus deseos, con todas nuestras fuerzas y con todas nuestras mentes.

El Salvador después de pedir esto, todavía añadió:

JC.- "Esta oración es un instrumento en sus manos porque colaborando de esta manera Conmigo, Satanás también por ello se quedará ciego y por su ceguera las almas no serán inducidas al pecado".

¡¡¡AYUDEN!!! NECESITO EL ESFUERZO DE USTEDES

14 de mayo de 1962

Hoy, es otra vez la Santísima Virgen quien me despertó. Esta vez, me quedé en posición de reposo.

S.V.- "¡Mi hijita carmelita!, ahora en el silencio de la noche quisiera hablar contigo. Pon atención a lo que digo, pero sigue descansando. Sabes, ¿verdad?, qué pena tan grande hay en mi Corazón. Satanás está barriendo vertiginosamente las almas.

¿Por qué no se esfuerzan ustedes en impedirlo con todas sus fuerzas y con la mayor brevedad posible? Necesito el esfuerzo de ustedes. Mi alma se consume de dolor porque tengo que mirar cómo se condenan muchas almas. Muchas de ellas, a pesar de su buena voluntad, son arrastradas.* El maligno con risa socarrona extiende sus brazos y con terrible malicia arrastra a aquellas por quienes mi Hijo Santo sufrió indecibles tormentos y la muerte: ¡¡¡Ayuden!!!"

* Comienzan con buena voluntad pero la corriente las arrastra porque no descubren a tiempo la tentación que les tiende Satanás.

HABLA A MIS HIJOS, SERÁN MIS EMBAJADORES. RENUNCIA ENTERAMENTE A TI MISMA

17 de mayo de 1962

Durante mi oración matinal, la Virgen Santísima, me hablaba y también durante la Santa Misa se quejaba sin parar, en tono muy triste. Sentía cómo retorcía las manos y suplicaba:

S.V.- "La rabia salvaje de Satanás va de aumento para acaparar hasta las almas perseverantes. ¡No se lo permitan! ¡Ayuden!"

Y suplicante seguía implorando. El dolor de su alma se derramaba en la mía y yo misma me debatía imponente, mi oración se ahogaba en llanto. Ahora, al escribir estas líneas, de nuevo el dolor parte mi corazón. Tengo que interrumpir el escribir a causa del llanto. Madre mía, ¿qué puedo yo hacer?

S.V.- "Anda, habla a mis hijos, ellos serán mis delegados".

¡Habla Tú, Madre mía, a favor mío! Yo soy tan miserable, no soy nadie, a mí no me prestan atención y eso que ya he entregado tus palabras. Y ahora, ¿qué puedo hacer yo? Madre mía, otra vez te pido, seas Tú quien hable.

Tu Santísimo Hijo prometió que serías Tú quien me acredite. Te ruego, Madre Santísima, acredítame a fin de que hagan caso a tus insistentes súplicas. Y también, Madre mía, estoy consumiéndome y sufriendo porque tu petición no ha tenido acogida hasta hoy en aquel a quien me enviaste.

El mismo día, el Señor Jesús también habló en lo profundo de mi alma, en el gran silencio de mi alma. Su voz era casi imperceptible, semejante a un suspiro:

JC.- "¡Cuidado, hijita mía! Renuncia enteramente a ti misma. Entrégate enteramente a Mí. Sabes lo mucho que me preocupé a fin de que nada malo te pase a ti. Pagué gran precio por ti, por tu alma, con mis sufrimientos. Que nada se pierda de las abundantes gracias con que te estoy colmado sin cesar. ¡Cuídate! El maligno quiere penetrar desapercibido dentro de ti y como un animal de rapiña chupar las fuerzas de tu alma".

¿Cómo, mi amable Jesús? Yo en el momento mismo de despertar, con el primer pensamiento de mi corazón, dejándome de lado y despreciándome, me ofrezco a Ti, no sea que el demonio encuentre un sitio en mi alma al despertarme: ¡Recíbeme, mi Señor y mi Bien Dios!

JC.- "¡Dime esto durante todo el día y no sólo al despertarte!"

Y con un suave suspiro, sólo me dijo:

JC.- "¡Hijita mía!"

SUEÑO

23 de mayo de 1962

De mañana temprano ansiaba llegar al Señor para agradecerle la fuerza con la que me ha colmado para la velada nocturna. Él estaba muy conmovido y yo apenas podía soportar el latir de su Corazón. Resonaba en mi corazón con una dulzura que nunca antes había sentido.

Señor, no soy digna de lo que haces conmigo. Pero procuraré con todas mis fuerzas de alguna manera agradecer Tu bondad. Él seguía haciéndome sentir su extraordinaria caridad.

No escribí el sueño que tuve, no lo quería describir, pero Él se puso a mi lado y dijo:

JC.- "Escribe esto también, hijita mía".

Del 16 al 17 de mayo tuve este sueño. Casi no suelo soñar y si esto ocurre, al despertar, me olvido de lo que he soñado. Pero este sueño, no sólo lo he olvidado, sino que lo tenía presente con mayor viveza después de despertar: he visto un gran disco negro, con nubes grises alrededor, que se arremolinaban. Al lado del disco he visto hombres con extraña apariencia. Eran enteramente flacos, casi sin cuerpo, con vestidos grises. No he visto sus rostros, solamente sus nucas. De repente sentí que eran diablos y precisamente de los peores. Cuándo miré el disco, justo en ese momento acababan de hacer una lámina de hierro. Con ello cubrieron el disco que hasta hacía un instante era plenamente visible. Cuando lo cubrieron con esa lámina de hierro, lo observaron detenidamente y con otra grande y burlona sonrisa expresaban su satisfacción por el trabajo realizado. A la derecha había nubes blancas y sentí que alguien les estaba mirando. No sé quien haya sido, pero tenía la sensación de que no eran de malos sentimientos. A sus pies veía tres varones. No sé quienes eran, pero sentí como que eran enemigos del maligno porque al contemplar el disco negro, conferenciaban entre sí sobre cómo se podría quitar aquello. Entre tanto, uno de los de lado izquierdo, el que más cerca estaba a los de la derecha, se volvió hacia uno de estos y dijo con terrible sarcasmo como quien estaba seguro de su obra: ¡Ya pueden ustedes mirarlo! ¡Lo hemos hecho muy bien! Y todavía añadía: ¡Tendrán mucho dolor de cabeza con ello!

En el sueño, yo también observé muy bien el disco y no sé si las personas de la derecha se habían dado cuenta, pero al mirar yo pensaba cómo se podría librar el disco de la capa oscura. Me di cuenta de que en su borde había una finísima fisura transparente. Al fijarme en esto, sentí un gran alivio. Me decidí a hablar a los otros y decirles que no todo estaba perdido. Pongámonos sin tardanza a quitar la lámina negra porque presiento que lo lograremos. Me desperté.

Después, reflexionando vivamente sobre lo visto en el sueño, no supe lo que significaba, pero me quedé con la idea que aunque cueste mucho trabajo, se encontrará la manera de hacer el disco oscuro, otra vez transparente.

DULCE COMPAÑÍA Y SABIOS CONSEJOS

Mayo de 1962

Desde que el Señor Jesús ya no me dirige sus bondadosas y mansas palabras, hay silencio entre nosotros, mejor dicho, la conversación es sólo un monólogo...

Un día, mis hijos me mandaron hacer las compras... Terminando el almuerzo, me puse en camino y al salir por la puerta de la calle, revisé lo que tendría que comprar. En ese momento, Él se dirigió a mí con estas palabras.

JC.- "¿No molesto?"

Se acercó con tan indecible y delicada atención que no pude contener las lágrimas. Le susurré las palabras que sé que más le agradan: "Con sed insaciable tengo deseos de Ti". Entre tanto avanzamos silenciosamente sin pronunciar más palabras. Conmovida por su ilimitada delicadeza dije: ¡Ojalá pudiera yo también acercarme así a Ti, mi adorado Jesús! Con este anhelo llegué al lugar de mis compras. Ahí Él se retiró. ¡Esto me ha dolido tanto! El, el Hombre-Dios, se porta con tal indecible ternura y comprensión para conmigo. De vuelta hacia la casa de nuevo se dirigió a mí:

JC.- "¿No quieres decirme algo más?"

Mi dulce Jesús, tus propias palabras te devuelve como oración: "¡Tú eres la niña de mis ojos!" Ahora que se ha dirigido a mí después de mucho tiempo, una alegría grande llena mi alma. La sequedad espiritual ha durado mucho tiempo y mi miseria me tenía aplastada al suelo. La aceptaba gustosa porque Él mismo me dijo que me la mandaba para bien de mi alma.

Un día ya desde tempranas horas, el Señor Jesús, comenzó a quejarse con gran tristeza:

JC.- "Te pido, hija mía, muchas mortificaciones para que te pueda dar, a cambio, muchas gracias. Que ardan en ti sin cesar el espíritu de sacrificio, oración y mortificación. Que sepas estar callada continuamente porque la voz de Dios sólo así seguirá hablando en ti. Que sepas callarte y no te alabes a ti misma. Tu vida espiritual debe echar raíces en el silencio.

Repara con el silencio las palabras vacías, sin sentido de muchos. Repárame por el desconfiado retraimiento de otros. Y entre tanto haz que crezca en ti también la fidelidad y la confianza hacia Mí. ¡Si supieras como duele a mi Divino Corazón cuando hacen caso omiso de Mí o cuando muchos me excluyen del todo de su corazón! Cada mañana preséntame la ofrenda de tus sacrificios. Deposítalas ante la puerta de mi Sagrario y prenderá en llamas por el fuego de mi amor. ¡Que no se apague durante el día la llama de tus sacrificios! Procura que el amor de muchas almas sacrificadas flamee hacia Mí, a fin de alcanzar por mi intermedio la Misericordia del Padre Celestial".

Entre tanto, me inundó con su amor infinito. Todavía seguía hablándome:

JC.- "¿Sabes, hijita mía, como es mi amor por las almas? Yo hablaría así a cada alma que me recibiera y me diera refugio".

Oh, Señor mío, Tú fuiste quien me dio primero refugio a mí, y por eso te debo eterna gratitud que jamás podría dignamente cumplir.

JC.- "Tampoco lo deseo de ti ni de nadie. Pero que si lo intentaran, me agradaría de sobremanera".

INTERPRETACIÓN DEL SUEÑO

Hoy de mañana, el Señor, me ha dicho muchas cosas más y también me hizo algunas preguntas. Le miré sorprendida porque también preguntaba acerca de mi sueño del día anterior y dijo varias cosas:

JC.- "¿Sabes qué es ese disco negro? Es el país de la Gran Señora de los Húngaros. En la nube blanca estaba mi Madre y la persona cercana a Ella es mi querido hijo, cuyo corazón está adherido a Mí. Está dispuesto a hacer todo por Mí". (Hablaba de un sacerdote)

No dijo de quién se trataba y a mí tampoco se me ocurrió preguntarle. Entre tanto, el Señor ha pasado la palabra a la Santísima Virgen. Lo hizo con tanta reverencia y devoción que mi corazón empezaba a latir fuertemente al escucharlo. Ahora la Santísima Virgen repetía las palabras antes dichas por el Señor, referentes a su querido hijo. Después de nuevo el Señor Jesús tomó la palabra.

JC.- "¿Sabes qué significa en el disco la densa negrura? Significa los siete pecados capitales. Esta plancha está compuesta de siete láminas y cada una de ellas está colocada separadamente aunque parece como si fuera soldada de una sola pieza. La capa superior es la lujuria. Esta es una capa muy fina y resistente pero se le puede doblar y de esa manera hay que quitarla de ahí. Mucha oración acompañada de sacrificios es lo que la puede doblar. Después sigue la segunda que es la inercia (flojedad, desidia) **para hacer el bien. Esta no se puede doblar. Está hecha de color negro irrompible.**

Sólo con enorme fatiga se puede desgastar de ella partículas pequeñísimas como granitos de polvo. Pero no hay que tener miedo, Yo estaré con ustedes en el gran trabajo. Sin embargo, tengan cuidado porque el maligno tampoco queda inactivo y sólo el empeño sin desmayo es lo que puede desgastar esa inercia para hacer el bien, ese disco duro".

OJALÁ VIERA YA SU BUENA VOLUNTAD Y SU DECISIÓN DE PONERSE EN MARCHA. NO TENGAN MIEDO AL MALIGNO

Con esto le pasó la palabra de nuevo a la Santísima Virgen. La voz de Ella era inmensamente alentadora y a la vez suplicante:

S.V.- "¡Miren ya a Mí y sírvanse de la ayuda de mi intercesión! Quiero y tengo poder para ayudar. ¡Ojala viera ya su buena voluntad y su industrioso ponerse en marcha! ¡No lo demoren por más tiempo! Demasiado tiempo desperdician ya. El maligno trabaja con mayor éxito y empeño que ustedes. ¡Tanto me duele esto!

¡Mi hijita carmelita! Me inclino hasta ti y con cariño maternal te acaricio y te protejo de todo peligro espiritual. No tengas miedo al maligno que continuamente está rondando alrededor de ti. Yo lo he aplastado y no tienes de qué temer.

Escóndete bajo mi manto y besa con frecuencia mi santo vestido (escapulario) **que llevas sobre ti".**

CUIDEN EL TRAJE HERMOSÍSIMO DE LA GRACIA SANTIFICANTE

Después de haberme hablado la Santísima Virgen, el Señor Jesús dijo todavía muchas cosas, pero lamentablemente no puedo escribirlas todas. Después de la Sagrada Comunión le agradecí con profunda gratitud las abundantes gracias y le pedí perdón por haberlo recibido tantas veces indignamente en mi corazón. He reparado también por aquellos que hoy le reciben indignamente. El Señor Jesús, viendo mi aflicción y reparación comenzó a quejarse efusivamente: sus palabras de quejan fluían a raudales:

JC.- "Hijita mía, cuando un padre de familia compra un traje nuevo para su hijo, lo hace dar gracias y le inculca que lo cuide por que ha sido fruto de sacrificio.

Mi Padre Celestial también les ha dado un traje nuevo en el bautismo, el traje hermosísimo de la gracia santificante y ustedes, a pesar de todo, no lo cuidan. ¿Habrá padre de familia que haya sufrido más que Yo a fin de que la vestidura de gracia santificante pueda de nuevo recobrar su blancura?... He instituido el sacramento de la confesión y ustedes no hacen uso de él. Por eso he sudado sangre. Por eso me coronaron de espinas. Voluntariamente me acosté sobre el madero de mi Santa Cruz. He sufrido lo indecible y después me escondí modestamente bajo una insignificante apariencia para ser más asequible a ustedes, para que no me tengan miedo. Como niño pequeño envuelto en blanco pañal, me he escondido en la Hostia Blanca. Cuando entro en el corazón de ustedes, tengan cuidado de que no se halle en el vestido de su alma ninguna suciedad, desgarrón o mancha, porque ¿hay padre de familia que haya hecho mayor sacrificio para adquirir un traje a su hijo? Muchos ni me lo agradecen debidamente. Todos los días repiten impasibles las mismas palabras con frialdad, sin sentirlas, sin poner atención, con el pensamiento vagado por otras partes. Así vienen todos los días y esto va así año tras año. No piensan que Yo también soy Hombre y como

a tal, no deben guardar los dos pasos de distancia de las reglas de urbanidad, ya que me han recibido en su corazón. Tienen que hablarme con sencillas palabras humanas. No me dejen, pues, sólo, mi Corazón anhela amor y confianza. Soy Yo quien les pido que me hablen, para que tenga oportunidad de responder a sus palabras con la plenitud de mis gracias.

Dondequiera que puedas, hijita mía, trae las almas, más cerca de Mí".

REPÁRAME POR LAS ALMAS CONSAGRADAS

24 de mayo de 1962

Me conmueve hasta las lágrimas si lo pienso como niño pequeño y me postro ante Él. Él, espiritualmente, extendía hacía mí sus dos manitas y me decía:

JC.- "¡Bésalas por aquellos hacia quienes en vano las extiendo!"

Le he colmado con todo el anhelo de mi alma, y le pregunté: ¿Hay personas hacia quien las extiendes y no te hacen caso?

JC.- "Lamentablemente, sí las hay. Sólo me apena que ante éstas tendré que levantar mi Mano como severo juez".

Hoy me dijo:

JC.- "Repárame en lugar de aquellas almas que aunque están consagradas a Mí, no se preocupan de Mí. A quienes he abrigado en mi Corazón, a quienes he colmado con mis preciosos tesoros, pero ellas dejan que se empolven en el fondo de su alma. Si por el Sacramento de la Penitencia les sacaran brillo, de nuevo estarían relucientes con la claridad de mis gracias. Pero esto no les interesa, se distraen solamente con el Juego multicolor de este mundo. Quién no recoge Conmigo, desparrama".

Me pidió el dulce Salvador que meditara junto con El sus eternos anhelos. Esto ha tomado largo tiempo; ha meditado conmigo la oración, siento pena de no poder describirlo porque sus palabras pasaron directamente a mi conciencia. Penetraron tanto a mi interior y se fundieron con él, que no soy capaz de expresarlas con palabras.

Tenía un trabajo que debía entregar, por tanto andaba con prisa. Él todavía me dijo:

JC.- "¿Verdad que seguiremos unidos?"

No nos separaremos nunca, ya que ¡no podríamos soportar vivir el uno sin el otro!

Estas palabras sonaban tan simultáneamente en mi alma que verdaderamente no sé quién las pronunció antes, El o yo.

AGRADECER A JESÚS CON EL ARREPENTIMIENTO DE LOS PECADOS

2 de junio de 1962

Sábado En la santa misa había exposición del Santísimo. Saqué mi libro de oraciones (el pequeño salterio). Entonces el dulce Salvador me dijo:

JC.- "¡Guarda tu libro de oraciones y conversemos!"

Grande emoción se apoderó de mí porque sus palabras llenas de caridad inundaban con gracias mi alma. Me dirigí a la Santísima Virgen:

Ven, Madre mía, ayúdame a dar gracias a tu Hijo Santo, porque apenas puedo soportar sus gracias que vienen arrolladoras hacía mí. No alcanzo a pronunciar palabras. ¿De qué manera podría agradecérselas?

S.V.- "¡Responde a mi santo Hijo, con el profundo arrepentimiento de tus pecados!"

Las palabras de la Santísima Virgen me han movido a profundo arrepentimiento de mi alma. Mis ojos se llenaron de lágrimas. Así ha pasado el tiempo hasta et momento de la sagrada comunión. En el melodio se entonó el canto sagrado: "En el fondo silencioso del templo..." Esto aumenta todavía más la ternura que sentía hacia Él. Este es mi canto preferido. Hace ya meses que no lo había oído tocar y ahora ya es el cuarto día sucesivo que lo oigo. Nunca me ha impactado tanto como hoy. Las lágrimas corrían por mi rostro. No podía contenerlas ni siquiera cuando estaba comulgando. Cuando me arrodillé de nuevo en mi lugar, hubiera querido expresar mi gratitud por la unión con El. Pero Él no ha dejado de hablar. ¡Él ha comenzado a encomiarme a mí!:

JC.- "¡Mi pequeña hermanita! ¡Qué feliz me siento que puedo entrar a tu corazón que con todo su empeño trata de amarme a Mí!"

Y tanto inundaba mi alma, que ya llevaba algunos días de aridez espiritual, con sus gracias fecundas que me sentía abrumada bajo la conciencia de mi miseria. Él seguía hablándome:

JC.- "¿Te ha gustado el canto? He sido Yo quien lo ha tocado hoy en el melodio. Este es el canto que nos gusta más. Quería con ello halagarte porque tanto amas el fondo silencioso del templo donde Yo habito".

El 2 de junio fue el dulce Salvador, quien me despertó para hora de la velada nocturna con estas palabras:

EN LA NOCHE SOLITARIA, BUSCO CORAZONES

No tome a mal quién algún día lea estas líneas que de nuevo tengo que anotar que me brotan las lágrimas. Tanta delicadeza y atención de parte de Él empañan mis ojos de lágrimas. Luego dijo:

JC.- "Como esto también te agrada, desde hoy, cuando sea Yo quien te despierte, ésta será la consigna: En la noche solitaria busco corazones".

Sentí de sus palabras que su eterno pensamiento es buscar corazones.

SUFRE CONMIGO

3 de junio de 1962

Hoy en la madrugada, cuando terminé la segunda hora de oración nocturna, el Salvador me dijo en tono suplicante:

JC.- "Hijita mía, ¡sufre Conmigo! ¡Siente Conmigo! ¡Alivia mi dolor!"

Y me hizo ver con los ojos del alma una visión que por poco me parte el corazón.

La visíon terrible no sólo me causó dolor espiritual sino que, hizo además, que estuviera ahogándome durante varios minutos.

TENGO COMPASIÓN DE LA MULTITUD

4 de junio de 1962

Se celebraban las Cuarenta Horas. Por la tarde subí al Santuario de Mariaremete para preparar mi alma a la adoración nocturna. El fervor de la multitud causó saludable efecto en mi alma. Después de pasar ahí una hora, mi alma recuperó un poco su paz después de la dispersión interior de la mañana. Se regocijaba mi alma al ver una multitud que le ofrecía reparación y adoración. El Señor Jesús, sólo dijo:

JC.- "¡Tengo compasión de la multitud!"

En la adoración nocturna estábamos unas doscientas personas. Hasta las dos de la madrugada todavía se perseveraba en la oración, luego ya todo era luchar contra el sueño. Yo también salí para sentir el aire fresco y para sacudir la somnolencia. Al regresar ví que sólo unos pocos seguían todavía despiertos. Yo tampoco pude vencer el sueño que me oprimía. Le rogué al dulce Salvador que aceptara mi lucha contra el sueño como si estuviera adorándole y que lo aceptara también por aquellos que tal vez se olvidaron de pedirle perdón.

QUEJA DEL SAGRADO CORAZÓN DE JESÚS

2 de julio de 1962

Al visitar el Santísimo Sacramento la tarde de la fiesta de Nuestra Señora de las Nieves, el Señor Jesús, me inundó de nuevo con sus peticiones lastimeras.

JC.- "Mañana es, hijita mía, viernes de mi Sagrado Corazón. ¡Como quisiera derramar la abundancia de mis gracias en

las almas de ustedes! ¡Pide mucho, no sólo para ti sino para todos!"

El Señor Jesús continuó:

JC.- "Ámame más todavía, con mayor fidelidad, y no te canses de oír mis continuas quejas. Me quejo mucho, hijita mía, porque ¡son tan pocos los que me escuchan! En vano me quejo a las almas a Mí consagradas, no entran en lo íntimo de su alma para que ellas también les haga oír mis lamentos. Y eso que ¡cuánto necesitaría hablar con ellos sobre cómo promover la llegada de mi Reino!"

TÚ... ATIZA EL FUEGO...

12 de julio de 1962

JC.- "Ves, todavía no han hecho casi nada. La Llama de Amor de mi Madre no se pone todavía en marcha. Tú, hijita mía, atiza el fuego porque para esto has sido escogida. Esto es un gran privilegio. Tus deseos y sacrificios no los interrumpas jamás porque esto causaría verdadero dolor a nuestra Madre".

Tú sabes, verdad, mi Señor Jesús, qué ardiente deseo tengo en mi corazón. ¡Cuánto sufro yo también porque no se ha hecho todavía nada! ¡Todo el día he luchado contra mi presunción! Él me dijo tristemente:

JC.- "Tu presunción te entretiene, hijita mía; te observo con tristeza. ¿Hasta cuándo durará esto así?

¡Tanto, pero tanto me duele!"

TANTO, PERO TANTO ME DUELE

14 de julio de 1962

JC.- "Recuerdas de qué has conversado con aquella conocida tuya: la más grande felicidad consiste en hacer feliz a otro. ¡Cuanto, pero cuánto quisiera Yo hacerles felices pero ustedes buscan la felicidad en otras cosas y no donde Mi! Dan la espalda a mis gracias cuando precisamente ellas les harían

felices. Repito las palabras que ya dije anteriormente: ¡Tanto, pero tanto me duele!..."

RECONOCER DEFICIENCIAS. PERDONO Y OLVIDO

15 de julio de 1962

JC.- "¿Hasta cuándo me hacen esperar, hijita mía? ¿Cuándo podré abrazarles a todos sobre mi Corazón? Mi paciencia no tiene límites. Tanto bien he prometido ya, sólo para atraerles a Mí. Ustedes, sin embargo, son tan insensibles para Conmigo".

Ese día, al terminar ya nueve días de riguroso ayuno, me habló de esta manera:

JC.- "¡Invítame a tu mesa como huésped de tu modesto desayuno! No seas indiferente, no pongas cara aburrida porque tendría que creer que lo haces de mala gana por Mí. Trae tus debilidades a Mí. ¡No creas que esto no sea meritorio! Yo te conozco muy bien, el rincón más recóndito de tu alma es libro abierta ante Mí. Pero espero de ti reconozcas tus deficiencias que de esta manera se volverán meritorias".

Jesús mío, quiero arrepentirme de mis pecados como hasta ahora nadie se arrepintió. Todos los latidos de mi corazón son pocos. En cuántos granitos de polvo hay en el mundo, en cada uno de ellos pongo el dolor de mi corazón para que el viento las lleve hasta Ti en reparación de mis innumerables pecados.

A dolerme de esta manera de mis pecados, Él estaba muy conmovido y con voz silenciosa y suave sólo me dijo:

JC.- "Sobre tanto dolor tuyo, hijita mía, pongo una pequeñísima parte de una sola gota de mi sangre y perdono plenamente tus pecados y los olvido. Este profundo arrepentimiento ofrécemelo en lugar de los pecadores".

En mi alegría, no encontraba cómo dirigirme a Él:

> Dulce Jesús mío, voy a Ti en la mañana cubierta de rocío, florida y fresca de un día de verano cuando los corazones todavía duermen en el escondite del sueño para llegar primera a saludarte.

Siempre es corto el tiempo que paso junto a Ti, se vuela como luz que nada sobre una nube. Voy en calor sofocante, bajo un sol abrasador, porque te amo mucho a Ti.

Voy hacia Ti en la penumbra húmeda del anochecer; la lámpara del Santísimo me llama, lo siento, no hay nadie contigo. Te amo mucho, te llevo las almas a Ti.

Voy cruzando profundas zanjas cubiertas de nieve, mis ojos no ven más que copos de nieve que descienden. Voy en lluvia torrencial, en lodo sin fondo, porque mi corazón, oh mi Dios, late por Ti.

(La hermana asignada para acompañarme conocía cada vibración de mi corazón y cuándo le había leído esto, me preguntó de dónde había copiado este bonito verso. –La gracia de Dios lo hizo aflorar en mi alma–, le contesté.)

ALMA ELEGIDA

16 de julio de 1962

Me fui al templo y al arrodillarme delante del altar de la Santísima Virgen de los Dolores, gran tristeza vino sobre mí. He pensado en el Padre X que seguía todavía enfermo. Me quejaba afligida a la Santísima Virgen. Ella sólo me dijo:

S.V.- "Ofrece tu dolor por su curación".

Le pregunté a la Santísima Virgen si se curaría. Ella con palabras muy amables me consoló:

S.V.- "Sí, después de poco, pero no para mucho tiempo".

La Santísima Virgen habló así acerca del Padre X:

S.V.- "Él ya llegará pronto a Mí; está ya en camino hacia Mí, mi amado y querido hijo, a quién llevo tan adentro mi Corazón".

SOLO ASÍ SERÉ TU HUÉSPED

20 de julio de 1962

El Señor Jesús me pidió:

JC.- "Quita todo lo que dé sabor a tus comidas, hijita mía, porque sólo así seré tu huésped. Lo que es sabroso para ti, es para Mí insípido. Por eso te pido, si me convidas, ¡busca lo que a Mí me agrada!"

En este día la Santísima Virgen me pidió que pusiera nuestra comunidad parroquial bajo el patrocinio de Ella y de San José y pidiera todos los días para las almas la gracia de una buena muerte.

EN LA FIESTA DEL CORPUS

El dulce Salvador llenó mi alma con el admirable sentimiento de su Santísimo Cuerpo y de su preciosa Sangre. Esto me afectó tanto que durante semanas no podía meditar sino sólo en ello. Era su deseo que yo junto con Él ahondara en este pensamiento inagotablemente profundo y lleno de gracias: "Él que come mi Cuerpo y bebe mi Sangre, permanece en Mí y Yo en él". No se puede describir lo que he vivido en mi alma mientras la meditaba, y cómo lo hacía durante semanas sin hartarme de ello. No encuentro palabras para expresarlo.

El maligno ha envidiado esta gracia tan fortificante, y poniéndose junto a mi lado con sus continuas vejaciones, quiso que dejara de pensar en la Santísima Eucaristía: "¿Por qué estás tan derretida por eso? Yo también puedo hacer milagros y más grandes todavía..." A tan infames palabras le contesté: "Es posible que puedas hacer muchos milagros, pero sólo aquellos que Dios te permite y hasta donde te lo permite; pero salvar no puedes a nadie". Con esto, he dado en el blanco.

Yo misma no hubiera pensado que estas palabras le dejaran tan desarmado. Con vergüenza furiosa, dejó de molestar más.

EL AMOR DESBORDANTE DE MI CORAZÓN NO RECIBE RESPUESTA DE PARTE DE LAS ALMAS

30 de julio de 1962

JC.- "Yo sólo estoy quejándome, mi pequeña hija carmelita. ¡Cuánto duele a mi Sagrado Corazón ver juntas tantas almas

indiferentes! Ahora que se acerca de nuevo el primer Viernes, estoy pensando en ello con gran tristeza. El amor desbordante de mi Corazón, no recibe respuesta de parte de las almas. Ámame todavía más, hijita mía, abrázame más estrechamente a tu corazón. Ofréceme tu alma sacrificada y sírveme sólo a Mí con profunda sumisión. Hazlo en lugar de aquellos que no lo hacen aunque son almas también consagradas a Mí".

He tenido que interrumpir el escribir porque ha infundido de nuevo en mi alma el dolor de su Corazón. Oh, ese dolor de su Corazón, ¡cómo parte el alma! Dejando de escribir, me postré, lo adoré y en voz bajo dije a su Corazón: ¡Quiero amarte a Ti como no te amó jamás ningún pecador convertido! Muchas veces ocurre que me inunda tanto con el dolor de su Corazón, que tengo que dejar de escribir.

JC.- "Sabes, estoy quejándome ante ti porque me has dado un refugio en tu corazón. Yo sé que lo que a Mí me duele, tú lo sientes Conmigo. ¡Sufre Conmigo, hijita mía!"

El mismo día la Virgen Santísima también me habló con voz suplicante:

S.V.- "Intensifica tu deseo, mi pequeña hija carmelita, de que mi Llama de Amor se ponga en marcha y ¡haz todavía mayores sacrificios!"

Con estas mismas palabras se dirigió a mí. También las repitió el día de su Visitación:

S.V.- "¡Ofréceme todavía mayores sacrificios! ¡No preguntes cómo, invéntalo tú misma!"

A esta petición suya, durante nueve días sólo he comido pan y agua y un poco de fruta. Cuando me pidió por segunda vez, hasta me privé de tomar agua durante varios días. Esto se me ha hecho muy difícil a causa de los terribles calores. Pero mi corazón siente tanto con los anhelos de la Santísima Virgen, que esto me da extraordinaria fuerza al tiempo de ayunar. Así me dirigí a la Santísima Virgen: "Madre mía del Cielo, tengo tanto deseo de que arda ya tu Llama de Amor, que siento grandísima tristeza y aflicción de que esto se vaya retrasando. ¡Allana, Madre mía, el camino de aquellos que son llamados a promover tu Causa!"

EN LA NOCHE SOLITARIA, BUSCO CORAZONES

1o. de agosto de 1962

He estado enferma. Durante días no podía velar por encontrarme tan débil. A esto contribuyó también el gran calor que hacía este verano. Apenas tenía fuerza para caminar. Cuando me sentí un poco más fuerte, me propuse firmemente volver a velar. Por la noche, pedí fervorosamente al Señor: ¡Dame fuerza, mí adorado Jesús! A las tres de la madrugada, el Señor me despertó con su presencia y sus palabras:

JC.- "En la noche solitaria busco corazones".

Luego inmediatamente me dejó sola. Después de haberse alejado, me preguntaba a qué intención voy a ofrecer está adoración nocturna. Veía con creciente claridad que debía ofrecerla para que se encienda la Llama de Amor de la Virgen Santísima. Al momento de tomar esta determinación, la presencia del maligno me llenó de angustia. Madre mía del Cielo, ahora también por eso estoy velando con todas mis fuerzas y con todo el anhelo de mi corazón. Pero, ¡yo nada soy! ¿Qué puedo hacer yo?

Mientras estaba sumergida en la Llama de Amor de la Virgen Santísima, me di cuenta sorprendida, de que la angustia que sentía por la presencia del maligno había desaparecido. Este casi imperceptiblemente se ha alejado. Sentía como si a tientas un ciego se hubiera ido de mi lado. Esta sensación me sorprendió mucho. Después mi alma se sentía tan liviana como nunca la he sentido en mi vida. Cuando esto ocurrió, tuve la sensación como que mi cuerpo se hubiera alejado dejando sólo a mi alma y yo como pura alma hubiera estado arrodillada totalmente anonadada. Sentí como que mi alma estuviera cubierta de trapos toscamente cosidos como los que llevan los mendigos. Se apoderó de mí una sensación sumamente deprimente.

CUBRO LAS ALMAS CON MI MANTO MATERNAL

Ves, mi adorado Jesús, ¡cómo soy! Y al decir esto con voz suplicante, la Santísima Virgen con su manto (escapulario) cubrió mis tristes harapos mientras decía:

S.V.- "Hijita mía, hay muchas almas así en mi país (en Hungría)**. Pero Yo, junto contigo, las cubro con mi manto maternal y tapo ante mi Santo Hijo sus almas de mendigo, no sea que se ponga triste a causa de ustedes".**

La Virgen Santísima seguía conversando:

S.V.- "Los días pasados te han traído muchos sufrimientos, ¿no es cierto? Muchas dudas sobre si es útil hacer tantos sacrificios que fomentas con tanto empeño. Te miraba complacida pero no quería consolarte todavía en medio de tus dudas para que de esta manera pudieras sacar más fortaleza y hacer mayores sacrificios aún. Alcanzaré una gracia grande para ti".

Al decir esto me permitió sentir de una manera maravillosa los efectos de gracia de su Llama de Amor, que ahora no sólo yo sentía sino todas las almas en el país. Luego volvía hablar:

SATANÁS SE HA QUEDADO CIEGO POR UNAS HORAS

S.V.- "Ahora Satanás se quedó ciego y por unas horas ha dejado de dominar en las almas. Es sobre todo el pecado de lujuria el que cobra tantas víctimas. Como Satanás ahora está impotente, ciego, los espíritus malignos están mirando tiesos e inactivos como si se hallaran en un letargo. No entienden qué ha pasado. Satanás ha dejado de darles órdenes. Y mientras las almas se liberan del dominio del maligno, hacen buenos propósitos contrarios a la desidia. Cuando se despierten en el nuevo día, en millones de almas se habrá robustecido el buen propósito de la conversión".

Mientras la Santísima Virgen decía esto, me permitía experimentar lo que sucedía en las almas bajo el efecto de la gracia.

YA ESTÁ CERCA EL MOMENTO EN QUE MI LLAMA DE AMOR SE ENCENDERÁ EN TODA LA REDONDEZ DE LA TIERRA

Con el sentimiento de esta admirable gracia, partí de madrugada al templo.

Tú, Virgen santa, muy poderosísima, le saludé. ¡De qué miseria me has sacado a mí! Y ¿por qué me das tantas gracias? La Santísima Virgen seguía hablándome:

S.V.- "Saca fuerzas, hijita mía, de tantas gracias. Te he colmado para que si nuevas dudas te invaden, esté ya ardiendo en tu alma el fuego inextinguible de mi Llama de Amor. ¡Ya ves lo admirable que es!"

En este día, muchas cosas más me dijo la Santísima Virgen:

S.V.- "Te aseguro, hijita mía, una fuerza tan poderosa de gracia no he puesto todavía a disposición de ustedes como esta vez: la llama flameante del amor de mi Corazón. Desde que el Verbo de Dios se hizo carne, no he emprendido Yo un movimiento más grande que éste de la Llama de Amor de mi Corazón que salta hacia ustedes.

Hasta ahora no ha habido nada que tanto ciegue a Satanás. Y de ustedes depende que no lo rechacen porque esto traería consigo una ruina".

¿Me confías a mí, Madre mía del Cielo, a la más infeliz del mundo, esta grandiosa causa? ¡A mí, alma de mendigo cubierta de harapos! Yo no cuento nada ni aún humanamente. ¡Cuánto menos ante ti!

S.V.- "Mi Llama de Amor, hijita mía, va a encenderse primero en el Carmelo, porque ¿hay lugar donde más me veneran, que entre ellos? o, por lo menos, son ellos los más llamados para ello y las Hijas del Espíritu Santo quienes han de colaborar a la difusión de la Llama de Amor junto con mis devotos.

¡Dense prisa, hijita mía! Ya está cerca el momento en que mi Llama de Amor se encenderá y en aquel momento Satanás se quedará ciego, y eso Yo les quiero hacer sentir, para aumentar su confianza. Esto les dará gran fuerza. Esta fuerza la

sentirán todos aquellos a quienes llegue. Porque no solamente en las naciones que me han sido encomendadas sino en toda la redondez de la tierra va a encenderse y se extenderá por todo el mundo. Aún en los lugares más inaccesibles, porque para Satanás no hay lugar inaccesible, Saquen fuerza y confianza. Yo apoyaré su trabajo con milagros nunca vistas hasta ahora, que imperceptible, mansa y silenciosamente va obrar la reparación de mi Hijo Santo".

FIESTA DE LA LLAMA DE AMOR EL 2 DE FEBRERO

S.V.- "Ruego al Santo Padre que tengan ustedes la fiesta de la Llama de Amor el día 2 de febrero, fiesta de la Candelaria. No deseo una fiesta especial".

TÚ SOLA TE AJETREAS CON TUS ASUNTOS. ¿PORQUE NO LOS TRAES A MÍ?

Ocurrió una vez que por mis muchas ocupaciones desde la mañana hasta bien avanzada la tarde no había pensado en el Señor Jesús (desde que me encuentro en éste estado tan particular de gracia es la primera vez que esto ha ocurrido). Cuando me quedé sola me habló así:

JC.- "¿Ves, cómo eres? De nuevo tú sola te ajetreas con tus asuntos. ¿Por qué no los traes a Mí? Procedes como si tú sola pudieras hacer algo. Aprende ya, por fin, que ganando mi confianza puedes alcanzar todo para otros también. Recoge las dificultades de tus prójimos, los tropiezos de tu familia y Yo te lo arreglaré todo. ¡Confía en mi poder! Si no me confías tus asuntos, ¿cómo quieres que Yo los arregle? ¡Pido tu confianza incondicional!"

JESÚS REPARTE SUS GRACIAS A QUIEN RECURRE A LA LLAMA DE AMOR

3 de agosto de 1962

Por la mañana de nuevo hubo discusiones familiares por el asunto de la casa. ¡Esto me ha abatido tanto! Desde las doce hasta las tres, a petición del Señor Jesús, he tenido que ir para hacer adoración y reparación. Apenas pude ponerme en camino, estaba tan disipada. La discrepancia familiar que volvía a repetirse ha turbado tanto mi alma. La primera hora de oración la pasé tratando de ordenar mis pensamientos; apenas lograba tranquilizarme. Mi disipación me desanimó tanto que estaba incapaz de hacer aun oración vocal. He pensado en las almas sacerdotales muy olvidadas en el purgatorio y por ello quería ofrecer el Via Crucis también. Por el gran cansancio quise interrumpirlo varias veces. Pero el Redentor tristemente me habló así:

JC.- "Yo tampoco abandoné ni interrumpí el camino de los dolores. ¡Ven, vayamos juntos los dos, así resultará más fácil para ti y para Mí! La pena compartida es media pena. Sabes, ¡con cuánta dificultad yo también me arrastraba! No sin motivo le obligaron a ayudarme a Simón de Cirene. Ahora, ¡ayúdame tú también a Mí!"

Mientras yo comenzaba a sumergirme en Él, me habló de nuevo:

JC.- "Siento compasión por ti, hijita mía, veo tus grandes esfuerzos pero, ¿no creas que son en vano? Bendigo mucho a tu familia, les libro del maligno porque es él quien perturba la paz de tu familia. ¡Sólo que confíes en Mí!"

Oh Señor, es tan grande la discordia familiar, que aquí sólo un milagro puede ayudar.

JC.- "¿Crees acaso que Yo no puedo hacer un milagro?"

Señor mío, pero yo no soy digna de ello.

JC.- "Sin embargo, Yo voy a hacer un milagro y tu asunto, que a ti te parece imposible de arreglar lo bendigo tanto que todo se allanará".

Entre tanto, le suplicaba a la Santísima Virgen: ¡Intercede ante tu Santísimo Hijo a favor nuestro! Para cuando terminé mi Via Crucis el Salvador me prometió hasta cuatro veces:

JC.- "Allanaré todas las dificultades, hijita mía. Nuestra querida Madre de nuevo ha apelado a su Llama de Amor. Yo no puedo negarle nada. Me pidió que a quién Ella ha confiado su Llama de Amor, a ella Yo tampoco debo negarle

nada, sino que reparta mis gracias para quien quiera que Ella me las pida".

No puedo describir qué grande gracia, fuerza y confianza me dio con sus palabras...

AUMENTAR LOS DESEOS DE SALVACIÓN DE LAS ALMAS

6 de agosto de 1962

De mañana al comulgar, o más bien, ya antes, el Señor de nuevo inundó mi alma con sus quejas.

JC.- "Ninguna alma que Yo he confiado al cuidado de mis sacerdotes debería condenarse. Esta palabra, condenación, causa terrible dolor a mi Corazón. De nuevo sufriría la muerte de cruz por cada alma, aunque fuera sufriendo mil veces más, porque para los condenados ya no hay esperanza.

¡Impide esto, con tus deseos salva las almas!

Sabes, así como hay tres formas de bautismo: bautismo de agua, de sangre y de deseo. En el salvar a las almas pasa lo mismo. De mi Sagrado Corazón también brotaron Sangre y Agua sobre ustedes y el poderoso deseo con que lo hice por ustedes.

¿Sabes lo que es el deseo? Es un admirable y delicado instrumento que está en el poder aún del hombre más incapaz y lo puede usar como instrumento milagroso para salvar las almas. Lo importante es que una su deseo con mi preciosa Sangre que emana de mi Costado. ¡Aumenta tus deseos, hijita mía, con todas tus fuerzas porque esto salva muchas almas!"

Al decir el dulce Salvador que era un dolor espantoso para Él perder las almas, su condenación, me permitió participar de éste dolor y he sentido en mi alma un dolor tan agudo que casi me desplomaba. Pondré todo mi empeño, mi Señor Jesús, para que almas a mí confiadas no se condenen.

ESFUÉRCENSE POR APAGAR EL INCENDIO DE SATANÁS

7 de agosto de 1962

Me quejaba: Jesús mío, ¡estoy tan abandonada!

J.C.- "Y Yo, ¿qué diré entonces? ¿Existe acaso alguien que estuviera más abandonado que Yo, más despreciado, a quién haya olvidado más que a Mí? Si supieran, ¡Que anhelo sienta por ustedes! En mi continua soledad les estoy llamando con mucho amor y paciencia y ustedes me tratan como si Yo fuera una persona sin sentimientos. Pero, si se acercaran con confianza, sentirían aquel amor que siente mi Sagrado Corazón por ustedes. Si en algún lugar se produce un incendio, cómo vienen ustedes corriendo de todos lados para lograr que el daño sea el menor posible. Pero el incendio de Satanás, ¡Cómo no se esfuerzan por apagarlo! Están dejando que haga su destrucción la llama del infierno. Pero, ¡Ay de ustedes que miran con cobardía, los que son responsables! ¡Se tapan los ojos y dejan que las almas sigan condenándose!"

ALMAS A MÍ CONSAGRADAS: NO PERMITAN QUE LA INDOLENCIA SE ADUEÑE DE USTEDES

JC.- "Ustedes, las almas escogidas, han podido conocerme y saben que mi paciencia y bondad no tienen límites, pero también conocen mi severidad que se pronunciará sobre ustedes: ¡Apártense de Mí al fuego eterno! Sus manos no recogen conmigo, sólo dispersan. ¡Oh ustedes, realmente infelices, almas a Mí consagradas! ¡Entren dentro de sí mismas, conviértanse ya a Mí! Todavía hay tiempo. No permitan que la indolencia se adueñe de ustedes. Esta es la raíz de todo mal que se introduce a sus almas. Por lo menos ustedes quiten de encima cuánto antes éste pecado espantoso que empuja a la desesperación y de lo cual ustedes no quieren darse por enterados. Satanás levanta barricadas en sus almas para no dejar pasar la Luz divina. Sin la claridad vivificante de ésta Luz, están ustedes sufriendo y torturándose bajo el oscuro peso de la indolencia.

¡Vengan a Mí los que están agobiados bajo el peso de la indolencia y Yo la descargaré de sus hombros y los aliviaré! Solamente la recepción de mi Cuerpo puede ayudarles a salir de ésta oscuridad que el maligno tan cuidadosamente ha ido acumulando en ustedes: ¡Ojalá se entregaran a Mí! ¿No se dan cuenta cuánto camino Yo tras de ustedes? Los muchos avisos, ¿serán vanos? Dense cuenta de que todas esas cosas desordenadas tienen su origen en Satanás, es su obra y dura mientras Yo se lo permita, yo tomo las manos de ustedes, ¡no se arranquen de mis brazos que les estrechan! ¡Conviértanse a Mí y sacrifíquense en el Sagrado Altar del recogimiento y del martirio interior!"

JC.- "Quieran ustedes caer en la cuenta de que ésta es mi voluntad. Este martirio interior, Satanás no lo puede impedir. Esta lucha en el fondo de las almas trae abundante fruto como un martirio sufrido por Mí. Oren y permanezcan en vela, reúnanse dos o tres y de ésta manera emprendan la lucha contra el Príncipe de las Tinieblas, contra su fuerza devastadora. ¡No estén ociosos! Hacen como si no tuvieran un Padre en el cielo que cuida de ustedes. Con sus deseos, ¡Abrasen la tierra! Con sus sacrificios que arden de puro amor, quemen ustedes el pecado. No crean que esto es imposible. Sólo confíen en Mí. Esta fe y confianza van a dar fuerza a millones de almas para perseverar. ¡Tú tampoco seas de poco fe, hija mía! ¡Únete a las almas a Mí consagradas! Te he llamado a ti también, y lo que haces, no lo decidas por tu disposición momentánea, sino que sea la aceptación firme y perseverante de sacrificios, porque esto produce abundante fruto en las almas".

EL DESEO ES UN INSTRUMENTO MARAVILLOSO QUE UNE EL CIELO CON LA TIERRA

8 de agosto 1962

Al regresar de noche de la adoración del Santísimo, estábamos conversando todo el camino, mejor dicho, era Él quien me estaba hablando. Yo lo escuchaba sorprendida... Recordaba de mis tiempos de joven casada aquella jaculatoria que añadíamos a la oración de la noche hecha en familia:

"¡Amable Jesús mío, haz que también los pecadores y los paganos te conozcan, se conviertan y te amen mucho!"

JC.- "Con tus anhelos de entonces, hijita mía, cuántas almas has deseado para Mí y, ¿sabes que Yo los escuché? Y las almas, gracias a tus deseos, llegaron a conocerme, muchas se convirtieron y muchas de ellas me aman profundamente. ¿Sabes por qué menciono esto otra vez? Porque veo tus dudas que te inquietan continuamente: ¿Para que sirven tus deseos? ¡Para mucho! ¡Solo que intensifícalos junto con tus mortificaciones!

De nuevo tengo que ponerte, mi hijita Carmelita, un ejemplo tomado de tu misma vida. No hace mucho todavía deseabas que, una vez que hubieras educado a tus hijos, te diera el tiempo para prepararte a bien morir. Vez, he cumplido este deseo tuyo también. Grábalo bien, pues, en tu corazón que el deseo es un instrumento maravilloso que une el cielo con la tierra. Yo deseaba realizar mi obra redentora desde el primer momento de mi existencia humana. Un deseo ininterrumpido llenaba mi Corazón por la salvación de las almas.

Que este deseo por las almas arda también en ustedes. ¡No seas de poca fe! Sabes lo que ya te dije: Si necesitas un fuerte apoyo, anda y di:

'¡Necesito, Padre mío, Tu fuerte Paternal apoyo!'

Él extenderá así su fuerte brazo paternal; anímate y agárralo bien, no solo tú sino todas aquellas almas que te confié a ti".

AUMENTA EN TI EL DESEO POR MI LLAMA DE AMOR

Aquel mismo día la Santísima Virgen me habló también:

S.V.- "Yo también te pido, mi pequeña hija carmelita, ¡aumenta en ti continuamente el deseo por mi llama de amor!

Sabes qué gran pena tengo por mi país. Las familias, sí, las familias húngaras, están desgarradas y viven como si su alma no fuera inmortal. Con mi Llama de Amor quiero reavivar

otra vez el amor en los hogares, quiero unir a las familias dispersas. Que sean ustedes las más numerosas posibles, porque así muchas, muchas almas se unirán a mi Llama de Amor. ¡Ayúdenme, ya que solo de ustedes depende que esta Llama por fin se encienda! Que las familias húngaras supliquen con alma fervorosa para que así podamos retener con común esfuerzo la Mano castigadora de mi Divino Hijo".

SEA META DE SUS VIDAS LA VENIDA DEL REINO DE DIOS

Un día de agosto me habló el Señor Jesús de esta manera:

JC.- "¿Sabes, verdad, que te invite a mi especial campamento de lucha? No se dejen atraer por las comodidades pasajeras del mundo si no que sea la venida de Mi Reino la meta de sus vidas en la tierra. Estas palabras mías llegaran a multitud de almas a Mí consagradas. ¡Confíen! Mi gracia estará con ustedes y Yo les ayudaré de un modo casi milagroso".

(Ahora las palabras del Señor resonaban en mi alma con dureza. Me sorprendí mucho porque yo solo había oído de Él palabras suaves).

JC.- "No te sorprendas, hijita mía, por haberte hecho oír mi voz severa en lo hondo de tu alma. Eso también lo hago con amor. No sean comodones ni cobardes. No se dejen convencer, ni hagan creer a otros que nada tiene sentido. ¡Sí, tiene! Como que es más fácil, esperar cómodamente que se calme la tempestad que enfrentar la tormenta y salvar almas. No necesitan que les ponga ejemplos, no necesitan más explicaciones. ¡Pongan ya manos a la obra! Estar con los brazos cruzados es terreno abandonado para Satanás y para el pecado. ¿Conque les sacudiré? ¡Abran los ojos para darse cuenta del siniestro que cobra víctimas alrededor de ustedes y que amenaza a las almas de ustedes también!"

Luego me pidió que haga llegar sus palabras a las personas competentes. Él me ayudará en esto. Ya no quería seguir anotando sus palabras quejosas, pero el Señor Jesús me pidió de nuevo que siga escribiéndolos. Justamente hemos cruzado el prado. Me hubiera gustado escribir sus palabras poniéndome de rodillas, pero por las circunstancias me senté sobre el césped. Saqué mi cuaderno de apuntes. Él, entre tanto, me inundó con el sentimiento maravilloso de su presencia y dijo:

JC.- "Te hago sentir esto para darte una prueba de que soy Yo. No desechen mi petición con un ademán. Esta actitud irrespetuosa Me duele lo indecible. Tomen a corazón mi ansioso e importante deseo y cada uno entre dentro de sí y comiencen una vida nueva. Saquen de Mí la fuerza para ello.

Sé que esto no es nuevo para ustedes, ya que hablan bastante sobre ello. Lo que me duele mucho es que sólo hablan y no se empeñan en formar en ustedes el reino de Dios. Ustedes saben más que nadie qué violencia ha de hacerse uno a fin de que llegue a él mi Reino. ¡No vivan de un modo hipócrita! Ofrecen el Santo Sacrificio delante de los fieles, pero eso queda algo superficial para ustedes. ¡Cuántos hay entre ustedes que lo hacen asi!"

QUEJA DE JESÚS POR LAS ALMAS CONSAGRADAS

16 de agosto de 1962

De nuevo se quejaba el Señor Jesús:

JC.- "Ves hijita mía, ¡Qué despreocupadamente pasan su vida muchas personas a mí consagradas! ¡Con qué ociosidad desperdician el tiempo a su gusto! A Mí también me tiran unas migajas que caen de la mesa, como un mendigo. ¡Y desde cuándo lo estoy soportando! Y ¿hasta cuándo? Si se acaba la paciencia del Padre celestial, ¡hay de ustedes! No habrá quien detenga su mano castigadora. A ustedes también tendré que decir: Apártense de Mí, malditos, porque no han representado la causa de mi Reino, porque no han hecho valer aquello para lo que Yo les había llamado. He andado tanto tiempo atrás de ustedes, ¡cuántas veces les hablé amonestándoles! Y ustedes respondieron con un gesto de la mano que hubiera ofendido hasta un mendigo".

(Su palabra resonaba con dolorosa tristeza en mi alma.)

Todavía aquel día, la Virgen Santísima trató sobre esto mismo conmigo:

S.V.- "Yo soy quien les doy fuerza para comenzar. Mi Causa, a pesar de muchísimas objeciones y estorbos mal intencionados, se realizará.

Los sufrimientos que mandaré sobre ti: los dolores corporales, tormentos espirituales y excesiva sequedad en tu alma, acéptalos pues, a cambio, estarás protegida de todo pecado. No dejaremos que te separes de Nosotros. Aquí estás, a nuestros Pies, y te colmamos con innumerables gracias. Hacemos que tus faltas y miserias sirvan para el bien de tu alma. Estas te mantienen en cada momento en gran humildad. Sea esta toda tu preocupación por que sólo un alma muy humilde puede representar nuestra Causa.

¡No temas! No sufres sola, sino Conmigo, con Nosotros. Tendrás que sufrir mucho a causa de las innumerables objeciones que las personas consagradas a Dios harán contra nuestra Causa santa. Sabemos que las aceptas con amor. Vemos tus sufrimientos tanto externos como internos y que desde hace meses tus pensamientos están ocupados con mi Llama de Amor. Tú misma puedes ver que requiere un esfuerzo perseverante".

¡Madre mía de cielo! ¡Mi débil fuerza también se nutre de Ti!

El Señor Jesús:

JC.- "¡Confía, hijita mía! El plan de Dios nadie los puede desbaratar. Es verdad que para mi obra redentora necesito el esfuerzo de ustedes también. No quiero perder a ninguno de ustedes. Satanás emprende una lucha tal contra los seres humanos como no lo hubo nunca antes".

EL SEÑOR NOS QUIERE SIEMPRE CON ÁNIMO FESTIVO

Hoy, el Señor Jesús, mientras me hablaba, me instruía también:

J.C.- "¡Qué seas mi servidora! Sé siempre alegre. Todos los días de quién Me sirva deben ser una fiesta. No dejes que nada ni nadie se acerque a tu alma que podría perturbar tu ambiente festivo. ¡Cuida tu vestido nupcial, y por él, irradia felicidad! Donde quiera que entres, que sientan que partici-

pas cada día en el Banquete celestial. Anhela que en otros también nazca el deseo de participar en él. La venida de mi Reino sea tu única meta principal. ¡Sean valientes! Confiésenme delante de los hombres. Cuán numerosas son las personas a quienes únicamente su cobardía impide que se acerquen más a Mí. ¡No hagas nada sin Mí! No tengas un solo pensamiento en que no me introduzcas a Mí también. ¿No soy Yo acaso quien les da el entendimiento? pero, lastimosamente, apenas hay quién me lo agradezca. Tú tampoco me la has agradecido todavía. Si no poseyeran el entendimiento, ustedes tampoco se destacarían sobre las demás criaturas. Lo que el entendimiento humano crea, todo procede de mi Entendimiento. Agradece este admirable don en nombre de aquellos que no lo hacen".

Lamentablemente no tengo director espiritual a quien podría contar las cosas que suceden en mi alma, los cambios continuos. En muchas cosas necesitaría pedir consejos. El Señor Jesús inesperadamente contestó a mis palabras:

JC.- "Veo la poca fe que tienes. ¿Por qué eres impaciente? Es cosa Mía cuando y qué director espiritual te voy a dar. ¡No temas! Te daré un director espiritual según mi Corazón. ¡No temas, nunca te abandonaré!"

Estas palabras suyas eran tan alentadoras que dieron gran tranquilidad a mi alma.

CONSAGRAR NUESTROS HOGARES A SU DIVINO CORAZÓN

En cierta ocasión me quejaba al Señor Jesús:

Señor mío, me cuesta tanto hacer que mis comidas no tengan ningún sabor. Él estaba muy conmovido y largamente habló conmigo. Lástima que no escribí sus palabras. Aunque Él muchas veces me lo pide. Pero frecuentemente se mezclan tanto sus palabras en mi interior que no las puedo formular en palabras.

El Señor Jesús prometió darme una fuerza especial para las veladas y que yo también ponga de mi parte todo el empeño posible. Me prometió despertarme Él mismo aquella noche. ¡Oh, qué felicidad llenaba mi corazón al sentir su presencia cuando vino a despertarme! ¡Ha pasado tan rápido la velada en su compañía! Mientras estaba sumergida en la unión con Él, ocurrió una cosa admirable. Describo con la mayor humildad de mi alma estas cosas.

En las noches silenciosas de verano, mientras confiada y, largamente estábamos hablando, de repente se interrumpió la conversación con Él, y Él, sin hacerlo sentir, se fue pero no sin antes permanecer largo tiempo delante de nuestra casa. Me permitió sentir que estaba pensativo delante de nuestra casa y comenzó a enumerar los méritos de nuestra familia, aquellas virtudes que yo hacía practicar a mis hijos cuando ellos todavía estaban pequeños. Destacó como meritorias las fervorosas oraciones de la noche y dijo cuánto le agradaba la pequeña jaculatoria que añadíamos a esas oraciones. Se refirió luego a que nuestra familia estaba consagrada a Su Divino Corazón. Y no se movía de allí sino seguía parado. Ya sentía su santa, bendita presencia y estaba muy emocionada. Le afligimos con tantas ofensas y Él, a pesar de todo, ¡qué bondadoso es! Y habló:

BENDIGO ESTA CASA QUE ESTÁ CONSAGRADA A MI SAGRADO CORAZÓN

JC.- "Bendigo esta casa que está consagrada a mi Sagrado Corazón".

Era algo sublime sentir esta bendición que dio sobre nuestra familia mientras permanecía un largo rato delante de nuestra casa.

Pero ni aún después se movió de allí. Un largo rato todavía me permitió sentir su presencia, llena de bondad y majestad. Por la emoción me sentía como una insignificancia, menos que nada y sólo podía balbucear: "¡Apártate de mí, Señor, que soy una gran pecadora!" Él replicó:

JC.- "La deuda que tengo con nuestra Madre me obliga a ello. Las gracias abundantes que con mi bendición di a todos los de tu casa, se las di a petición suya porque tú estas viviendo en esta casa, y tú, con todo el anhelo de tu corazón, deseas propagar la Llama de Amor de su Corazón..."

UNIR NUESTROS SUFRIMIENTOS DE HUMILLACIÓN A LOS DE CRISTO

Luego la Santísima Virgen comenzó a hablarme. Me pidió que orara por el alma que la rechazó:

S.V.- "Quien no consideró digna de atención mi santa Causa, a pesar de que le habían iluminado con respecto a tu persona. Sé que has sufrido mucho cuando te rechazó. Mi Santo Hijo une los sufrimientos de tu humillación a los sufrimientos Suyos de eterna valor. Y ahora, prepárate en alma y cuerpo a mayores sufrimientos todavía. En cualquier forma y medida que irrumpan sobre ti, ¡no retrocedas! ¡Sé humilde, paciente y perseverante!"

Cuando la Santísima Virgen terminó de decir esto, muy grande angustia oprimía mi corazón. Otras veces también me anunció que yo iba a sufrir, pero esta vez me he estremecido tanto en mi interior...

Todo parece tan inseguro y oscuro, las dificultades que hacen que la Causa no avance, todo esto se arremolinaba tremendamente contra mí y les dije:

"Mi adorado Jesús y mi queridísima Madre, tengo mucho miedo ante los sufrimientos y humillaciones que me aguardan. Sin ustedes soy nada, una miseria. ¡Téngame asida estrechamente!"

SÉ TÚ TAMBIÉN MÁS PACIENTE CONTIGO MISMA Y CON LOS DEMÁS

Justamente hacía adoración en el templo. Mientras estaba allí, alguien practicaba el órgano. Inesperadamente comencé a oír la voz del Señor Jesús en mi alma:

JC.- "Veo que te cuesta concentrarte, hijita mía; las notas equivocadas te perturban. Las palabras con que se dirigen a Mí, muchas veces también son distraídas y equivocadas. Yo espero con paciencia y amor que las palabras que Me dirijan, y su voz, se tomen claras y sonoras. ¡Sé tu también más paciente contigo misma y con los demás!"

En cierta ocasión, después de la santa misa de las 7:00, quise despedirme del Señor Jesús, pero Él con voz amable trató de detenerme:

JC.- "¿Por qué quieres despedirte de Mí? ¿Acaso no caminamos juntos? ¡No te vayas! ¿Para qué tienes tanta prisa?"

(Yo quería escardar en mi jardín porque el tiempo era muy favorable para ello.)

JC.- "¿No te gustaría asistir también a la siguiente santa misa? ¿Sabes, verdad, por qué te llamé a estar tan cerca de Mí? Lo que puedes hacer por Mí, ¡prefiérelo a toda otra cosa! ¿Qué te dije? Tu mérito grande es el sufrimiento, en cualquier forma que se te aparezca. Cubre con tus besos mi Santa Mano. ¿Ya olvidaste que a petición tuya te encadené a mi Sagrado Pie?

¿Por qué prefieres cualquier cosa pasajera? ¿O no confías en el valor de los sufrimientos? Les di valor a tus sufrimientos, y si no lo sabes apreciar, Me causaría mucho dolor. Pensaría que no los aceptas con amor. Y, sin amor, no vale gran cosa".

EL DON DEL SILENCIO

En otra ocasión, así me instruyó el Señor:

JC.- "Que seas callada, mi hijita carmelita, y no te sorprendas que te diga esto tantas veces. ¿Sabes quién es el verdadero sabio? El que calla mucho. La verdadera sabiduría madura en el suelo del silencio y sólo en el silencio puede echar raíces. Por eso te instruyo. Yo soy tu Maestro. Con treinta años de silencio me preparé a mi actividad de tres años. Porque Yo soy tu Maestro, junto a Mí tú también alcanzarás la sabiduría. Habla sólo cuando Yo te doy para ello la señal. Y sólo debes decir como lo has aprendido de Mí, o cómo lo diría Yo, en una palabra, ¡imítame a Mí! Veras que las pocas palabras producen abundantes y buen fruto en las almas".

20 de agosto de 1962

¡Tan gran silencio reinaba en mi alma! El Señor no me ha inundado ahora con sus palabras bondadosas, pero ha llenado mi alma con su Presencia divina de manera que la sentía maravillosamente en mis venas, en mis huesos. Ha penetrado, ha inundado mi cuerpo entero, pero sólo por un breve tiempo: al sentirlo me ponía a temblar. Lo experimenté ya otras veces, incluso interrumpidamente durante semanas, pero con esta inmensidad, nunca hasta ahora. Mi cuerpo casi quedó anulado, sólo sentía mi alma llena de la gracia divina.

PEQUEÑAS CHISPAS: GRANDES SANTOS

21 de agosto de 1962

Al día siguiente me desperté pensando en cómo tributarán homenaje y adoración los santos a Dios. Su pleitesía y adoración llenaba mi alma también, me sentía tan pequeña, tan llena de miseria a su lado. Me dirigí a la Santísima Virgen: "Particípame de tu Llama de Amor, Madre mía, para que pueda seguir adorando a la Divinidad, en compañía de los santos y serafines". Entre tanto, el Señor hacía oír su voz en mi alma. Lo encontré tan maravilloso porque en ese tono de voz, nunca me había hablado:

> **JC.- "Tú, pequeña chispa, por más pequeña que seas, tú también fuiste creada por Mí y de Mí. ¡Acércate sin miedo hacia Mí! Yo te doy mi fulgor, y así brillando uno hacia el otro, tú tampoco vas a notar la falta de brillo de tu alma. Ves, ellos también, los grandes santos, eran pequeñas centellas mías. A ellos también Yo les hice grandes, a cada uno en la medida del empeño con que se acercaban a Mí. Las almas que se acercaban a Mí con gran empeño, recibieron antes el resplandor de mi claridad. Como ves, para Mí no existe el tiempo. Hay almas a quienes basta un breve tiempo para recorrer un largo camino y Yo las llamo pronto a Mí. Hay otras que comienzan tarde, sin embargo, llegarán más lejos que aquellas que a paso lento y cauteloso andan mi camino. ¿Te acuerdas lo que te dije una vez? Tú vuelas cual una flecha hacia el cielo, pero,**

¡no regreses a mirar la tierra, no sea que el ruido del mundo te haga perder la cabeza!

Ahora te digo, ¡entrégate a Mí con confianza y pasa decididamente por encima de todo lo que te quiera impedir a que llegues hasta Mí!"

25 de agosto 1962

Un rostro apareció ante los ojos de mi alma. No sabría decir por qué motivo lo contemplaba teniendo los ojos abiertos o cerrados. Percibí que se trataba del rostro de un Sacerdote. Me puse a rebuscar en mi memoria dónde y cuándo lo habría visto, pero no logré descubrirlo. Luego, lo dejé de lado. Pasados unos días, una tarde mientras reposaba, una hija mía, en el mismo cuarto estaba ordenando los libros. De repente puso delante de mí un retrato. Lo miré: Es el rostro que vi unos días antes en mi visión espiritual. Leí el nombre debajo del retrato: Padre Bíro, religioso jesuita. Nunca lo había visto, nunca lo había conocido, ni había oído nombrarlo. Sin embargo, era un alma grande. Pude constatar esto leyendo la hoja que mi hija me mostró. En ella, además de su foto, estaban sus escritos famosos. Entre ellos leí lo siguiente:

"Aunque tenga que sufrir, hasta morirme por ello, pero llego a ser santo, ¿Qué habré perdido?"

Esto produjo en mi alma como una gran explosión. Precisamente en aquellos días el maligno me tenía asediada con muchísimas y fastidiosas tentaciones.

REPRESENTAR A LAS ALMAS DE LA COMUNIDAD PARROQUIAL

28 de agosto de 1962

El Señor Jesús comenzó a hablar:

JC.- "No hagas nada por tu propia voluntad. Lo que nuestra Madre y Yo te pedimos, eso debes comunicar a tu padre espiritual. Su dirección te debe señalar siempre el camino. El resto ya le toca a él.

Tú sólo aceptas con humildad todas sus palabras, porque ellas también vienen de Mí. Siga ardiendo en tu alma, con toda humildad, el deseo ferviente de participar en mi obra salvadora. Tu premio, la felicidad eterna, no fallará. A Mí sólo debes de servirme con todas tus fuerzas".

En una ocasión se apoderó de mí un gran anhelo. Deseaba para Él muchas, muchas almas. Mientras así le hablaba, el Señor Jesús me dijo con amabilidad:

JC.- "Ahora ya veo, mi pequeña hija carmelita, que debo confiarte la gran obra misionera. Llévala en tu corazón: un nuevo encargo te doy.

Desde hoy, tú vas a representar las almas de nuestra comunidad parroquial. Es una gran tarea. Cada día rezarás las oraciones de la mañana en nombre de la comunidad parroquial también. En nombre de los padres, las madres, de la juventud, de los niños despreocupados y de los ancianos insensatos, que ni ahora piensan en el fin de su vida: pide para ellos los dones del Espíritu Santo. Cualquier abundancia de gracias que pidas para ellos, Yo te escucharé. Pide al Padre en mi nombre, y encomienda a la comunidad parroquial. Pidiendo, por mis Santas Llagas, su Misericordia. Ofréceme reparación durante el día también por las almas infieles de la parroquia. Ves... por eso también debes renunciar enteramente a ti misma. Te he escogido para que fueras la reparadora de la Ciudad. ¿Sabes lo que esto significa? Una dignidad casi sacerdotal. ¡Haz por ellas muchas comuniones espirituales! ¡De los enfermos tampoco debes olvidarte! ¡Ten cuidado para que ni una sola alma se condene!"

Pediré, mi amado Jesús, para que llegue a ellas tu Reino. Él seguía conversando:

PERO... ANTES MADURAR DENTRO DEL SENO DE LA FAMILIA

JC.- "Con este encargo, he colmado, hijita mía, todos los sueños de tu infancia. Sé que siempre deseabas ir a las misiones. ¿Sabes por qué no ha sido posible hacer esto antes? Porque

necesitabas madurarte primero dentro del círculo de tu familia para este gran trabajo. No te olvides: tu principal trabajo misionero seguirá siendo tu propia familia. No he podido confiarte esto antes, porque no quería que te quedaras a medio camino. Tu familia es el punto de partida de tu misión. Esta obra no está todavía terminada. ¡Preocúpate especialmente de las vocaciones sacerdotales!

Recuerda lo que te dije: Todo cuanto me pidas, lo recibirás. ¡Ora mucho y haz mucha penitencia! ¡Este es el objetivo de vida de una verdadera carmelita!"

Ayúdame, oh mi Señor, a que renuncie a mi propia voluntad y a Ti sólo obedezca, y en todo busque tu agrado. Que tu claridad me ilumine y también a todos los que me has confiado.

Esta enseñanza y conversación fue muy largo, el Señor Jesús todavía no había terminado:

BUSCA Y AMA LA HUMILLACIÓN

JC.- "Cuando llegue la noche pregúntate, hijita mía, ¿qué has hecho por la llegada de mi Reino? Nunca estés contenta de ti misma, porque no hay lugar para esto en la tierra. El premio de tus fatigas no es un premio de este mundo. Ahora empéñate en trabajar lo más posible. A la humillación mírale siempre como el instrumento más grande, que asegura siempre fruto abundante para tu trabajo.

¡Busca y ama la humillación! Eso hice Yo también durante toda mi vida. Si te es difícil, busca a nuestra Madre, Ella es verdaderamente maestra de esta virtud. Ella te ayudará eficazmente. Abrásate a las virtudes. Para hacerlo encontrarás en mi Persona la fuerza poderosa. No pienses en si descansas o no. Por tus cansancios, recibirás de Mí una recompensa abundante".

31 de agosto de 1962

La Santísima Virgen dijo unas palabras:

S.V.- "¡Hay que llevar mi Llama de Amor al otro lado del mar!"

No sé como se llevará a cabo esto, porque la Santísima Virgen no me habló más sobre este particular, pero me pidió cautela.

Nota: Primero llegó a Ecuador, después se difundió en México y... saltó la chispa en Canadá y los Estados Unidos de América.

MEDITANDO LA PASIÓN DE CRISTO, PUEDE EL ALMA LIBRARSE DEL MALIGNO

Fui al templo para la adoración reparadora de tres horas. Al llegar ante el altar, el diablo comenzó a tentarme. Comenzó con turbar mis pensamientos con sus asquerosidades... Luego en el silencio de las Horas Santas, trataba de acercarse a mí con sus adulaciones: que si soy tan singular... que la vida que llevo no es para un ser humano, que él no me quiere hacer ningún mal, sólo quiere que yo lleve una vida normal. La gente me va a mirar como a una maniática santurrona. Que soy una tonta, porque ni mi vestido, ni mi alimentación, ni mis entretenimientos, ni mi manera de tratar a las personas, son como los de los demás.

Yo me esforzaba en sumergirme en los padecimientos del Señor Jesús. El maligno entonces se puso muy furioso.

En su rabia impotente vociferó sus palabras, en el silencio de mi alma llena de la presencia admirable del Señor. ¡Espero, no más! Mi corazón se estremeció: Mi adorado Jesús, ¡líbrame del maligno!

Ocurre innumerables veces que llega de improviso y me amenaza, pues sabe muy bien que es a mí a quien utilizan (Jesús y María) para cegarle y que yo me entrego a sus influencias.

Las frecuentes tentaciones mucho me agotan, tengo que soportar terribles luchas a causa de la Llama de Amor de la Virgen Santísima. Cuando me percato de ello y siento claramente que es a causa de la Llama de Amor de la Virgen Santísima que estoy sufriendo, son más ligeros. Pero el mayor grande sufrimiento es cuando mi alma se encuentra en total oscuridad y el tormento atroz de las dudas pesa sobre mí. Este sufrimiento producido por angustias internas me invade tanto, que apenas me quedan fuerzas para caminar.

El maligno, al día siguiente tampoco me dejó en paz con sus torturas. Al suplicarle al Señor que me iluminara el entendimiento para ver su Santa Voluntad, la furia de Satanás creció en tal medida, que me horroricé. Era pleno día y su presencia terrorífica al estar yo arrodillada delante del altar, produjo en mí un temblor espantoso. Un nuevo pensamiento lanzó contra mí: "¿Sabes, verdad, que esto es pura imaginación tuya? Cuando una persona nunca ha sido capaz de hacer en la vida algo que valga la pena, procura llamar la atención. Mira a los grandes artistas, los sabios, las conquistas de la técnica, todo eso el hombre lo ha producido con su propia fuerza. Ves, tú eres incapaz de hacer estas cosas, esa ha provocado tus pensamientos, esas torpezas confusas".

¡Terribles tormentos estos! Tomando por intermediaria a la Elegida del Espíritu Santo, supliqué al Señor Jesús, que no me deje perecer, por más grande pecadora que sea.

Yo no quiero pecar, ¿como entonces me he envuelto en éste terrible pecado? Sufrimiento cruel, cuando tengo que sufrir a causa de mi propia soberbia. Mi adorado Jesús, mi bondadosa Madre Santísima, les ofrezco toda mi miseria, ¡levántenme ustedes de mis pecados!

Con gran tormento hice el Via Crucis y ya al terminar las tres horas de la Hora Santa, regresé al altar y me arrodillé: Mi adorado Jesús, ¡Tengo mucho miedo!...

Una terrible angustia seguía atormentándome. Los pensamientos confusos de mi mente comenzaban a serenarse. Una tranquilidad mansa que venía del Señor, tenue como un hálito, y pacificadora, volvía a mi alma, y me dejaba escuchar su voz:

JC.- "¡No temas! No permito que nadie te haga mal. Si hubiera podido, te hubiera hecho añicos y te hubiera triturado como polvo, junto con sus esbirros. Sé fuerte, el Espíritu Santo te fortificará".

Al escuchar éstas palabras, recibí bruscamente una iluminación interior y me acordé de lo que la Santísima Virgen me dijo unos días antes:

S.V.- "Ahora partimos, mi hijita carmelita, y junto con san José, tú también tienes que recorrer las calles oscuras y cubiertas de neblina de Belén. Junto con nosotros tienes que buscar hospedaje para mi Llama de Amor que es el mismo Jesucristo. ¿Quieres venir con nosotros? Porque es ahora que partimos, para entregar mi Llama de Amor. Fuerzas y gracias las recibirás de nosotros".

Después de esto, me encontraba en tal estado anímico que casi no tenía fuerzas para caminar. Sentía que la fuerza física no la necesitaba más; era la fuerza de mi alma que me llevaba junto con la Santísima Virgen a recorrer las oscuras calles de Belén, estas calles empedradas.

Buscamos hospedaje, pero no recibimos más que rechazo por todas partes.

ENTREGARSE A JESÚS SIN RESERVAS POR LA SALVACIÓN DE LAS ALMAS

1o. de septiembre de 1962

En éste estado anímico extraordinario, el Señor, día tras día me habla. Hoy también me ha dicho:

JC.- "¿Quieres entregarte a Mí, hijita mía, por entero y sin reservas? Yo, el Dios-Hombre, te lo pido. Tengo necesidad de ti para mi obra salvadora. Lo que te pido ahora es ya una entrega total. Renuncia pues, a ti misma por completo, con todas tus fuerzas y con toda tu voluntad. ¡Sólo a mi debes servir! ¡Ya no existe para ti nadie ni nada sino sólo Yo!"

Tú me pides, mi Señor Jesús, mi Cristo adorado, que te sirva sólo a Ti. ¿Podría yo hacer otra cosa? Me entrego totalmente y sin reservas, como Tú lo pides. Mi dulce Jesús, yo vivo para Ti y muero para Ti, soy tuya para toda la eternidad. ¿A quién podría pertenecer, quién me aceptaría con todos mis pecados, flaquezas y defectos? Con el mayor gusto, sacrifico, Señor mío, mi pequeña vida por las almas. Todo mi deseo es que se realice tu eterno pensamiento, la salvación de las almas... Divino escultor, escúlpeme a tu imagen y semejanza, para que me reconozcas en la hora de mi muerte como obra de Tus santas Manos. ¡Oh, bendita divina Mano que esculpe y acaricia a la vez! Mi alma arde en deseos cuando pienso en tu palabra: que Tú necesitas mi sacrificio. ¡Qué gran distinción es ésta! ¡Te bendigo, mi amado Jesús, y te ensalzo sin fin!

DARLO A CONOCER AL ROMANO PONTÍFICE

3 de septiembre de 1962

S.V.- "Quisiera hablar contigo, mi hijita carmelita, como una madre habla con su hija.

Sé que te debates en grandes preocupaciones a causa de la Llama de Amor de mi Corazón. Me alegro que lo hayas tomado tan a pecho. ¡Escúchame! Pronto llegará el día en que se dará el primer paso oficial, que ya debería de haber ocurrido. Las muchas humillaciones que soportas por mi Llama de Amor, los muchos sacrificios que haces, son resortes poderosos para llegar a éste primer paso.

Comunica mi deseo a tu guía espiritual, que, a su vez, haga llegar mi Causa al primer Obispo del país, y luego al Romano Pontífice, Vicario de mi Santo Hijo en la tierra. Tiempo de gracia como éste no ha habido en la tierra desde que el Verbo se hizo Carne. El cegar a Satanás es algo que conmoverá al mundo".

EFECTO DE GRACIA SOBRE LOS MORIBUNDOS

Del 7 al 8 de septiembre de 1962

Mientras estaba velando en oración antes del amanecer, la Virgen Santísima conversó conmigo acerca del efecto de gracia de su Llama de Amor.

S.V.- "Cuando de hoy en adelante estén ustedes en vela, tú y la persona que te fue dada como acompañante, quienes ya conocen mi Llama de Amor, les concedo la gracia que mientras dure su vela nocturna, la gracia de mi Llama de Amor actuará en los moribundos del mundo entero. Cegaré a Satanás

y la Llama suave y llena de gracia les salvará de la eterna condenación".

Al oír decir esto a la Santísima Virgen, lo recibí con alegría. Pero más tarde una duda terrible me asaltó por su causa. ¿Habré entendido bien lo que la Santísima Virgen me dijo en la madrugada?

Es una gracia inmensa, ¿cómo podría recibirla yo? La gracia concedida a nosotras dos pesa con grave duda sobre mi alma: ¿No brota esto de mi soberbia? Otras veces me parece que la Santísima Virgen ni lo haya dicho siquiera. En una palabra, ni yo misma me comprendo. O estoy dudando, quizá, porque mi soberbia me impide creerlo: "que no hay que creerlo todo". El maligno me ha confundido tanto: con mis labios rezo el rosario, pero no como acostumbro hacerlo, sino repitiendo una sola jaculatoria: "¡Creo en ti, Virgen Santísima milagrosa!" Pero, me doy cuenta, que sólo lo digo con los labios para afuera, mientras mi corazón y mi mente rehúsan aceptarlo. Quisiera llorar por no poder creer ahora. El maligno insiste en que yo haga mía la interpretación que él da a los acontecimientos pasados y presentes. Con todas mis fuerzas resisto a sus perturbaciones. Virgen Santísima, disipa mis dudas, lo que me inquieta mucho es que mi velada nocturna sea tan meritoria. ¿Es posible y está permitido creer esto? En la oscuridad de mi alma, la Santísima Virgen ahora no me ha dado respuesta. Entonces supliqué al Señor Jesús. A lo que él respondió:

JC.- "¡Sólo por medio de mi Madre!"

A estas palabras me confundí todavía más. En vano me encadené a sus sagrados pies, ahora, ¿hasta ésta seguridad ha terminado para mí? En mis esfuerzos impotentes seguía suplicando: Señor mío, ¿ahora me abandonas? Y otra vez oí la misma voz:

JC.- "No sólo con tu boca debes aceptar el poder milagroso de la Llama de Amor de mi Madre, sino con toda tu mente también".

Yo misma me doy cuenta de que a pesar de todos mis esfuerzos, mi mente resiste a aceptar lo que dicen las palabras. Satanás ha enmarañado tanto la claridad de mi visión que no encuentro salida...

Quisiera saber, si rehúso aceptar con respecto a mi miserable persona este inmenso milagro, ¿pecaré contra la Santísima Virgen? ¿Qué debo hacer, mi adorado Jesús? ¡Ven y ayúdame a zafarme del maligno! Así, sin guía espiritual, pasar por éstas terribles tentaciones y, ¡no tengo a quien acudir! En medio de éstos tormentos pasé todo el día. Durante horas no podía hacer más que repetir: "¡Creo en Ti, Santísima Virgen Milagrosa!"

El mismo día, en las horas de la noche, me fui donde la hermana que me fue señalada como acompañante y le conté la reciente comunicación de la Santísima Virgen y mis dudas de todo el día. En la capilla, delante del Señor Jesús, estábamos conversando. Ella, al oír éstas cosas, no dudó. Aceptó con fe sencilla y con santa admiración lo que le contaba. En su rostro se dibujo la sonrisa como la de una niña, característica en ella. Su fe ha disipado en mí también las dudas. Al conversar así acerca de la gracia admirable que nos ha tocado, ella dirigiéndose hacia el sagrario dijo hablando a la Santísima Virgen: "Oh, tu Virgen Santísima de gran poder", ¡y todavía en contra tuya quieren hacer algo los hombres! Entonces, ambas nos sumergimos en la admiración de la Llama de Amor de la Santísima Virgen y nos propusimos que nosotras dos vamos a velar para que el mayor número de almas se salven de la eterna condenación. La hermana, mi acompañante, me dio muchos buenos consejos que recibí con humilde corazón. Cuando delante del altar del Señor nos despedimos, ella tal vez ni sospechaba qué fuerza y tranquilidad derramó por medio de ella en mí el Señor Jesús.

VIVIR EN CONTINUAS HUMILLACIONES PARA RECIBIR LAS GRACIAS DE LA SANTÍSIMA VIRGEN

15 de septiembre de 1962

La Virgen Santísima durante la mañana se quejó, con dolor capaz de partir el corazón, que a causa de la incomprensión que brota de la superficialidad, cuántas almas se pierden.

Ella hace y concede todo lo que puede; sin embargo, las almas a Él consagradas lo rechazan todo. Me pidió que aceptara los sacrificios que, por los méritos de las humillaciones, alcanzarán por fin la posibilidad de salvar las almas.

Te pido humildemente perdón, Madre mía. No quiero tambalearme, ni aún en medio de mis terribles tentaciones. Tú sabes, verdad, que no soy más que un insignificante granito de polvo. No puedo hacer nada sin ustedes. Ella me replicó así:

S.V.- "Precisamente a través de tu pequeñez, incapacidad y humildad va a ponerse en marcha mi Llama de Amor, mansamente, sin ninguna violencia. Por eso, ten cuidado y guárdate en escondida humildad. Tendrás que vivir en continuas humillaciones externas e internas, porque sólo así puedo guardarte para entregar a través de ti mi Llama de Amor".

En otra ocasión la Santísima Virgen volvió a dirigirme sus bondadosas palabras:

S.V.- "¡Ven Conmigo! Vamos a recorrer las calles obscuras y brumosas de Belén con mi Llama de Amor. No temas, san José y Yo estaremos contigo y, hasta que no se unan otros a nosotros, andaremos así los tres".

La Santísima Virgen muchas veces me hace sentir su dolor... Hay días cuando sufro tanto con Ella que apenas puedo caminar. Hoy mismo, durante toda la mañana, derramó en mí, en gran medida, la gracia del sufrimiento. Andaba yo con ojos llorosos y traté de evitar a todos para que no notaran mi gran aflicción. Casi no tengo otro pensamiento que el de cumplir lo que Ella me pide.

La angustia de mi alma sumida en sufrimientos y dudas es azuzada aún más por Satanás. En su odio cruel suscita terribles dudas en mí: "Tú eres, de todos modos, tan inútil. ¿Por qué no confían sus asuntos a los Obispos, por qué a una criatura tan tonta como eres tú? ¡Porque ellos no creen en ésta clase de cuentos! ¡Un hombre sensato ni siquiera se detiene a hablar contigo! Aquel también a quién te habían enviado, sacudía de si éste asunto, con perspicacia se dio cuenta de tratarse de algo imposible, ni siquiera se entretuvo contigo. ¡No te esfuerces ya más, sé tú también sensata! De todos modos, es inútil". Incluso en el momento sublime de la Sagrada Comunión me molestaba. Yo trataba con todas mis fuerzas de mantener al maligno lejos de mí.

SUFRE CONMIGO

Un día, al ir dónde el Señor Jesús, tenía la intención de no quedarme con Él sino por poco tiempo, ya que estaba muy cansada. Recé mis oficios y quise despedirme de Él; me preguntó:

JC.- "¿Por qué andas tan apurada? ¿Hay algo más importante para ti que Yo? O, tal vez, ¿te duelan las rodillas? Piensa en Mí, cuando yo también caí de rodillas, pero no abandoné el Via Crucis. ¡Quédate todavía Conmigo! No ves cuanto tiempo me encuentro solo. ¿O ya no tienes nada que decirme? ¡Tampoco tiene esto importancia! Escucha el silencio, nuestros corazones latan al unísono, que nuestras miradas se compenetren la una en la otra y sólo di que me amas, que me adoras, ¡en lugar de otros también!

Sabes que siempre tienes que recoger Conmigo. Ahora, aquí en éste silencio también puedes recoger Conmigo. En la noche solitaria también, mientras estas velando. Te enseño para que aprendas la manera y cuentes a otros, como hay que recoger almas. La voluntad del alma ya es amor. Y el amor es capaz para todo. Solamente debes querer, poniendo en tensión todas tus fuerzas.

Que nuestro pensamiento sea siempre uno: Salvar las almas de la eterna condenación. Únicamente así puedes mitigar mi cruel dolor. Que no sea esto aburrido para ti. Te repita una y otra vez: Sufre conmigo".

Y durante este tiempo compartía conmigo el precioso dolor de su alma como prenda preciosa de su gracia.

En otra ocasión me habló así:

JC.- "Sabes, ¡cómo me duele el alma a causa de las almas condenadas! ¡Qué nuestras manos recojan unidas!"

Señor mío, ¡tan poco es lo que yo puedo recoger!

JC.- "¡Complétalo con tus deseos, con tus anhelos, hijita mía, y ponte en Mí con plena confianza!"

AYUNOS POR LAS ALMAS SACERDOTALES DEL PURGATORIO

28 de septiembre de 1962

Hoy, día de ayuno, lo ofrezco por las almas del purgatorio, especialmente por las almas sacerdotales. El Señor Jesús se refería a que no puede resistir al ruego de la Santísima Virgen. Me dijo, infundiéndolo en la conciencia de mi mente:

JC.- "Ya que estas mitigando, hijita mía, este anhelo tan grande que tengo por las almas, ¿sabes con qué te voy a premiar? El alma del sacerdote fallecido, gracias a que han guardado el ayuno pedido por Mí, de hoy en adelante, a los ocho días de haber muerto, se librará del fuego del purgatorio. Y cualquiera que guarde este ayuno, alcanzará esta gracia a favor de un alma que esté penando".

(Observación: Si ésta había fallecido en estado de gracia).

Con lágrimas escuchaba sus palabras llenas de majestad y misericordia, que podemos ayudar tan eficazmente a las almas que sufren en el purgatorio. Mi alma se estremeció cuando me comunicó esta nueva y grande gracia y, al salir de la santa misa para ir a casa, dijo en voz baja en mi alma:

JC.- "Yo también me voy contigo y permaneceré contigo todo el día: que nuestros labios supliquen juntos al Eterno Padre para alcanzar misericordia".

Con profunda adoración le dije: Mi adorado Jesús, ¡vivir en el alma esta gracia Contigo y con tus labios suplicar juntos al Eterno Padre! Al ir así a mi casa, sumida mi alma en su adoración, mi corazón bajo el efecto de la gracia comenzó a latir tanto que casi me desplomé… Entonces le supliqué: Deseo tanto, mi adorado Jesús, que tu gracia tan grande llegue a conocerse cuanto antes públicamente y cuanto más personas lleguen a sentir profundamente tu intimo anhelo.

El Señor Jesús me pidió que pusiera por escrito especialmente aquello de cómo podemos ayudar a las ánimas:

JC.- "Por observar el ayuno pedido por Mí, las almas de los sacerdotes, al octavo día después de haber muerto, se libraran del purgatorio".

(El ayuno estricto: durante un día se debe tomar sólo pan y agua).

DÍAS DE GRACIA - JUEVES Y VIERNES HACER "HORAS DE REPARACIÓN"

29 de septiembre de 1962

Mi alma está llena continuamente de la Llama de Amor de la Santísima Virgen. Hasta en las horas de la noche, cuando me desvelo un poco, suplico sin cesar que ayude a encenderse sobre el mundo cuanto antes su milagro silencioso.

Cuando de mañana, temprano, llegué al templo, como si la Santísima Virgen hubiera esperado éste momento para comunicarme en el silencio del templo:

S.V.- "¿Sabes, hijita mía, cómo deben ustedes considerar estas dos días: el jueves y el viernes? cómo grandes días de gracias. Los que estas días ofrecen reparación a mi Santo Hijo, recibirán una gracia grande. Durante las horas de reparación el poder de Satanás se debilita en la medida en que los reparadores suplican por los pecadores... No hay que hacer nada llamativo, no hay que alardearse del amor. Arde en el fondo de los corazones y se extiende a otras también...

Quiero que no sólo conozcan mi Nombre, sino también la Llama de Amor de mi Corazón maternal que late por ustedes. Y te he confiado a ti el dar a conocer este amor inflamado. Por eso debes ser muy humilde. Una gracia tan grande sólo ha sido concedida a muy pocos. Ten en mucha estima esta gracia tan grande y lo que más debes amar y buscar en ella, sean las humillaciones tanto externas como internas. No creas jamás que eres algo; considerarte a ti misma como nada sea tu principal preocupación. Nunca debes interrumpir el ejercitarte en esto. Aún después de tu muerte, esto debe seguir vigente, por eso también recibes las gracias de las humillaciones tanto externas como internas. Así podrás permanecer fiel en difundir mi Llama de Amor. Aprovecha toda oportunidad: busca tú también, con tu propio esfuerzo, las

humillaciones externas e internas, porque lo que tú te buscas, aumenta aún más tu humildad".

Al terminar la Santísima Virgen estas instrucciones maternales, mi corazón se llenó de profunda humildad. La Santísima Virgen me permitió sentir lo poderosa que es Ella y, sin embargo, qué humilde y modesta fue en su vida terrenal.

Me mandó escribir la Santísima Virgen esta comunicación en una forma tan detallada, porque ésta su petición, que entrega por mi intermedio, es "Mensaje" para todos sus hijos que como primeros van a difundir su Llama de Amor.

En estos días me enteré de la dirección del Padre X. Fui al hospital para visitarle. La hermana enfermera me concedió cinco minutos para visita. Eran momentos graves. Pedí a ella si pudiera dejarnos hablar a solas por unos momentos. Ella salió. Le pregunté al Padre X si sabe quién soy yo. Me reconoció sólo después de que le hable sobre el asunto. Le mencioné la Llama de Amor de la Santísima Virgen, de la cual él ya había tenido conocimiento. Le pedí que la leyera, si le fuera posible. –"Yo, hija mía, dijo, no puedo leer ni siquiera el breviario, ni tampoco las cartas que recibo". Pasados unos momentos de silencio, al mirarme con sus ojos medio abiertos, puede comprender que sus ojos brillaban con una luz que ya no es de este mundo; sentí que él ya estaba contemplando a Dios. Me dijo en voz baja: "Soy víctima, hija mía. Me entregué plenamente al Señor Jesús y a la Virgen Santísima, ya no dispongo de mi voluntad para nada. Que hagan conmigo lo que mejor les parezca".

Entonces, le manifesté lo que la Santísima Virgen me dijo en aquel entonces cuando los médicos ya lo habían desahuciado:

S.V.- "Se restablecerá pronto, hijita mía, pero no para mucho tiempo".

Le pregunté al Padre X, ¿qué debo hacer con la Llama de Amor de la Santísima Virgen? –"Yo, hijita mía, no puedo hacer nada. Si la Santísima Virgen me la hubiera confiado eso sería otra cosa. Pero así, no puedo hacer nada". –Añadió todavía que tengo confianza, la Santísima Virgen lo arreglará todo. Él, de su parte, hace todo: ora y ofrece sus sufrimientos también por la Causa.

Yo comenzaba a desplomarme por los muchos sufrimientos espirituales que consumen mi alma desde ya hace meses. Le dije al Padre X: "Yo también, como muerta viviente, soporto los muchos sufrimientos". En este momento se abrió la puerta, entró la hermana y el Padre también aceptó obedecer. –"Ahora te bendigo mucho, hija mía". Mientras él alzó su mano para bendecirme, yo con movimiento súbito, con gran veneración la llevé a mis labios, quizá por última vez. Pensé que, aunque se restableciera, no es seguro que lo volvería a ver. En este momento la enfermera se acercó a la cama y dijo: "¡Termine, por favor, la visita!"

Salí a la calle. Dirigí mis pasos hacia el templo de la Adoración Perpetua. Gran oscuridad pesaba sobre mi alma. En el camino a la casa del Señor, Satanás de nuevo tiraba en mi cara sus palabras ultrajantes. Gozaba maliciosamente. Me postré delante del Santísimo Sacramento: He venido ahora a quejarme ante Ti, mi adorado Jesús. Tú sabes todo, sin embargo te lo quiero contar. ¿Sabes lo que me dijo el Padre?... Tú sabes, ¿verdad? Jesús mío, que yo suplico siempre a Ustedes. ¡Cuán miserable soy y, sin embargo, me confían Ustedes este asunto que atañe al mundo!... Oh, yo impotente e inútil, ¡con qué gusto lo entregaría a un alma digna y pura! Yo no soy digna, Señor mío, para ello. Así suplicaba al Señor Jesús.

Entre tanto, Satanás con todas sus fuerzas quiso apoderarse de mi alma: "Por fin, ¡estoy a punto de vencerte! ¿No te dije que fuera de ti nadie será tan tonto para hacer suyos y para pasar a otros tus pensamientos inhumanos, impíos? ¿Por qué no me haces caso? Siempre te dije que yo sólo quiero tu bien. Y tú, empeñada en seguir tu cabeza tonta. Pero espero que ahora ya vas a entrar en razón. Esta lección por fin, ya ha arrancado el velo sobre tus pensamientos necios. Dime, ¿por qué quieres ser tú, a todo precio, superior del resto de los mortales?" –Fuera de la voz del maligno, mi alma estaba insensible a toda otra cosa. Mantenía mi alma en una oscuridad que ya no era posible soportar con fuerzas humanas.

Postrada ante el Santísimo, luchaba conmigo misma. ¿Qué debo hacer? ¡No me abandones, Señor mío! ¡Purifica y ordena mis pensamientos!

SE MADURA CON LOS SUFRIMIENTOS Y DOLORES

1o. de octubre de 1962

Hoy el Señor Jesús me habló de nuevo:

JC.- "¿Sufres verdad? Que sufras por Mí, esto es mi regalo. Un tal sufrimiento como este, sólo puedes recibirlo de Mí. Acéptalo por puro amor hacia Mí, sea sufrimiento espiritual o corporal. Sabes lo que te dije: Hemos de llegar arriba, al Calvario. ¡Que nuestros pies vayan juntos! Y si te sientes sola, Yo permito esto únicamente para que tengas mérito, que ofrecerás por tus faltas y por las almas a Mí consagradas. No te impacientes a causa de tu director espiritual. Ahora Yo me encargo de dirigirte, tú sólo debes atenderme a Mí. Cuando te mantengo en la oscuridad de las dudas, aun entonces Yo estoy contigo. No te olvides cómo, cuando estaba Yo dormido en la barca, reprendí a mis discípulos por su poca fe. Basta con una sola palabra mía y se hace silencio y esplendor en tu alma que, en algunos casos, por medio de otras personas también te enviaré. Acéptala aunque te hable por medio de la persona más insignificante. Te repito, hago esto para aumentar tu humildad. No te preocupes a causa de tu padre espiritual, solamente confía y espera en Mí. Abandónate en Mí, esto es lo más importante. Mi pequeño girasol, ¡gira hacia Mí! Yo, el Sol divino, te estoy madurando por los sufrimientos y los dolores. No te espantes del sufrimiento que frecuentemente pasa a través de tu alma. Yo hago esto para acostumbrarte por que por los sufrimientos andamos juntos y recogemos juntos".

2 de octubre de 1962

JC.- "La continua fidelidad hacia Mí y mi obra salvadora, mi pequeña carmelita, de que das testimonio por tus continuas sacrificios, te hace caminar por el sendero del martirio. No temas, nuestros pies andan juntos y, aunque te duela mucho,

sigamos caminando juntos. Te doy, hijita mía, la abundancia de gracias, porque mi Corazón desborda de amor, me impulsa a derrochar. Colmo con gracias mil veces mayores cada esfuerzo tuyo. ¡Ojalá muchas almas como tú me amaran! ¡Qué alegría sería para Mí, si a muchas almas como la tuya pudiera repartir la abundancia de mis gracias!"

–Acepta, mi amado Jesús, la única jaculatoria que te dirijo con todo el anhelo de mi corazón: Te amo, ¡mucho, mucho!

3 de octubre de 1962

Después del almuerzo me quedé en el silencio del comedor, meditabunda. El Señor Jesús me sorprendió con sus palabras bondadosas, consoladoras y reconfortantes:

JC.- "¡Que sea la luz en tu alma! Sé humilde y acepta con toda tu mente el cumplir mi voluntad. Sabes que cuando Yo digo algo y esto suscita resistencia en tu alma, de esto puedes reconocer que aquello es mi voluntad".

El Señor Jesús ya desde hace dos días me está diciendo que tengo que intentar de nuevo poner en marcha la Llama de Amor de la Virgen Santísima, y precisamente allí donde ya me rechazaron una vez. Mi corazón se estremeció a estas palabras. Penetró como un dolor agudo a cada parte pequeña de mi cuerpo el fracaso pasado, el rechazo rígido, la humillación. Y, entre tanto, pensaba de nuevo si es en verdad el Señor Jesús quien habla en mi alma. Mientras estaba así vacilando, el Señor Jesús hizo oír otra vez su voz en lo profundo de mi alma:

JC.- "Tienes que humillarte a ti misma, de cualquier modo o en cualquier forma que esto ocurra".

ACUDEN AL SEÑOR SAN JOSÉ PIDAN SU PATROCINIO

4 de octubre de 1962

En este día fue otra vez la Santísima Virgen quien me habló:

S.V.- "Recuerda que te dije, hay que partir por el camino oscuro, lodoso, bullicioso y penoso de Belén para buscar hospedaje para mi Llama de Amor. Tu vienes Conmigo, mi hijita

carmelita, y con san José. La Llama de Amor de mi Corazón busca hospedaje. Toma toda la congoja y amor de mi Corazón maternal, y con los que Yo también, humillada y en oscura inseguridad buscaba hospedaje en compañía de san José. Ahora tú también tienes que partir por este camino silenciosamente, sin una palabra de queja o lamentación, humillada, incomprendida, exhausta. Yo sé, esto es difícil. Pero contigo está tu Redentor. A mí también esto me dio fuerzas. San José te acompaña. ¡Acude a Él! Él es bondadoso. ¡Pídele su eficaz patrocinio!"

PERMANEZCAN CONTINUAMENTE EN MI OBRA SALVADORA

En cierta ocasión asistí a unas letanías con exposición del Santísimo. El Señor Jesús me sorprendió con sus palabras:

JC.- "Hoy estas muy distraída. Apenas has dirigido hacia Mí tu alma. ¿Por qué me dejas de lado? Cuándo ¡Yo ansío tanto tus palabras y cada vibración de tu alma!"

–¡Perdóname, oh mi amado Jesús!– Y mientras así, con el alma arrepentida me sumergí en Él, comenzaron las letanias. Al levantar mi mirada hacia arriba a la custodia, donde reposaba Él en su nívea blancura, con profunda pleitesía le miraba. En ese momento como que la custodia se movió y ligeramente se volvió hacia mí.

El amor sin límites del Señor se explayó en mi corazón. Con ojos cerrados, con profunda humildad, consciente de mi miseria, me ofrecí a Él y le entregué toda mi debilidad porque no tenía nada más que ofrecerle. Él, conmovido, me dijo:

JC.- "Ves, el divino Sol se tornó hacia ti porque tú no te volvías a Él. Has dispersado tu palabra en cosas bagatelas, por eso ahora Yo me dirijo a ti para recuperar el atraso, lo que tú omitiste hacer. Ahora, dirige tus pensamientos hacia Mí. ¡Recojamos juntos! Tenemos necesidad de cada gota de aceite. Tus semillas oleaginosas sólo pueden madurar en los rayos del divino Sol y producir fruto abundante. ¡Trata de servirme mejor todavía! No te olvides, ni un pelo debe entre ponerse entre nosotros. Hay mucho por hacer y son pocos los

obreros. Permanece continuamente en mi obra redentora, con toda tu fuerza. No por haber llegada tarde a trabajar será tu premio menor que el de los que llegaron temprano. Pero, naturalmente, te reclamo entrega y fidelidad que deben durar hasta la muerte, porque sólo así podrás ayudar desde arriba también. Nuestras manos alli recogerán unidas".

Al día siguiente, por la mañana en el templo, comenzó a quejarse:

JC.- "La aflicción de mi Corazón es tan grande a causa de muchas almas a Mi consagradas. Y, sin embargo, ¡cómo ando detrás de ellas! Les sigo paso a paso con mis gracias. A pesar de ello, no me reconocen, ni me preguntan a donde voy. Veo cómo viven aburridos, en ociosidad indolente, buscando sólo su propia comodidad, me han marginado de sus vidas. Se aprovechan de cada oportunidad para esconderse cobardemente y, engañándose, se comportan como si no fueran mis obreros. Infelices de ustedes, ¿comó van a rendir cuentas del tiempo desperdiciado?

¡No me fuercen a levantar mi Mano sagrada para maldecirles! Yo mismo soy el Amor, la paciencia, la bondad, la comprensión, el perdón, el sacrificio, la salvación, la vida eterna. Y esto, ¿no lo quieren ustedes? Mi Sagrado Cuerpo, crucificado y empapado de sangre, ¿en vano se alzó a lo alto? ¡Ustedes, ciegos y sin corazón! ¿No ven lo que hice por ustedes? ¿No se conmueve su corazón? ¿No quieren caminar Conmigo, recoger Conmigo? Sus corazones, ¿no laten al unísono Conmigo? Su interior, ¿no siente Conmigo? ¿En vano abrí mi corazón? ¿Dejan botada la abundancia de mis gracias? ¿No quieren compartir mis sentimientos? El latir de mi Corazón manso y bondadoso, ¿no lo quieren escuchar? ¿Prefieren que con voz de trueno grite hacia ustedes: porqué están ahí parados sin hacer nada? ¡No se hagan los delicados y los melindrosos! A donde les puse a ustedes, allí deben estar parados, firmes y llenos de espíritu de sacrificio. Yo inventé todo para poder sufrir por ustedes y ustedes, comodones, no muestran ninguna prontitud, solo se excusan y esto pasa toda su vida. Tomen ya sobre sí la cruz que Yo también abracé y

crucifíquense ya a sí mismo como Yo lo hice, porque, de otra manera, ¡no tendrán la vida eterna!

Sé, mi pequeño girasol, que mis muchas quejas tú las escuchas. Al calor de tu corazón, Yo también entro en calor. ¡Me encuentro tan solo! ¡Quédate mucho tiempo Conmigo!"

QUE NUESTROS CORAZONES LATAN AL UNÍSONO

JC.- "Que sea esta sensación sublime el premio por tu fidelidad.

¡Que nuestro interior sienta lo mismo!

¡Qué felicidad es ésta para Mí! ¡Sumérgete en Mí, en el mar de mis gracias! Te concedo ésta gracia, porque tú misma me pediste que te dejara sumergirte. ¡Pide siempre, mi pequeña hija carmelita! Yo reparto feliz mis tesoros que podrás cambiar en la hora de tu muerte. ¿Crees, acaso, que cuánto era tu sufrimiento, tanto será tu premio? ¡De ninguna manera! No se puede expresar con palabras humanas lo que he preparado para ustedes. Espero el momento de que tú llegues. Y te espero con un rico regalo. Me dará un vuelco el Corazón a tu llegada y muchas almas, a las cuales has ayudado a liberarse del purgatorio por medio de tus sacrificios, te saludarán rebosantes de gozo. Como buenos amigos tuyos, esperan el encuentro contigo. Compenétrate en este gozo sin límites y no resulte para ti nada fatigante lo que tengas que hacer por mi Obra salvadora.

¡Que nuestras miradas se compenetren! En mis ojos bañados de lágrimas y de sangre verás el anhelo de mi Corazón por las almas. ¡Recoge Conmigo, hijita mía! Fui Yo quien injertó en tu corazón el deseo de las almas y lo aumentaré sin cesar.

Pero, ¡aprovecha tú también toda oportunidad!"

SEAN LUZ PARA MI SANTA IGLESIA

5 de octubre de 1962 - Primer viernes

JC.- "Mi Corazón, hijita mía, espera hoy con alegría a todas las almas. Derramo sobre ustedes mis gracias extraordina-

rias. Aprovechen esta oportunidad en que tanta riqueza reparto para ustedes.

Seas tú, hijita mía, la ventana de mi Santa Iglesia, que Mi divina gracia hace límpidamente resplandeciente y luminosa. Para que esto sea realidad, deberás trabajar continuamente, para que el divino Sol pueda brillar a través de ti sobre todos aquellos que en mi Santa Iglesia están cerca de tu alma. Tu ventana recibe el brillo de mi esplendor y trasmite su luz. Los que están cerca de ti sientan que el divino Sol brilla sobre ellos a través de ti. Esto también va a hacer más abundante el fruto de mi obra salvadora en las almas".

Estas cosas me las dijo el Señor Jesús después de la sagrada comunión. Al mismo tiempo, la Virgen Santísima también comenzó a hablarme con maternal bondad:

S.V.- "Te uno firmemente a mí, hijita mía. La Llama de Amor de mi Corazón que te he confiado, sobre ti como primera proyectará sus abundantes rayos de gracia y lo seguirá haciendo también en el cielo. Tus gotas de aceite que reúnes tan afanosamente, las bendigo con mi Mano maternal. Y a tu llegada te esperaré con maternal amor. Las gotas de aceite exprimidas por tus sufrimientos caerán a la tierra a las lámparas apagadas o apenas parpadeantes de alma y se prenderán de mi Llama de Amor. Tú, por lo tanto, tendrás que tener tu sitio junto a mí hasta el fin del mundo".

PIDE PARA QUE HAYA MUCHOS Y VERDADEROS GUÍAS ESPIRITUALES Y CONFESORES DE VIDA SANTA

6 de octubre de 1962

Al comulgar, de nuevo la falta de un guía espiritual pesaba sobre mi alma. El Señor Jesús con amor me amonestó:

JC.- "Ten paciencia y sea claro ante ti el valor de tus sufrimientos. Te digo por qué te dejo sin guía espiritual. Ofrece este sufrimiento para que haya muchos y verdaderos guías espirituales. Te permito experimentar a ti también qué sentimiento doloroso es esto para muchos. Pide abundantes gracias para que haya muchos confesores de vida santa. Cuántas

almas llegarían a mi cercanía, si los directores espirituales con más comprensión y paciencia, sacrificante guiarán a las almas. Esto también sea parte de tu trabajo misionero. ¡Haz muchos sacrificios por ello! ¡Que nuestras manos recojan unidas!" (Y su voz era amablemente suplicante).

GRACIAS QUE RECIBE UNA MADRE PARA SUS HIJOS POR LA LLAMA DE AMOR

9 de octubre de 1962

Hoy, al estar donde el amable Salvador, infundió en mi alma la alegría de su Corazón:

JC.- "¡Qué bueno que hayas venido! ¡Tanto te esperaba! Te dije ya otras veces, sumérgete en Mí como la gota de agua en el vino. Yo Soy el vino, tú el agua. Si te unes tanto a Mí, te quedas casi anonadada, sólo Yo reino en ti. Mi Cuerpo y Mi Sangre da fuerza y vida a ustedes.

¡Qué felicidad será si cada vez más se valen de mi fuerza vivificadora! ¡Recoge Conmigo!"

Con tristeza me quejaba al Señor Jesús, que el maligno busca de nuevo hacer perder la paz de nuestra familia. ¡Danos la Paz! Le pedí su gracia abundante para que mis hijos también todos vivan en gracia de Dios. Entonces me permitió oír su voz amable, consoladora:

JC.- "Cuando ya estés en Cielo y contemples desde ahí la muerte de un hijo tuyo, estarás junto a su lecho. Tu gota de aceite caerá en su lámpara vacía y la Llama de Amor de la Virgen Santísima prenderá. Esta gran efusión de gracias salvará sus almas de la condenación. Ellos entonces sentirán tu mano maternal que les acaricia. Y tú también sentirás qué gran valor poseen los muchos sufrimientos que has soportado... Ellos también sentirán tu mano que estará para socorrerles en el momento de su muerte y verán tu vida meritoria que ahora, aquí en la tierra, no aprecian".

ME TENTÓ SATANÁS

En otra ocasión me tentó Satanás terriblemente, apenas lograba mantener mi pensamiento en Dios. Así argüía: "No te esfuerces ya tanto, ¡no vas a lograr nada con ello! Puedes ver, no tienes ningún protector. Sólo se debe a tu testarudez que sigues esforzándote neciamente". –En medio de las terribles vejaciones le pedí al Espíritu Santo: Espíritu de Entendimiento, Espíritu de Fortaleza, Espíritu de Sabiduría, ¡desciende sobre mí y toma posesión de mí! El maligno gritó en el fondo de mi alma: "Sólo en tu libertad está la fortaleza, la sabiduría, el entendimiento. ¿Por qué no haces uso de tus derechos humanos? No eres mala, sólo eres terriblemente terca... sé fuerte y quiere librarte de ésta vanidad. Convéncete, no vas a lograr jamás tu meta, todo va ahogarse en una vergüenza sin fin... Después de tantos fracasos, ¡entra en razón! ¡Vive una vida callada, tranquila! ¿Por qué martirizarte? De todos modos, ¡no recibirás ningún premio por ello!"

MENSAJE DEL SEÑOR JESÚS A LOS RELIGIOSOS Y RELIGIOSAS DISPERSOS

11 de octubre de 1962

El Señor Jesús:

JC.- "Quisiera, mi pequeña carmelita, que lo que ahora te digo lo escribieras y lo hicieras llegar a cuántos tienen gran necesidad de orientarse con respecto a su vocación.

La situación actual en que no se les permite desarrollar libremente una actividad apostólica y que para ellos es causa de tantos sufrimientos, ofrézcanlo en reparación y para beneficio de las almas. Y todos aquellos que de alguna forma consagraron sus vidas a Mí y ahora, por la situación actual no pueden realizar actividad externa, láncense a una vida espiritual profunda que producirá frutos admirables para ellos y para las almas.

¡Yo cuento, hoy también, con su amor! ¡Lo anhelo tanto! ¡Ojalá atendieran y escucharan los suspiros que envío hacia ellos! ¡Ayúdenme a cargar con mi cruz, es tan pesada! ¡No me

dejen solo! Si les llame es porque tengo necesidad de ustedes. Más aún, ha llegado el tiempo y la oportunidad para que ustedes den testimonio a favor mío. ¡No sean comodones! ¡Mírenme a Mí, miren la Cruz! ¿Qué comodidad me permití Yo? ¿Esto no les conmueve a ustedes? ¿O se han acostumbrado tanto a mi bondad que ya no le tienen ninguna estima? Oh ustedes, tibios, ¿qué les podría impresionar, si pasan insensibles junto a mi inconmensurable sufrimiento? Ustedes también, a quienes he criado al calor de mi Corazón y, a pesar de tanta infidelidad de su parte, les llamo con amor. Vengan con más confianza, ¡Yo les redimí de la muerte eterna! ¿Oh, ya no quieren vivir conmigo? ¿Se contentan con las cosas pasajeras de la tierra? Oh, ¡dense cuenta de la pena de mi corazón que anhela por ustedes! Ustedes tienen libre voluntad y Yo quisiera que vinieran a Mí guiados por su propia libertad.

¡Escribe, mi pequeña hija carmelita, escribe mi suspiro quejoso! Tal vez, a leerlo, se quebrarán los corazones duros. Y si sólo fueran unos pocos, tú habrías hecho un buen trabajo. ¡Nuestros labios suplican juntos al Eterno Padre!"

LAS ÁNIMAS SUFRIENTES TAMBIÉN DEBEN SENTIR EL EFECTO DE GRACIAS DE LA LLAMA DE AMOR DE MI CORAZÓN MATERNAL

13 de octubre de 1962

Desde hace meses me habla el Señor Jesús. No lo escribí, no siempre tengo modo de hacerlo. Hoy también me encontraba en la soledad silenciosa del templo. Oraba por los sacerdotes moribundos. El Señor Jesús conmovido me susurró al oído:

JC.- "¡Qué nuestras manos recojan juntas!"

MES DE NOVIEMBRE, MES DE EFECTO DE GRACIA

Pedí también la efusión de gracias de la Llama de Amor de la Santísima Virgen para las almas en pena, cuando el Señor Jesús me permitió sentir que en ese momento un alma acababa de liberarse del purgatorio. Sentí en mi alma un alivio indescriptible. En ese momento, por pura gracia de Dios, mi alma se sumergió en la felicidad inconmensurable del alma que llega a la presencia de Dios. Luego recé, con todo el recogimiento de mi alma por los sacerdotes moribundos. Entre tanto un sentimiento muy angustioso inundaba todo mi interior. Son sufrimientos que da el Señor para que pueda recoger con Él. Durante mi profundo recogimiento un suspiro fino como un hálito de la Santísima Virgen, sorprendió mi alma:

> **S.V.- "Tu compasión por las pobres ánimas, hijita mía, ha conmovido tanto mi Corazón maternal, te concedo la gracia que pediste. Si en cualquier momento, haciendo referencia a mi Llama de Amor, rezaran ustedes en mi honor Tres Aves Marías, cada vez un alma se librará del purgatorio. En el mes de los difuntos** (en noviembre)**, al rezo de cada Ave María, 10 almas se librarán del purgatorio. Las ánimas sufrientes deben sentir ellas también el efecto de gracia de la Llama de Amor de mi Corazón maternal".**

NOTA DEL EDITOR: Que Dios tiene derecho a expresar también en números las condiciones en que quiere dar su gracia, nos lo prueba la sagrada escritura.

El caso de Naamán, el Sirio (2 Reyes 5, 1-14) donde, de forma inequívoca, la condición de su sanación está expresada en números, aunque su realización no dependió del número. ¿Por qué precisamente el sumergirse 7 veces en las aguas turbias del Jordán fue la condición dada por el profeta Eliseo para que el Naamán alcanzara la curación? ¿No hubiera sido suficiente 5 o acaso 3 veces? ¡O quizá hubiera sido suficiente una sola inmersión!

No fue el sumergirse 7 veces lo que le consiguió la curación sino la obediencia de su fe humilde con que, a pedido de sus siervos, venció su Resistencia y se sometió al deseo del profeta.

Es muy cierto que los números tienen frecuentemente otra significación en el plano sobrenatural que la que les atribuimos aquí en la tierra. La razón es que nosotros caemos frecuentemente en el error de trasladar nuestro modo de pensar tan mercantilista al orden de la vida sobrenatural, cuando el Cielo tiene otro propósito muy distinto con los números.

La esencia y el sentido más profundo de ésta "matemática celestial" no es el número ni el rendimiento, sino el Amor. Significa que debe arder en nosotros continuamente el deseo de salvar las ánimas que están penando. ¡Cuántos pensamientos inútiles, cuántas preocupaciones superfluas que giran alrededor de nuestro propio Yo, nos llenan durante un solo día! ¡Cuántas idas y venidas hacemos mecánicamente en un único día! ¡Qué medio tan eficiente podría ser para educarnos a nosotros mismos si con un pensamiento de amor acudiéramos en ayuda de un alma que está sufriendo! Ellas nos lo van a agradecer mucho y en su estado de bienaventurados nos ayudarán en nuestro trabajo para salvar las almas. De nuestra parte, ésta compasión nos sirve de mérito y la Santísima Virgen la vierte en bien de las ánimas.

Si la Santísima Virgen se expresa en número, lo hace únicamente para de éste modo acomodarse a nuestra débil manera de comprender las ideas, a fin de estimularnos, en fervorizarnos, como si dijeran: Miren, aunque la contribución de ustedes sea tan insignificante, alcanza que un alma en pena ¡pueda ver a Dios cara a cara!

(La anotación correspondiente al 17 de julio de 1964 de éste Diario, confirma esta interpretación. – EL EDITOR.)

Y EL VERBO SE HIZO CARNE...

15 de octubre de 1962

El Señor Jesús con tanta tristeza, con palabras casi suplicantes se dirigió a mí:

JC.- "Ven, hijita mía, inclina tu cabeza hacia Mí y hablemos acerca de lo que te es difícil. ¿Serán los muchos sacrificios que haces por Mí?"

Mencionó uno por uno todas las dificultades con que estoy luchando y me preguntó:

JC.- "¿Quieres renunciar a ellos? Las tentaciones por las cuales tanto sufres, no te alejen de Mí. Sufrimos juntos. A Mí también me tentó Satanás, tú tampoco puedes ser más que tu Maestro. En tu vida no hay todavía un trabajo acabado".

Sus palabras penetraron profundamente en mi alma y prometió darme fuerza especial para todo esto. Que yo siga esforzándome...

JC.- "Lo principal es luchar continuamente..."

Todavía me habló de muchas cosas más, pero no puedo escribirlas todas. Al oír tanta bondad, mi corazón se conmovió y le hablé al Señor Jesús: Tú sabes, mi adorado Jesús, que el alma está dispuesta pero la carne es débil. –Él entonces llenó mi alma con la fuerza de su gracia... como los humanos solemos hablar entre nosotros, así Él me habló:

JC.- "Ves, ¡así es mi Riqueza! Tengo necesidad de ti y ¡cómo enriquezco a ti! Ahora, pues, nuestras Manos recojan unidas ya que nuestros Pensamientos son idénticos y nuestro Interior siente lo mismo.

Ves, ¡Qué intima es ésta oración nuestra! Cuando sean muchos, hijita mía, aquellos con quienes pueda conversar así, mis palabras quejosas serán menos frecuentes. Te ruego, aprovecha toda oportunidad y pide a nuestro Padre Celestial, que sean los más numerosos los que Me comprendan. Yo sé que para muchos esto no es fácil, pero solamente sentirán la dificultad hasta que no lleguen enteramente a mi Cercanía. Una vez que estén ustedes junto a Mí, allí ya todo será fácil, porque el amor hará liviana la aceptación de sacrificios".

Una vez inundó mi alma con su divino esplendor. Dijo muchas cosas pero no soy capaz de escribir nada de ello. O tan sólo esto:

JC.- "Y el Verbo se hizo Carne. Penetra y vive este misterio sublime que significa la Redención del mundo".

Lo que he meditado sobre estas palabras, no soy capaz de expresarlo. Durante meses he meditado únicamente sobre esto, como de un milagro inagotable.

OH, LAS FAMILIAS DESTROZADAS...
REPARA Y SUFRE POR ELLAS

18 de octubre de 1962

JC.- "¿Verdad, hijita mía, que te mandé muchos sufrimientos en éstos días pasados? Te ruego, no te hartes de estos grandes dolores. Sobrellévalos no sólo por tu familia sino por las de todo el país. Sabes, Satanás con fuerza rabiosa quiere destrozar las familias. ¡Suframos juntos! Yo sufro unido a ti y tú, unida a Mí. Te amo mucho, no te dejaré sin sufrimientos. ¡Abrázate a ti también! Ámame a Mí sólo, sírveme con fidelidad y no te sorprendas que Yo hago valer mi amor siempre en los sufrimientos.

Es el excesivo amor de mi Corazón, hijita mía, que hace que te considere digna de sufrimiento. Sólo así puedes salvar muchas almas.

Tú también eres madre de familia, conoces muchas formas de la desintegración de las familias. Para esta intención, ¡lánzate en el horno de los sufrimientos! Oh, las familias destrozadas, cuantos pecados acarrean en contra de Mí. Repara y sufre por ellas. No desperdicies ni la más pequeña oportunidad. Que el pensamiento de nuestras mentes sea el mismo. Ve claro el valor de tus sufrimientos. Piensa que pequeño es el número de los que recogen conmigo. ¿Sabes por qué? Porque no hay almas que estén dispuestas a cargar los sufrimientos, especialmente las que lo hagan con perseverancia. Y sin esto, no pueden merecer que derrame sobre ellas ininterrumpidamente mis gracias".

Mientras Él me conversaba de ésta forma, he sacado mi modesto almuerzo. El día jueves y viernes, a petición del Señor, sólo tomo pan y agua y lo ofrezco por los doce sacerdotes y para reparar al Señor. Entre tanto el Señor se sentó –espiritualmente– junto a mí y conversaba.

JC.- "Oh, ¡cuánto me agrada esto a Mí! ¡Si tan pocas veces me toca participar en un banquete tan íntimo! ¡Son pocas las almas sacrificadas que fielmente secundan mis deseos!"

Mientras comíamos nuestro pan, llenó mi alma con el don de sentir íntimamente lo que sentía Él, e inhaló en mi alma sus palabras llenas de gracia:

JC.- "Que nuestro interior sienta lo mismo, porque entonces nuestras manos también recogerán unidas".

Mientras así seguíamos comiendo nuestro pan y estábamos sumidos en los pensamientos uno del otro, dijo Él:

JC.- "¿Qué no te daría Yo a ti? ¡Pide, sólo pide! Tu pobre almuerzo lo compensaré regiamente con mi gracia. Ofrezco la corriente de amor de mi Corazón a aquellos que descubren mi Mano que pide socorro. (Se explayaba tanto por lo que respecta a mí). **Ahora colmo tu corazón con el sentimiento de mi Divinidad. ¡Ojalá recojamos juntos lo más posible!"**

PROPAGUEN MI LLAMA DE AMOR PARA CEGAR A SATANÁS

19 de octubre de 1962

La Santísima Virgen proseguía ésta conversación en el templo:

S.V.- "Mi Llama de Amor, hijita mía, se hizo tan incandescente que no sólo su luz sino también su calor quiero derramar sobre ustedes con toda su fuerza. Mi Llama de Amor es tan grande que no puedo retenerla por más tiempo dentro de Mí, con fuerza explosiva salta hacia ustedes. Mi amor que se derrama, hará explotar el odio satánico que contamina el mundo, a fin que el mayor número de almas, se liberen de la condenación. Digo: algo parecido a esto no ha existido todavía. Éste es el mayor milagro mío que ahora hago con ustedes. (Y me rogó suplicando que ¡no le entendamos mal a ella!) **Mis palabras son cristalinas e inteligibles, sólo que ustedes no las trastornen, no las interpreten mal, porque sería grande su responsabilidad si lo hicieran. ¡Pónganse a trabajar, no sean ociosos! Yo les ayudaré de una manera casi milagrosa y mi ayuda va a ser continua. ¡Confíen en Mí! ¡Actúen urgentemente! ¡No posterguen mi Causa para otro día!**

Satanás tampoco mira con los brazos cruzados, hace esfuerzos ingentes. Siente ya que se enciende mi Llama de Amor. Esto provocó su terrible furia.

¡Entren en la batalla, los vencedores seremos nosotros! Mi Llama de Amor cegará a Satanás en la misma medida en que ustedes la propaguen en el mundo entero. Quiero que así como conocen mi Nombre en el mundo entero, conozcan también la Llama de Amor de mi Corazón que hace milagros en lo profundo de los corazones. En relación con éste milagro no necesitan comenzar a hacer investigaciones. Todo el mundo sentirá su autenticidad en su corazón. Y quien lo ha sentido una vez, lo comunicará a otros, porque mi gracia actuará en él. No necesita ser autentificado. Yo voy a autentificarlo en cada alma para que conozcan la efusión de gracia de mi Llama de Amor".

Mientras la Santísima Virgen me decía éstas cosas, mantenía mi alma sumergida en la densa oscuridad de la cueva de Belén, e iluminó el admirable y gran misterio de "...y el Verbo se hizo Carne" con la claridad de su maternidad divina: como el Hijo de Dios, desde el momento de su nacimiento, vino a estar en medio de nosotros con la más grande pobreza y humildad. La Santísima Virgen me confirmó nuevamente en la humildad y me dijo:

S.V.- "Sé tú el alma que busca siempre y únicamente la humildad. Aléjate de aquellos que te honran, que te quieren, y sólo busca ser despreciada. Ama a aquellos que hablan mal de ti y los que te comprenden torcidamente".

Luego, cuando acabó de decir esto, su voz se hizo una sola con las palabras del Señor Jesús. Él habló así:

JC.- "Ésta es mi enseñanza. ¡Haz esto! Te doy tiempo y oportunidad para que te ejercites en la lección que te doy. Con tu participación en mi trabajo salvador, tienes que traer a mi cercanía a éstas almas que Me desprecian y Me comprenden mal. No es cosa fácil, pero nuestras manos recogen unidas. Y el que recoge Conmigo, alcanzará resultado seguro. Aunque aparentemente no se vea el fruto, puedes estar segura de ello. Pidan a mi Padre en nombre mío, Él les concederá lo que por medio de Mí le pidan. Solamente tengan confianza y hagan referencias a la Llama de Amor de mi Madre Santa, porque a Ella le están obligadas las Tres Divinas Personas. Las gracias que pidan por medio de Ella, las recibirán. Ella es la esposa del Espíritu Santo y su amor recalienta tanto a los corazones y las almas enfriadas en el mundo que, despertándose, con nuevas energías podrán elevarse a Dios".

¿POR QUÉ NO TE CONTENTAS CON LOS PEQUEÑOS SACRIFICIOS?

25 de octubre de 1962

Mientras viajaba, estaba pensando –sumergida en El– qué debo hacer para acercarme cada vez más a su amor. El Señor Jesús me habló así:

JC.- "¿Sabes cuánto me agradas? ¡Sólo haz tuya mi enseñanza! Mi empeño no ha sido en vano. Me alegro verdaderamente de ello. Únicamente no comprendo porque eres tan ambiciosa. ¿Por qué no te contentas con los pequeños sacrificios, por qué no quieres quedarte enteramente pequeña? ¡No creas que a fuerzas de hacer grandes cosas, llegarás antes a ser santa! ¡Te equivocas! Las grandes cosas llevan en sí la gloria y logran su premio acá en la tierra. Que nuestras manos recojan unidas. Todo lo que recojamos juntos será de gran valor, aún las cosas más pequeñas.

Para Mí, nada es insignificante. Yo tengo en gran aprecio todo lo que haces por Mí".

JACULATORIA IMPORTANTE

Octubre de 1962 – Anotación posterior

Lo que voy a consignar a continuación, me lo dijo la Santísima Virgen, todavía en este año de 1962. Lo llevaba por mucho tiempo dentro de mí, sin atreverme a escribirlo. Es petición de la Santísima Virgen:

S.V.- "A la oración con que me honran, el 'Ave Maria', incluyan esta petición y de la manera siguiente:

Dios te salve, María, llena de gracia... Ruega por nosotros pecadores. 'Derrama el efecto de gracia de tu Llama de Amor sobre toda la humanidad', ahora y en la hora de nuestra muerte. Amén".

Nota: El obispo competente preguntó a Isabel: "¿Por qué deberíamos rezar la antiquísima 'Ave Maria' de un modo cambiado?" –El 2 de febrero de 1982 así contestó el Señor:

JC.- "Exclusivamente por las súplicas eficaces de la Santísima Virgen concedió la Santísima Trinidad la efusión de La Llama de Amor. Por ella piden ustedes en la oración con la que saludan a mi Madre Santísima:

DERRAMA EL EFECTO DE GRACIA DE TU LLAMA DE AMOR SOBRE TODA LA HUMANIDAD, ahora y en la hora de nuestra muerte. Amén.

Para que bajo su efecto se convierta la humanidad".

S.V.- "No quiero cambiar la oración con que me honran (el Ave Maria), **sino que quiero sacudir con ésta súplica a la humanidad. Esta no es una nueva fórmula de oración, debe ser una súplica constante".**

2 de noviembre de 1962

La Santísima Virgen me ha comunicado varias cosas sobre su Llama de Amor:

S.V.- "Verdad, hijita, que esto es nuestro común pensamiento, ¡nuestra Causa común! Es necesario que te alabe. ¡Me das una felicidad tan grande cuando veo que tu corazón está siempre ocupado con mi Llama de Amor! Sólo puedo decirte de nuevo: Me procuras por ello mucha felicidad".

No puedo describir lo que sentí después de estas palabras encomiadoras de la Santísima Virgen. Hubiera querido aniquilarme.

HISTORIA DE HUNGRÍA

4 de noviembre de 1962

La bienaventurada Virgen María, inclinándose hacia mí, comenzó su conversación:

S.V.- "Los santos húngaros me suplican con gozo inefable, mi hijita carmelita, que mi Llama de Amor se encienda cuanto antes sobre su país".

La Santísima Virgen me permitió que lo sintiera yo también. Me unía en espíritu a la pleitesía agradecida de los santos, mientras la Santísima Virgen verdaderamente me acariciaba el alma y seguía hablando:

S.V.- "Hijita mía, la oración más conmovedora de todos los santos húngaros es la intercesión de San Emerico* por la juventud".

Me permitió sentir en el alma la admirable unión de los santos. Me llené de una alegría indescriptible.

* Nota: San Emerico fue hijo de san Esteban, primer rey de Hungría. Educado con gran esmero en la fe cristiana; murió todavía joven en una cacería, en el año de 1031. Su fiesta se celebra el 5 de noviembre.

EL EFECTO DE LA ORACIÓN REPARADORA

6-7 de noviembre de 1962

Estaba arrodillada, en silencio, sin pronunciar palabra. Él no cesaba de encomiarme. Entre tanto, el demonio procuró torturarme, pero para mi gran asombro, su presencia suscitó en mí una sensación especial, pero no de temor. No pudo causarme daño, pero llamó sobre sí la atención. Me empeñaba en atender las palabras del Señor. El diablo mientras, se debatía impotente, dijo: "Ahora será fácil para ti, ¡te has escabullido de entre mis garras!" –Me quedé estupefacta y no entendí que sería esto. Nunca me ha pasado hasta ahora que estuviera arrodillada silenciosamente durante horas, cavilando dentro de mí, porque estaría tan exasperado el demonio...

Mientras estaba así arrodillada, percibí la voz de la Santísima Virgen en mi alma:

S.V.- "Tú eres la primera, hijita mía, a quien inundo con el efecto de mi Llama de Amor llena de gracias, y junto contigo a todas las almas. Cuando alguien hace adoración reparadora o hace visita al Santísimo, mientras eso dure, en su parroquia Satanás pierde su dominio sobre las almas. Como ciego, deja de reinar sobre las almas".

¿Como puedo describir la miseria que sentí en el alma, cuando la Santísima Virgen me comunicó estas cosas? Durante mi meditación escuché:

S.V.- "Tu aceptación de los sacrificios y tu fidelidad, hijita mía, me estimulan a que en mayor medida todavía derrame sobre ustedes el efecto de mi Llama de Amor y en primer lugar y en la mayor medida sobre ti, porque tú eres la primera quien la recibe".

Después de esto, la Santísima Virgen, me preparó para pasar mayores sufrimientos todavía, pero esto no causó en mí ahora ningún temor, porque poseer la Llama de Amor de la Santísima

Virgen y saber con qué grande fuerza me reviste, me dio fuerza y consolación casi sobrehumana.

YO ESTOY JUNTO A TI COMO EL MAESTRO.
SÉ TÚ MI PEQUEÑO GIRASOL

10 de noviembre de 1962

Hoy el amable Salvador me habló largamente. Me dijo lo muchísimo que le agrada el alma pequeñita que en su impotencia se abandona en Él.

JC.- "De nuevo voy a referirme a algo de tu vida pasada. Recuerda cuando todavía trabajabas en una fábrica y junto a tu trabajo, que hacías con gran fidelidad y responsabilidad, seguías un curso sobre control de calidad. Estudiabas muy cansada, y sabías y sentías que no ibas a aprobar el examen. Como madre de familia con seis hijos, cargada de miles de preocupaciones y cansancios, trabajabas y estudiabas haciendo esfuerzos enormes. ¡Verdad que te sorprendiste al resultar tú la mejor estudiante! Entonces no pensabas en Mí, pero ya mi Mano estaba allí.

Y cuando recibías el abundante material que te pasaban los trabajadores que accionaban las máquinas automáticas de cuatro carretes, material que la máquina producía en pocos minutos, cómo tenías que estar atenta para que no hubiera ningún desecho. El maestro de máquinas que súper vigilaba continuamente el buen funcionamiento de las mismas, estaba ahí dispuesto a pararlas enseguida, porque no consentía ni una centésima de milímetro de error.

Te recuerdo estas cosas para que veas que no con tu saber, sino con tu aplicación y con tu trabajo hecho a conciencia lograste tener éxito. Yo estoy junto a ti. Como el maestro de máquinas, allí me paseo, allí ando en tu cercanía para que no se produzca ningún desecho. Ni siquiera un error de una centésima de milímetro es admisible. Ya te dije, ni siquiera un pelo debe separarnos".

Luego enfocó mi pensamiento sobre otros lugares de trabajo:

JC.- "Cuando tenías que realizar las mediciones de endurecimiento, con qué circunspección debías hacer tu trabajo. Aquel material que resultó más duro de lo permitido, lo tenías que poner aparte. Lo regresaron al horno y la fundieron de nuevo. Yo también, hijita mía, cuantas veces debo refundir las almas duras en el horno de mi amor. No quiero que sean unos desechos. Soporta, hijita mía, que a ti también tantas veces te funda de nuevo con la llama de mi amor. Lo hago para que correspondes a las exigencias de mi Corazón, porque la elaboración posterior sólo así será posible".

En una ocasión el Señor Jesús me dijo:

JC.- "Mira en las tierras laborales el gran peral que extiende sus ramas y ofrece sombra y fruto exquisito a la pobre gente cansada. Tú ya no puedes convertirte en un árbol tan grande. ¿Sabes qué? Sé tú mi pequeño girasol y dirige hacia Mí tus semillas oleosas que maduran a los rayos del divino Sol. ¿Quieres que tus semillas oleosas estén cada vez más cargadas? Acepta todo sacrificio que te ofrezco, porque tus semillas oleosas sólo así podrán ser útiles. ¿Quieres que exprima tus semillas oleosas? Si lo quieres, esto también sólo por medio de sacrificios podremos conseguir. Esas gotas de aceite exprimidas por los sufrimientos, caerán en las lámparas vacías de las almas y el fuego prenderá en ellas por la Llama de Amor de mi Madre, y a su luz, encontrarán el camino que conduce hasta Mi. Esta gota de aceite que he exprimido por medio de tus sufrimientos, unida a mis méritos, va a caer también en aquellas almas que carecen todavía de lámpara. Ellas, maravilladas, buscarán la causa de ello y encontrarán el camino que conduce a la salvación".

Observación: Estos son los paganos que no poseen todavía la luminosa lámpara de la verdadera fe.

LA GRACIA GRANDE DE LA SANTA PUREZA

17 de noviembre de 1962

Esta madrugada me desperté al oír decir a mi ángel de la guarda. "Con gran admiración te miran los ángeles y los santos".

–Me pidió que aumentara en mí con todas mis fuerzas la profunda pleitesía y adoración hacia la Santa Majestad Divina porque: "Estas grandes gracias casi sin parangón, sólo a muy pocos le has tocado en suerte". –Al oír sus palabras que me amonestaban, la miseria de mis pecados pesaba sobre mí. Me sentí tan indigna de la abundancia de gracias, que el efecto de gracia de la Llama de Amor de la Santísima Virgen derrama sobre mí...

Este día, la Santísima Virgen, conversó largamente conmigo. No puedo describir todo, solamente aquello que ocurrió en las horas de la mañana. Mi miseria indeciblemente grande deprimía mi alma. Ahora, al oír las palabras de la Santísima Virgen, las atendía con mayor reverencia de cómo lo hacía hasta ahora. Sentí que ella también me iba a comunicar ahora cosas extraordinarias... Durante la santa misa, la Santísima Virgen infundió en la conciencia de mi alma qué es lo que ahora siento y que ha hecho que mi alma esté tan liviana y elevada a un estado tan sublime.

S.V.- "Esta gracia grande, hijita mía, es la santa pureza".

A sus palabras me estremecí profundamente. Después de breve y silenciosa espera, la Santísima Virgen así seguía:

S.V.- "Ahora has sido purificada de toda mancha que era huella del pecado contra la pureza. De hoy en adelante dondequiera que te presentes, se concederá a muchos que perciban la particular pureza de tu alma, que el efecto de gracia de mi Llama de Amor derramó sobre ti y derramará sobre todos los que van a creer y confiar en Mí".

TE VOY A CONTAR CONFIADAMENTE POR QUE TE ESCOGÍ PRECISAMENTE A TI...

19 de noviembre de 1962

La Santísima Virgen:

S.V.- "En tus largas luchas, he aquí que ahora te voy a contar confiadamente por qué te escogí precisamente a ti para entregarte como a la primera la Llama de Amor. Verdad que tú misma reconociste que no eres digna de ella. Es la pura verdad. Hay almas mucho más dignas que tú. Pero las gracias

recibidas con que te he colmado y los sufrimientos, que sobrellevas con tanta fidelidad, han hecho que fueras tú la escogida. Yo veo tu empeño de ser perseverante y con mucha anticipación te premio por ello. Y para que no te amargues, voy a mencionar un detalle pequeñito que te sirve de mérito y a Mí también me agrada mucho. Muchas personas te conocen desde hace años aquí donde tienes tu casa: tú has luchado tu gran batalla delante de los hombres. Hay muchos que te admiran y aún tus mismos enemigos hablan con respeto de ti.

A Mí también me gusta escuchar esto. A una madre le gusta que reconozcan que un hijo suyo es bueno. Y tú eres doblemente mi hija…

Yo sé, mi hijita carmelita, que estás protestando. Para hacerlo, tienes bastantes motivos. Me alegro también porque no eres presumida. Es por eso que me incliné a ti. Yo, la Madre de la Misericordia, la más excelente de mis gracias la confié a ti: entregar mi Llama de Amor a los demás. ¿Por qué precisamente a ti? Te lo digo. Mira, hija, tú también eres madre de una familia numerosa. Conoces todas las penas y problemas de una familia a través de tus hijos. Sé que muchas veces, poco te faltaba para que te cayeras bajo la cruz de duras pruebas. Has tenido y tienes muchos dolores a causa de tus hijos. Soportar todo esto es meritorio para ti y para cualquier madre de familia. Las experiencias, que por disposición divina te tocó vivir, no han pasado en vano. Las he tenido en cuenta yo también. Sé que tú me comprendes y por eso he compartido contigo lo que siente mi Corazón maternal. Como el tuyo, así es mi dolor también.

Hay muchas familias en mi país como la tuya: muy frías. A estas y a las demás quiero llenarlas de calor con la Llama de Amor de mi corazón. Veo que tú lo comprendes mucho porque vives tú también la misma realidad. Por eso sientes Conmigo, te angustias Conmigo. Ves, por esto te entregué a ti como a la primera la abundancia de mis gracias. Solamente una madre es capaz de compartir verdaderamente Conmigo mis dolores. Yo ciertamente soy Madre Dolorosa, ¡sufro tanto a causa de las almas que se pierden! Tengo dolores que me torturan, cuando miro el sufrimiento de mi Santo Hijo. No te

ahorres ninguna fatiga, sé tú mi eterna compañera para ayudarme a llevar mis sufrimientos. Esto es lo que te pido a ti".

VEJACIONES DEL MALIGNO POR ENTREGAR LA LLAMA DE AMOR

22 de noviembre de 1962

Entregué la Llama de Amor de la Santísima Virgen al Padre D. Pensaba que ahora por fin encontraría un poco de alivio en mi alma. Y ahora comenzó el espantoso dolor de mis sufrimientos. El maligno comenzó a vejarme horriblemente. Algo así no me había acontecido todavía...

Subí al santuario de Mariaremete... Aquí se me hacía fácil sumergirme en su Llama de Amor. Entre tanto la Santísima Virgen me dijo:

S.V.- "Tu anhelo es grande, pero recuerda lo que te dije: Tenemos que buscar hospedaje para mi Llama de Amor. ¡Pongámonos en marcha!"

Mi corazón se encogió. Los sufrimientos y humillaciones que tengo que pasar al entregar la Llama de Amor, significan cada vez una nueva, grande lucha para mí. Con la cabeza inclinada, atendí silenciosamente a la Santísima Virgen y Ella me dijo a quién tengo que ir:

S.V.- "¡Ahora aquí en el santuario vas a entregarla!"

Dirigida por la Santísima Virgen pasé al otro lado. Primero me confesé con el Padre que allí estaba confesando y sólo después le dije por qué había tenido que venir a donde él. El corazón me latía en la garganta. Este sacerdote era completamente desconocido para mí. Cuando apenas estaba a la mitad, me preguntó por qué tenía que contarle esto y por qué estaba yo tan inquieta. Me reprendió también porque hubiera podido contárselo esto en cinco minutos. Luego me apuraba continuamente. Lastimosamente me cuesta respirar y esto hacía que me demorara más todavía en el hablar... No quiero detallar más el tormento atroz, la humillación y la vergüenza que viví... Luego comenzó a hablar de las virtudes cardinales y destacó la prudencia como la más importante de ellas.

Citó las palabras de San Pablo: "Examinen a los espíritus..." Después de largo conversación por fin, quedamos en que el próximo domingo le llevaría las comunicaciones de la Santísima Virgen. Él, en tono indiferente, acotó: "Si usted lo quiere, tráigamelo. Lo leeré, pero esto todavía no significa nada". –Como último, me pidió que orara al Espíritu de Amor. Yo también le pedí que orara por mí y me bendijera de nuevo.

Cuando salí del confesionario pensé otra vez lo que oí y pedí a Dios Espíritu Santo que encendiera la luz en las almas de quienes ya saben algo de la Llama de Amor y que penetre a su interior la efusión de gracias de la Llama de Amor de la Santísima Virgen. Luego pensé en las virtudes cardinales. ¿Sería la prudencia una de las virtudes más importantes? Mi adorado Jesús, yo frecuento tu escuela y si algo no sé, es cosa tuya si debiera saberlo o no. Para entregar la Llama de Amor no se necesita las virtudes cardinales porque entonces Tú me hubieras instruida acerca de ellas. Y con esto me tranquilicé...

El maligno irrumpía en mí cada vez con mayor fuerza. Durante semanas me ha torturado el pensamiento de que todo procede de mí misma y que en vano estoy tratando de engañarme, es vanidad todo lo que hago, estoy llena de soberbia y de autosuficiencia. ¿Por mi soberbia será que me iré a condenar? –"¿La prudencia estará en renunciar a ocuparme de este asunto? Te fijas, aquel a quien te enviaron se contentó con decirte que ya lo leerá, pero que eso significará nada con respecto al asunto". –Este pensamiento me presiona a reconocer delante del Padre mi equivocación, a volver a donde él y donde la Hermana asignada para acompañarme, para confesar ante ellos humildemente que todo es mentira brotada de mi soberbia con que les quería engañar. Si hago esto, recobraría la paz mi alma y podré pararme pura y sincera delante de mí misma...

Había llegado el momento de ir a comulgar y yo todavía estaba luchando dentro de mí: si me atreviera a recibir al Señor... Mi pena era tan grande que temblando en el alma dije: Yo no quiero ofenderte, mi adorado Jesús. ¿Cómo entonces que he caído en este gran pecado? Y si no lo quiero, ¿cómo entonces es que haya podido cometer pecado? La respuesta del catecismo de mi infancia vino a mi memoria. Uno comete pecados si sabiendo y queriendo desobedece al mandamiento de Dios. En un instante me examiné la conciencia: yo no quiero el pecado, por tanto, no he pecado. Mi mente me lo dictaba así, pero algo me retenía para ponerme en marcha e ir al altar del Señor. Era desesperante esta lucha. Señor mío, sé misericordioso conmigo.

Me arrodillé entre los que iban a comulgar. Cuando me tocó el turno, el sacerdote se quedó parado delante de mí, y yo, con los labios abiertos, temblando esperaba al dulce Salvador. Pensaba que quizá me consideraba indigna de darme la comunión, cuando sólo trataba de separar las hostias pegadas. Cuando el Sacerdote puso la Sagrada Hostia en mis labios, recibí no una sino dos. Y al ponerlas sobre mi lengua, rozó mis dientes y al tocarlas se separaron y me parecían como dos alas y que el Señor vino como volando a mi alma. Esto trajo un alivio sin límites a mi alma. Rompí en llanto: ¡Qué bueno que hayas venido! Sus propias palabras le dirigí a Él. –¿Verdad que Tú no me desprecias? Precisamente porque soy pecadora, duplica en mí tu fuerza. ¡Qué bondad, qué compasión sin límites para el pecador que se arrepiente! Durante largo tiempo le daba las gracias por su infinita misericordia.

Después entré todavía en otra capilla donde se celebraba una misa tardía. Allí continué mi acción de gracias, reflexionando largamente sobre mi miseria y mi condición pecadora. La idea de que yo hubiera inventado la Llama de Amor de la Santísima Virgen, de ninguna manera me parecía clara.

He pensado: Yo me entregué enteramente a Ti, mí adorado Jesús, hace mucho que renuncié a mí misma, a mi voluntad... Luego no hay nada en mí que procede de mí. Una y otra vez me entrego a Ti. ¡Acéptame, te lo suplico!...

Ahora el Señor Jesús, no habló sino inundó mi alma con el sentimiento sublime de su presencia, e infundió sin palabras en la conciencia de mi mente la sensación de tranquilidad: hace mucho tiempo ya que me entregue a Él plenamente, debo tranquilizarme. Nada procede de mí misma. A través de la tranquila infusión de gracia me permitió sentir claramente por qué fueron las grandes perturbaciones y sufrimientos.

LA PARTICIPACIÓN EN LA SANTA MISA ES LO QUE MÁS AYUDA A CEGAR A SATANÁS

En una ocasión así habló la Santísima Virgen:

S.V.- "Si asisten a la santa misa cuando no hay obligaciones y están en gracia de Dios, derramaré la Llama de Amor de mi Corazón y cegaré a Satanás durante este tiempo. Mis gracias fluirán abundantemente a las almas por quienes la ofrecen. La razón de ello es que Satanás, hecho ciego y despojado de su poder, no podrá hacer nada. La participación en la santa misa es lo que más ayuda a cegar a Satanás. Jadeando de terrible venganza, atormentado, lleva una lucha más feroz todavía por las almas porque siente que su obcecación se aproxima".

RELIGIOSOS Y RELIGIOSAS DISPERSOS

23 de noviembre de 1962

JC.- "¡Ven, hijita mía, recojamos los granos de trigo desparramados!"

De pronto, no comprendí lo que deseaba de mí el amable Salvador. Esperaba en silencio a que me haga entender el sentido de sus palabras.

Él, con su voz suplicante dijo:

JC.- "Discúlpame si yo abro ahora ante ti la pena bien conocida de mi Corazón. Sabes, las almas a Mí consagradas que han caído en buena tierra produjeron fruto abundante y ahora están desperdigadas, no tienen mayor ilusión que convertirse en pasto para el ganado. No se dejan recoger, ni se dejan moler, pero, sin esto, nunca serán criaturas útiles. ¡Oh, cómo me duele el alma por estos granos de trigo desparramados! Siente, hijita mía, el dolor de donde brotan mis palabras quejosas. ¡Que nuestro interior sienta lo mismo!"

(Explicación: Por granos de trigo desparramados el Señor Jesús entendía a los religiosos y religiosas dispersos, quienes habiendo producido fruto bueno y abundante, ahora viven dispersos y muchos de ellos no se dejan guiar por la gracia divina para llevar una vida de víctima y de apóstol.)

PALABRAS ESCÉPTICAS DEL SACERDOTE

29 de noviembre de 1962

Hoy fui a confesarme con el Padre D, a quién entregué las comunicaciones de la Santísima Virgen. Me habló sobre diferentes tópicos antes de pasar a las comunicaciones de la Santísima Virgen, porque sólo leyó unas pocas líneas de ellas. Hace una semana que se las entregué. Yo escuchaba apenada. ¿Ves, mi buena Virgen Santísima, qué puedo hacer? ¡Nada! Tú estás actuando por medio mío. No depende de mí que hasta ahora nada haya pasado... El Padre D habló de todo, menos de la Llama de Amor de la Santísima Virgen. Él hablaba sobre cómo el alma tiene diversas explosiones que no vienen necesariamente de Dios. Me molestaba mucho oír estas cosas, hubiera preferido pedir la palabra... pero no lo hice.

Ejercitando la paciencia, la humildad y el dominio de la lengua, escuchaba sus posteriores disquisiciones: ponderaba la admirable Providencia con cuya ayuda educo sola a mis seis hijos. Añadió que lo que yo digo es la verdad. A sus palabras escépticas me contenté con decirle: ¡Dios ve mi alma! –Me dolió mucho su desconfianza hacia mí. Pensé: Dios es quien obró conmigo, yo nada soy. ¡A Él sea la gloria! Me sentí feliz de poder colocar a los Pies del Señor Jesús estas humillaciones. Me había asegurado la Santísima Virgen que sólo por medio de ellas sería apta para transmitir su Llama de Amor.

El Señor Jesús en cierta ocasión me pidió con palabras amables:

JC.- "¡No seas impaciente! Con otros, sabes ser indulgente y paciente, contigo eres impaciente. Tienes obligaciones para contigo también. ¡Vuélvete hacia Mí! Recibe mi claridad y

pásala a tus prójimos. ¡Vive una vida escondida! Mira la violeta de los bosques. ¿No es conmovedor? Apenas si asoma un poquito sobre la superficie de la tierra y ¡como la buscan por su perfume! La pequeña flor también recibió de Mí su perfume. Tu vida también sea oculta y expanda su buen olor. Que irradie su perfume y los malos irán detrás de ella. Tú, despréndete de buen grado de él y Yo compensaré con mis gracias para que sigas exhalando mi buen olor. Te ruego, ama a tus prójimos y cuando oigas que alguien pronuncia con anhelo mi Nombre, siga esto resonando en tus oídos y al alma que ha suspirado así, ¡ayúdala a acercarse a Mí!"

Viernes. Este día es siempre el día de los sufrimientos y de la aceptación más generosa de los sacrificios. Ahora también vine arrastrándome por la fatiga a los Pies del Señor.

Durante las tres horas santas que quería pasar sumergida en sus sufrimientos, recogiendo todas mis fuerzas, procuraba disponer mi alma para la oración. El dulce Salvador se compadeció de mi debilidad y en la soledad de su alma se dirigió a mí con amables palabras:

JC.- "¡Mira por dónde camino! Abandonado, en pueblos y en ciudades, a dondequiera que mires, me ves a Mí mal vestido, en mi Ser sublime se derrama mi tristeza, mi fracaso".

Sus palabras conmovían tanto mi alma que sollozaba abundantemente. Él continuó:

JC.- "Ves, ¡cuánto ando detrás de las almas! Y no quieren percibirme. Me miran un momento, luego, al ver mi triste mirada, rápidamente viran su cabeza. Hay quienes me dicen, nos compadecemos de Ti, pero será para otro día. La gran mayoría, ni siquiera se entera. Y exclamó dolorido en mi alma: **¡Oh, indiferencia sin límites! Mi Corazón, hijita mía, se queda aquí contigo. Descansa un poquito. Sé que tú me comprendes y tratas de agradarme con toda tu fuerza. Te ruego, quédate Conmigo. ¡Oh, este abandono, este estar despreciado! ¡Alivia mis sufrimientos con tu frecuente presencia!"**

Ves, mi adorado Jesús, que frágil soy. Mi alma te desea con ansia, pero el cansancio del cuerpo me obliga a que me despida de Ti. Miré mi reloj, se iban a cumplir las tres horas. El Señor Jesús me dijo:

JC.- "Me he asido a tus manos. Yo voy contigo. ¡Qué nuestros pies vayan juntos!"

Y no interrumpimos la conversación. Él seguía quejándose del abandono de su alma y de nuevo me pidió suplicante:

JC.- "¡No me dejes solo, hijita mía! Ahora te ato más, más estrechamente todavía a Mí por medio de mis sufrimientos".

OFREZCAN SUS TRABAJOS PARA GLORIA DE DIOS. ESO TAMBIÉN AYUDA A CEGAR A SATANÁS

30 de noviembre de 1962

Hoy, cuando comencé a tocar la campaña para las seis de la mañana, la Santísima Virgen me habló amablemente:

S.V.- "¡También a lo largo del día ofrezcan sus trabajos para gloria de Dios! Este ofrecimiento también, realizado en estado de gracia, ayuda a cegar a Satanás. Vivan conforme a mis gracias, para que cada vez más y un radio de acción cada vez mayor sea cegado Satanás. Las abundantes gracias que les ofrezco, si las utilizan bien, traerán consigo el mejoramiento de multitud de almas".

NUEVAS PRUEBAS PARA ENTREGAR LA LLAMA DE AMOR

1o. de diciembre de 1962

S.V.- "Veo, hijita mía, que tienes grandes temores. Temes del largo camino y qué nuevas pruebas te costará el entregar mi Llama de Amor. Que sea tu porte muy humilde, valiente y decidido. Yo voy contigo. Estás en posesión del Espíritu de Amor. Su fuerza te acompaña e ilumina las almas a quienes tienes que ir".

La Santísima Virgen me dijo también con qué disposición recibirán su Llama de Amor aquellos a quienes tengo que ir. Y continuó con sus palabras que me infundían valor:

S.V.- "Tienes que caminar, aceptando de la manera más generosa muchos y dolorosos malentendidos y humillaciones. A quien te dirijo, él mismo está sufriendo. Él también está atormentado por el dolor y la duda más que tú todavía. Ves, hijita mía, porque tienes que sufrir, orar y ayunar tanto y aquellos también a quienes te dirijo. Para que de alguna manera puedan ganar méritos para entregar mi Llama de Amor, que se pone en marcha con mucha dificultad. No sin intención la hago llegar precisamente a almas que estén debatiéndose en duda. Hago esto para que experimenten la efusión de los efectos de gracia de mi Llama de Amor y para que así crean y confíen en Mí".

Cuando escuché las palabras bondadosas de la Santísima Virgen, me quedé maravillada. Después de los sufrimientos y tentaciones del día anterior el Señor Jesús me dijo:

JC.- "¡Sufre conmigo! Aumentaré los sufrimientos de tu alma y te privaré de mi palabra".

Siempre cuando oigo esto, me estremezco de tristeza, pero el Salvador me consoló con palabras bondadosas.

JC.- "Te voy a dejar el sentimiento de mi Presencia. En los grandes sufrimientos que ahora voy a derramar sobre ti, te va a dar fuerzas sumamente grandes la Llama de Amor de nuestra Madre. Es Esta misma que me obliga a Mí también a que no te retire el sentimiento de mi presencia. ¡Agradécelo a Ella también!"

La Santísima Virgen platicó todavía muchas cosas. Me instruyó como se instruye a una niña pequeña:

S.V.- "Dime, ¿por qué temes?"

Yo estaba pensando en que tengo que ir donde el Señor Obispo. Al pensar en esto, cada vez, se me encogía el corazón.

S.V.- "No tienes por qué temer. Aunque hayamos preparado tu alma, tienes que sentir continuamente que eres un instrumento en nuestras Manos. ¡No te atribuyas nada a ti misma! Tener temor es una necesidad porque es todavía un reflejo de tu presunción. ¿Crees que tú serías capaz para algo? Entré-

gate ya, hijita mía, plenamente. ¡Reconoce tu nada! Nosotros te conduciremos".

LLEVÉ LAS COMUNICACIONES DE LA VIRGEN AL SEÑOR OBISPO

12 de diciembre de 1962

Entregué en el templo de Mariaremete las comunicaciones de la Santísima Virgen a aquel sacerdote a quien la Santísima Virgen me había guiado.

El mismo día viajamos a Székesfehérvár. Nuestro tren partió a las dos de la tarde. Llevé las comunicaciones de la Santísima Virgen al Señor Obispo. Cuando llegamos, la oscuridad de la noche envolvía ya la ciudad cubierta por la nieve. Meditaba sobre las palabras de la Santísima Virgen: "Tenemos que buscar hospedaje para mi Llama de Amor". –Mi alma se llenó de devoción. Entonces, ¿será éste el lugar donde la Llama de Amor de la Santísima Virgen recibirá hospedaje? Ahora la Santísima Virgen se contentó con decir sólo esto:

S.V.- "¡Partamos!"

Viajé con la Hermana que me había sido señalada por compañera. Al bajar del tren, nuestro primer camino nos llevó al sepulcro del joven jesuita, Esteban Kaszap. Después de haberme encomendado a su intercesión, ingresamos al templo para visitar también la tumba del santo Obispo Ottokar Prohászka. Allí oré largamente, meditando sus mismas palabras: "¿Qué deseas Tú, gran Señor, de mí, que dependo de Ti y vivo por Ti y en Ti?" –Al estar arrodillada junto a su tumba, me sentí muy conmovida. Con dificultad me separé de allí. Tenía mucho, mucho que decirle: las muchas peticiones que son la causa común de las almas. –¡Ayúdenme, santo Señor Obispo y bendíceme!

La Santísima Virgen dispuso las cosas de manera que todo sirva para bien de la causa. Esa misma noche pude asistir a la santa misa que celebró el Señor Obispo. Nuestro alojamiento para la noche fue mejor de lo esperado. Al día siguiente, en la misa de aurora, la Santísima Virgen me llamó la atención:

S.V.- "¡Mira los dos niñitos que están sentados delante de ti!"

Levanté la mirada y, efectivamente, dos niños flaquitos estaban sentados allí. Como era la Santísima Virgen quien me llamó la atención sobre ellos, los miré detenidamente. Eran sorprendentemente bien educados, sus vestidos eran pobres pero arreglados con cuidado. La Santísima Virgen seguía hablándome:

S.V.- "Sobre estos dos niños pequeños, hijita mía, exhalo la gracia de mi Llama de Amor. Es mi regalo para tus anhelos. Ten puesta tu mirada sobre esos dos pequeños, sobre todo, ora mucho por ellos. Son los favorecidos, de un modo especial, de mi Llama de Amor. ¡Ayúdales también económicamente!"

Al dejarme sentir la Santísima Virgen que Ella por intermedio mío exhalaba la Llama de Amor de su Corazón sobre estos niños pequeños, me puse a sollozar. ¡Madre mía, qué bondadosa eres! Durante toda la santa misa seguía sollozando. ¡Cuántas son las gracias que Ella irradia sobre nosotros! Terminada la santa misa seguía con mi mirada a los niños. Cuando salían del templo, les fui siguiendo para enterarme de sus nombres y dirección. Me enteré también que son niños de una familia numerosa.

Faltando diez minutos para la diez de la mañana, nos condujeron al palacio episcopal. No pasamos por la entrada ordinaria sino fuimos primero a la cocina. Ahí encontramos a una hermana atareada en amasar pasta. Interrumpiendo su trabajo nos hizo señas para que la sigamos. Nuestro camino nos llevó por un corredor oscuro que pasa por el subsuelo hasta que llegamos por fin arriba a la sala de espera episcopal. Después de breve espera nos condujeron a donde el secretario del Señor Obispo. Él nos llevó a la Capilla. Allí pronto me sumergí en fervorosa oración. ¡Aquí estamos, por fin, mi adorado Jesús!

Después de breves minutos, noté que alguien entró y comenzó a rezar en voz alta el Veni Creator Spiritus. No miré enseguida allá, pero como la oración se prolongaba, miré y vi que era el Señor Obispo. Me puse de pie mientras él colocó el reclinatorio. Me arrodillé delante de él para hacer mi anunciada confesión. Esta duró largo tiempo. Admiraba su santa tranquilidad y el dominio de sí que manifestó durante todo el tiempo. No me interrumpió ni una sola vez. Cuando terminé, esperó todavía unos momentos, luego me preguntó si quería añadir algo más. ¡No! –le dije. Él respondió a todo punto por punto. Admiré su extraordinaria agilidad mental con que respondía a mis preguntas. Después de darme la absolución, otra vez, largamente me bendijo. Sus palabras tranquilizaban mi alma, disipaban mis atroces crueles dudas. Allí mismo me postré para darle gracias al Señor. Entre tanto, el Señor Obispo también rezó unas breves jaculatorias. Cuando me paré, se acercó a mí y bondadosamente con mano paternal dibujó una cruz en mi frente. Esto, no lo esperaba. Con un movimiento brusco, besé la mano que me impartía su bendición. Esto me conmovió tanto. Una vez que salió, me quedé todavía allí y medité sobre cómo hacer la entrega de las comunicaciones de la Santísima Virgen. Ella, con bondad y dulzura, se dirigió a mí:

S.V.- "Este alivio extraordinario, que sientes ahora, es mi regalo. Ahora vamos a descansar un poco para que tenga fuerza para continuar la lucha que te espera".

Y al decir éstas palabras, con la bondad de su amor maternal me acariciaba el alma. Yo descansando espiritualmente, pensaba en la bendición especial del Señor Obispo, porque por medio de ella la paz del Señor inundaba mi alma tan maravillosamente como nunca la había sentido después de ninguna bendición. Al recordarla, aún después de varios días, una feliz tranquilidad inundaba mi corazón.

LA GRACIA DEL ABANDONO EN DIOS

15 de diciembre de 1962

Hoy me desperté con ésta bendición que tuvo el efecto admirable, tranquilizante sobre mí. Mi corazón temblaba en verdad de alegría. Estaba pensando en la Llama de Amor de la Santísima Virgen. Al ir a la santa misa, Ella me dijo:

S.V.- "Tranquilízate, hijita mía. Vamos juntas... Yo también me fatigaba contigo, pero ahora vamos a tomar un buen descanso".

Mientras estábamos así conversando, cumplí con tocar las campanas. Después me postré ante el Señor Jesús: "Mi adorado Jesús, ¡cuánto tengo que decirte!" –Luego volví a contarle aquello que me tranquilizó tanto. Le agradecí las abundantes gracias y después le adoré quedándome callada y en silencio... Él con palabras suaves me dijo:

JC.- "Tenemos que prepararnos para grandes sufrimientos, pero no te dejaré sola y, si fuera necesario, haré un milagro. Tus sufrimientos serán extremadamente grandes.

Ahora viene la persecución con que Herodes Me mandó matar siendo Yo todavía un Niño pequeño. Pero, así como Yo y mi Madre nos abandonamos en el Padre Celestial, tú también, de la misma manera, ¡abandónate en Nosotros!"

Entre tanto me inundó con nueva y admirable gracia suya. No puedo, en modo alguno, expresar con palabras la gracia que derramó sobre mí mientras me decía:

JC.- "Lo que te doy ahora, es la gracia grande del pleno abandono en Mí. Dominará plenamente tu ser durante toda tu vida y se irradiará sobre otros también partiendo de tu alma".

Es un sentimiento admirable, con nada comparable y sublime, el de la gracia del abandono en Dios. No hubiera podido soportarla si no me hubiera dado gracia especial para sobrellevarla. Y, entre tanto, el Señor Jesús, continuaba hablando:

JC.- "¿Verdad que te emocionaste al recibir la bendición del Señor Obispo? Yo estaba ahí cuando él trazó en tu frente la Cruz. Lo hice por dos motivos: para darte un premio por tus numerosos sufrimientos y para que el Señor Obispo sienta también con respecto a tu persona mi Voluntad divina".

EL SACERDOTE NO ENTENDIÓ LA LLAMA DE AMOR

16 de diciembre de 1962

Fui al Santuario de Mariaremete a donde el Padre a quien una semana antes le había entregado las comunicaciones de la Santísima Virgen. Apenas dije unas palabras, me reconoció. Me dirigió unas preguntas... Entre tanto le mencioné que estuve donde el Señor Obispo, que le entregué las comunicaciones de la Santísima Virgen y le referí también con pocas palabras lo que contestó el Señor Obispo.

–Yo también hubiera dicho lo mismo– me respondió. Después comenzó a hablar de las comunicaciones de la Santísima Virgen. Dijo que las leyó dos veces pero no les entiende. Yo me quedé bastante admirada y hubiera querido decir palabras elocuentes sobre la Llama de Amor de la Santísima Virgen, pero en vano me esforzaba. No llegó ningún pensamiento a mi mente, ni ninguna palabra a mis labios. Me quedé pensativa. ¿Cómo puede ser que no entienda esto? Entre otras cosas me dijo que los días de primer viernes y de los primeros sábados son también de reparación. Me parecía que él tenía por superfluos estos días intercalados de gracia. Cuando abandoné el local de las confesiones, el pensamiento de que él no le entendía, me dolía más todavía. Le supliqué a la Santísima Virgen: "A quién me enviaste, Madre mía, no entiende tu Llama de Amor". Le pedí al Espíritu Santo que le ilumine y que la Llama de Amor de la Santísima Virgen penetre en él también como penetró en mí. Durante mi meditación, tormentos espirituales terribles comenzaron a torturarme.

Cuando salí del templo y en el camino, iba en aumento mi dolor. El maligno suscitó de nuevo dudas en mi alma: "Ves, no me admira que no comprenda tus pensamientos confusos. Él es un sacerdote muy inteligente y, sin embargo, no logra orientarse en medio de tus cuentos embrollados. ¿Y tú todavía te engríes de tener que sufrir a causa de ellos? Sabes, esto solamente una persona trastornada puede creer. ¿Por qué sigues intentando esto?..."

Con todas mis fuerzas procuré ordenar mis pensamientos. Los sufrimientos me causaban unos tormentos tan terribles que en el camino hubiera querido hacer saber a los que venían hacia mí, de qué manera tan terrible sufría.

En eso, mis pensamientos también se oscurecían. Me acordé de nuevo, como no pude hablar sobre la Llama de Amor de la Santísima Virgen. Ahora, yo misma llegué a pensar que yo tampoco entendía todo. Al llegar a la casa, traté de ocultar el gran sufrimiento de mi alma, cantando canciones alegres para que mis hijos no se percaten de mi abatimiento provocado por mis sufrimientos.

¡Es una tortura espiritual terrible! ¿Quién podría librarme de ella? Sin embargo, no hay quien me comprenda, en vano lo contaría a alguien...

ERES INSTRUMENTO EN NUESTRAS MANOS

17 de diciembre de 1962

Las palabras de la Santísima Virgen penetraron en mi alma con bondad iluminadora.

S.V.- "¿Por qué te esforzaste, hijita mía? ¿Por qué quisiste hablar con palabras elocuentes a favor de mi Llama de Amor? Ten ante tus ojos para lo que estás destinada, que es el sufrimiento y recuerda las palabras de mi Santo Hijo quien te dijo: ¡Comprométete al sufrimiento y sacrifícate sin descanso! Tus sufrimientos no son vanos, pero no te toca a ti preocuparte quién comprenda mi Llama de Amor. Tú, pequeño instrumento, no te sorprendas de que no pudiste hablar con palabras elocuentes. Quien actúa, soy Yo. Soy Yo quien enciende la Llama de Amor en el fondo de los corazones. Fui Yo quien contuvo tus palabras y quien obscurecí tu mente. No quise que la presunción se anide en tu alma. Eso hubiera sido una grave falta. Tú, pequeño instrumento, entra ya en razón y sé enteramente humilde. Eres instrumento en nuestras manos. Te cuidamos y no permitimos que el pecado se acerque a ti. En las tentaciones ten cuidado, porque el maligno se aprovecha de cada ocasión a fin de hacer tambalear tu humildad".

EL DIABLO ME PEGÓ...

18 de diciembre de 1962

He pasado a mi nueva casa que, para hacer reparación (por los pecados), no consiste sino de un cuartito de 2 x 2 metros. Está construida en el fondo de la huerta. Hoy fue el primer día que dormí en ella. En vano estaba cansada, no vino sueño a mis ojos. Llegó la media noche y todavía no podía conciliar el sueño. Estaba pensando en que si ahora no logra dormirme, cuando llegue la hora de la vigilia, no podré despertarme. Estando así desvelada, pensaba en la Llama de Amor de la Santísima Virgen, porque una de las horas de mi velada nocturna la ofrezco para que se encienda la Llama de Amor de la Santísima Virgen, cuando de repente sentí un golpe en mi cuerpo. Al primero le siguió un segundo, luego un tercero. Después un golpe más pequeño. Tuve una noche terrible, miedo casi no había en mí. Después de los golpes, el cansancio y el dolor se apoderaron de mí y me quedé vencida por el sueño.

Después de las dos de la madrugada me desperté, pero no pude velar ni una hora. Me sentí como a quién le han apaleado mucho. Fue el diablo quien me pegó, lo sabía. Sentí su presencia. Sólo me llamó la atención que el cuarto golpe no me dolió tanto como los anteriores. He sentido como si dos manos lo hubieran impedido. Después de velar casi tres cuartos de hora, otra vez me acosté. Me quedé profundamente dormida, como no me solía pasar. Me desperté antes de las siete. Yo estaba encargada de tocar las campanas en nuestro templo porque la hermana sacristana se hallaba enferma. Se puede imaginar mi susto. Para cuando llegué al templo, la misa temprana de adviento ("Rorate") ya había terminado. Tristemente me quejé a la Santísima Virgen que el diablo me había pegado y no pude levantarme. Es admirable lo que ahora voy a escribir. La Santísima Virgen me dijo:

S.V.- "¡Nosotros también estábamos allí, mi Santo Hijo y Yo! Le permitimos que te golpeara, pero Yo pronto lo impedí. ¡Basta ya!"

La Santísima Virgen no me habló más sobre esto. Yo estaba muy avergonzada a causa de esto. Aun después de varios días el rubor cubría mi rostro. Durante el día el maligno se reía burlonamente: "Mira, mira, te quise abrir los ojos para hacerte salir de tus locuras. ¡Basta ya de tanto ayunar y de tanto velar! ¡Déjalo ya! ¡No tiene sentido tanta necedad!"

La Santísima Virgen lo interrumpió y me prometió no permitir más que el maligno me pegue, pero esta vez era necesario. La Santísima Virgen seguía hablándome:

S.V.- "Haz sacrificios, hijita mía, y sumérgete en el aniquilamiento profundo de la humildad. Tú eres mi pequeño y querido instrumento y tu empeño de alcanzar una gran humildad Me llena de contento. Es el efecto de gracia de la efusión de mi Llama de Amor que te da tanta constancia en tu empeño".

Las palabras de la Santísima Virgen me daban fuerza muy grande para mucho tiempo.

NUEVAMENTE EL SACERDOTE NO ENTIENDE

Como el Padre X estaba enfermo durante largo tiempo, volví a confesarme con el padre D. Se sorprendió mucho y se alegró también: "¿Por qué no vino?" –preguntó. Me esperaba ya. Le conté que en el tiempo intermedio estaba donde el Padre X, pero éste Padre me rechazó... A causa del estado espiritual extraordinario en que vivo, no puedo confesarme de ninguna manera sin referirme a estas cosas, por eso le dije que siguiendo el consejo de la hermana bajo cuyo cuidado me habían puesto y no por mi propia voluntad he regresado donde él.

Cuando comencé a hablar sobre la Causa santa, el Padre ya se había olvidado de muchas cosas... Después me amonestó a que tuviera paciencia: "La Causa de Dios necesita tiempo para hacerse valer". De los escritos que previamente recibió de mí pudo constatar que el Señor me tiene gran predilección. Por este amor superior a lo ordinario con que me está colmando le debo ser muy agradecida... Luego afirmó que no entiende estas cosas. –No me sorprende– le contesté. Le conté cómo fue cuando en el santuario de la Santísima Virgen me confesé con un padre enteramente desconocido para mí y siguiendo sus instrucciones tuve que entregarle sus mensajes. Ese sacerdote también tuvo que leerlos dos veces y él también reconocía que no entendía estas cosas. Yo, sin embargo, las comprendo. Por cierto, yo frecuentemente oro con las mismas palabras de la Santísima Virgen y pido al Espíritu

Santo que encienda su luz en aquellos a quienes ya ha llegado la noticia.

El Padre me contestó que a su parecer yo estoy forzando mucho las cosas. Que no lo hiciera, porque es cosa de Dios el que esto se realice. Le dije que lo veo muy bien pero eso no depende de mí. Yo tengo una moción interna muy fuerte para urgir la Causa. Que yo esté urgiendo y presionando, lo notó el Padre X, también y dijo que tuviera paciencia porque la voluntad de Dios de todos modos se clarificará. Esta violencia agota terriblemente mi cuerpo y mi alma. Yo no sería capaz de hacerlo por mi propia fuerza porque esto significa para mí una humillación tan grande que, si dependiera de mí, ni abriría la boca para decir palabra. La voz que me mueve a hablar es el urgir de la Santísima Virgen, voz que se ha hecho casí ininterrumpida en mi alma. No puedo resistir al premio de la Santísima Virgen.

El Padre me dijo entonces que me quedara tranquila y que guardara mi corazón en la paz del Señor. Luego se levantó una mayor discusión, pero yo no pude callarme. Sentí que ésta locución no ha brotado de mis fuerzas naturales. Al fin me dijo que entregaría éste asunto a otro reverendo Padre para que lo lea. Que le tuviera confianza porque él es de una vida espiritual muy profunda.

TENTACIONES DEL MALIGNO. GRANDES GRACIAS PREPARAN PARA GRANDES SUFRIMIENTOS

27 de diciembre de 1962

De mañana, estando arrodillada delante del sagrario y en los tormentos que afligían mi alma, llorando, sollozando, clamaba al Señor: ¿Dónde estás, mi adorado Jesús? ¿Por qué tengo que vivir sin Ti?... ¡Dame la gracia de convertirme!... En toda mi vida no he llorado tanto como en estas últimos tiempos. Tú, Madre mía del Cielo, ¿dónde estás? Cuando pienso en tu Llama de Amor, casi me quema el rostro la vergüenza. ¿Por qué es así?... "Habría sido mejor si no hubiera nacido, como se dijo de Judas... ¡Vuelve, por fin, a tus sentidos!" –Ahora la voz comenzó a dar alaridos, excitada por un tremendo furor. Entonces conocí por un momento que el maligno se ha arrebatado a fin de forzarme a reconocer que es él quien tiene la razón. Luego, por un momento, me sobrevino un sentimiento manso: ¿Será ésta la voluntad de Dios? Pero al momento siguiente, pesó con mayor fuerza todavía sobre mí el tormento deprimente de que haya mentido: ¡No hay salida de la condenación! Me da vértigo el pensar que prefiero condenarme antes de reconocer y retractar mis embustes, de los cuales había creído antes que eran voces celestiales que me hablan. Y a causa de ellas voy a condenarme...

Oh, pequeñito Jesús de Navidad, yo no soy de las almas que Tú redimiste. Quién miente a nombre de mi Madre, será condenado. Ahora, en ésta cumbre de tormentos espirituales, ya no encuentro palabras...

Después de esto, mi querida y buena hermanita, no sé cómo va a dirigirme usted todavía la palabra. Lo que usted piensa de mí, me lo imagino. Quizá, por delicadeza, no me va a despreciar como lo hizo el Padre X. Que sea dicho en mi defensa que reconozco mis mentiras equivocadas. Pero, lastimosamente, esto no trae alivio a mi alma... Le ruego repetidamente, ayúdeme, ruegue por mí y, si le es posible, visíteme.

30 de diciembre de 1962

Los tormentos de las tentaciones lentamente se disipaban en mi alma. Un día estaba reparando la alfombra en nuestro templo parroquial que estaba frío, sin calefacción. Mis manos se entumecieron del frío y apenas pude tener la aguja. Pensaba: apenas terminé, me iré a casa para volver entrar en calor. Este trabajo de reparar la alfombra, lo hice delante del altar, en presencia de Jesús Sacramentado. Entonces, inesperadamente, inundó mi alma la presencia del Señor y comenzó a hablar en mi alma:

> **JC.- "¿Por qué te apresuras tanto a irte de Mí? ¿No es bueno estar aquí junto a Mí? ¡Quédate todavía Conmigo! ¡Nadie viene a Mí para conversar!"**

Cuando acabé mi trabajo, me postré delante de Él Silenciosamente le atendía.

JC.- "¿Verdad que te agotaron los grandes y violentes sufrimientos? ¿Por qué te sorprendiste? ¿No te preparé para ello? Las gracias que te había dado antes, te dieron fuerza para los grandes sufrimientos y ahora, por los grandes sufrimientos soportados, te inundo con mayor abundancia de gracias todavía. Estos grandes sufrimientos tengo que multiplicar e intensificar cada vez más en tu alma. Pero, te fortalezco con la gracia del perfecto abandono en Mí, para que ambos tengamos éxito.

El furor de Satanás es salvaje y Yo permito que se desencadene sobre ti para que vea qué grande es el poder de mi Gracia en el alma que se abandona en Mí".

Después de esto me quedé todavía largo rato donde Él. Señor, ¡es bueno para mí estar aquí! Mi alma se ha liberado enteramente de la terrible y perturbadora influencia del maligno espíritu. Los nuevos sufrimientos no me han asaltado todavía, no sé en que forma me van a sorprender. El dulce Salvador ya con anterioridad me había dicho que mi mérito va ser el sufrir... En ése entonces todavía ignoraba con que crueldad puede Satanás atormentar. Ahora, al estar mi alma reposando en la paz del Señor, me han venido a la memoria las palabras que dijo la hermanita cuando regresamos de donde el Padre X: "Por éste rechazo debe cantar un Te Deum, como lo hizo su santa patrona, santa Isabel..."

El Señor Jesús, me pidió que tuviera en gran estima la gracia del abandono en Él... Él me la concedió a los ruegos de la Santísima Virgen, quien hizo referencia de nuevo a su Llama de Amor y ésta le obliga...

~ 2 ~

1963

MI ADORADO JESÚS

2 de enero de 1963

Estaba en el santuario de Mariaremete (Ermita de María) haciendo la hora de la adoración del Santísimo. Me hallaba sumergida en silenciosa oración cuando el Señor Jesús habló con palabras agradecidas:

JC.- "Di y no dejes repetirlo. '¡Mi adorado Jesús!' Ya te dije otras veces cuanto me agrada esto a Mí, y aunque no pronunciaras ninguna otra palabra durante una hora sino sólo ésta, repítela con el arrepentimiento de tus pecados. Esto alcanza perdón lleno de gracias por los pecados y da tranquilidad a las almas".

Sus últimas palabras las pronunció en plural y pidió que, cuando tuviera oportunidad de hacerlo, pasara su petición a otros.

VIVO DE LA GRACIA DEL ABANDONO EN TI

4 de enero de 1963

De noche durante la comida me sobrevino una gran inquietud espiritual. Mis pensamientos estaban cargados de reproches hacia mí misma: que permito demasiada comodidad a mi persona. Quien recibe tan grandes gracias debe buscar mejor las ocasiones de adquirir méritos. Y yo, frecuentemente, aligero las vigilias que el Señor me había pedido y temía que esto me puede alejar más y más de la cercanía de Dios.

Y que perdería por completo mi vida de gracia. A causa de esto sentía gran inquietud. No soy capaz para más, ya no puedo hacer más sacrificios. Lo que hago, lo hago también por una gracia especial de Dios; con mis propias fuerzas no sería capaz ni para esto. Mi adorado Jesús, como Tú ahora estás callado en mi alma, yo sólo puedo tener conversación unilateral Contigo. Sabes qué débil y pecadora soy. Sin Ti: ¡miserable, nada! Yo vivo de la gracia del abandono en Ti.

SOY EL MENDIGO DEL AMOR DE USTEDES

6 de enero de 1963

Estábamos esperando una visita. Mi nuera que hace poco había tenido un niño, se encontraba todavía muy delicada. Me encargué de administrar su casa. Este aumento de trabajo me distrajo mucho. Después de almorzar, quise retirarme a mi pequeña habitación cuándo el Señor Jesús me habló:

JC.- "Hoy toda la mañana no tuviste una sola palabra para Mi. Dime, ¿no sientes la necesidad de conversar Conmigo? ¡Yo, sí!"

Oh, ¡Qué gran tristeza se apoderó de mí!: ¡Mi adorado Jesús, Tú, bondad infinita! Y me postré para pedirle perdón por haber estado tan desatenta para con Él y en el silencio de la pequeña alcoba me sumergí en su adoración. Él mientras tanto inundó mi alma con la gracia admirable de su presencia y comenzó a quejarse amargamente:

JC.- "¿Sabes que en toda la Parroquia no hay una sola alma que ahora me esté adorando o me dirija una palabra? ¡Sus almas están tan lejos de Mí! Soy rico, sin embargo, estoy mendigando el amor de ustedes. Y por haber mendigado en vano, ahora me he dirigido a ti. ¿Verdad que tú ya me conoces bien?

¡Y que no me rechazas! Porque a quienes ofrecí mis gracias tienen tanto temor como si Yo les acarreara algún mal, al-

guna desgracia. ¡Hijita mía! (y su voz resonaba triste) **¡Acepta la abundancia de mis gracias! ¡Adórame y repárame en lugar de otros también! ¡Pide para ellos muchas gracias!"**

Sus palabras quejosas movieron mi corazón a un arrepentimiento muy grande. El Señor Jesús me pidió:

JC.- "¡Arrepiéntete en lugar de otros también!"

¡CUANTAS ALMAS SE CONDENAN! TÚ TAMBIÉN ERES MADRE

8 de enero de 1963

Justamente estaba pintando almohadas de adorno cuando la Santísima Virgen comenzó a hablar con palabras suplicantes:

S.V.- "Tú también eres madre. Yo comparto contigo la inmensidad de penas y sufrimientos de mi Corazón maternal. Sé bien que tú te condueles de mi dolor de madre. Piensa, si tus seis hijos se condenaran, ¡Qué dolor tendrías a causa de ellos! ¿Y Yo? ¡Oh, mis tormentos, al tener que ver cuántas almas se condenan y caen al infierno! ¡¡¡Ayuda, hijita mía, mi pequeña!!!"

Al decir Ella estas cosas, yo también sufrí en el alma junto con Ella. Mi corazón se encogía de dolor. La Santísima Virgen me permitió sentir los tormentos que laceran su alma.

SATANÁS ATACA OTRA VEZ

JC.- "¡No hagas caso a sus adulaciones!"

9 de enero de 1963

De nuevo Satanás molestaba sobremanera mi alma. Y quería de muchas maneras conseguir que yo abandonara este modo de vida que llevo desde que la Llama de Amor de la Santísima Virgen derramara sobre mí el efecto de su gracia. Su efusión da tanta fuerza que, a pesar de mis luchas sobrehumanas, puedo conservar constantemente mi equilibrio espiritual. Ahora Satanás emplea otra estrategia contra mí. Me presenta mis debilidades y con sus zalamerías también me quiere confundir: "Quien ha recibido una misión tan grande no puede ser tan dejada. Anda, entrega ese mensaje en todas partes, porque así ¡nunca se va a difundir! No lo retengas para ti. ¿Sabes, verdad, cuánto estás pecando así? ¡Por qué eres incrédula y desconfiada y te retraes cobardemente! ¡Propágalo y anúncialo en todas partes para que se enteren de él y crean en él!" Esto agotaba excesivamente mi mente y en larga lucha me acordé de las palabras del Señor Jesús:

JC.- "No hagas caso a sus adulaciones..."

Con todas las fuerzas quise guardar el dominio de mí misma y con la ayuda del Señor rechazar las tentaciones aduladoras del maligno. Después Satanás de nuevo desplegó ante mí la conciencia de mi culpabilidad: "Tú, incrédula y desconfiada, ¿por qué te echas atrás? ¿Por qué no te empeñas en entregar la petición? Tú, cobarde, ¡no eres digna de nada!" Para rechazar sus impertinencias, repetí la oración con la que alabamos a la Virgen Santísima, el Ave María, y esto reprimió sus ataques.

TERRIBLES TORMENTOS. ¡SUFRAMOS UNIDOS!

Estos terribles tormentos que ahora describo los comencé a sentir a partir de la noche de Navidad. En mis esfuerzos impotentes de desembarazarme de ellos me dirigí por carta a la hermana a quien me habían asignado como acompañante.

Mi querida y buena hermanita:

En la Noche Santa o mejor aún, después de la velada de la madruga, al regresar de la capilla, le pregunté a usted si es pecado creer en aquello que se realiza en mí. Usted, aunque dudando un poco, contestó: "¡No!" –Yo entonces, momentáneamente, me quedé tranquila. Porque durante la velada, después de la misa de media noche, he sufrido espantosamente. He tenido tormentos atroces porque nadie me cree y que yo estoy creyendo en vano. Sufro a causa de esto aun cuando trato de rechazar la inseguridad y de no preocuparme más del asunto. En plena noche santa de Navidad suspiré dentro de mí: Jesús mío, ¡sufro tanto!

JC.- "Yo también sufro abandonado – se quejó Él también. **¿Sabes qué? ¡Suframos unidos! ¡Entonces será más fácil para ti y para Mí también!"**

Después de estas palabras, profundo silencio y oscuridad cubrió mi alma. Los sufrimientos asaltaron tanto mi alma que comencé a sollozar. En el silencio de la noche santa, la gente de casa se retiró a dormir plácidamente y yo sufría con Jesús. Se asentó sobre mis pensamientos una gran inseguridad, oprimiendo mi alma; esto, al día siguiente, iba en aumento y no cesó desde entonces, me torturaba noche y día.

¡Mi querida y buena hermanita! Siento molestarla con estas líneas, pero le ruego, en el Santo Nombre de Dios, ore por mí. Sufro tormentos infernales y no puedo liberarme de la miseria de mi culpabilidad.

Durante horas no hago más que sollozar. Un poder que desconozco me está queriendo forzar a que abandone mis continuas mentiras y no engañar a otros también, pues puedo ver cómo no creen ni una palabra mía. Me tienen miedo, me aborrecen porque ven mi perversidad y me abandonan... La absolución que recibí del Padre X., tampoco es válida, porque no hay en mí la voluntad de corregirme. Y sin esto la absolución no vale nada... Le suplico, perdóneme que haya explotado hasta ahora su buena fe y abusando de su bondad. No crea en mis palabras de hasta ahora, todo es mentira, la engañé a usted y a mí misma. Pero esta oscuridad me tiene todavía cautiva; mi testarudez no me permite ni ahora que me humille delante de los demás. No podré reconquistar la paz de mi alma mientras no me retracte de mis terribles mentiras, pero soy incapaz de hacerlo. Estoy andando por el camino de la soberbia.

Cada palabra que hasta ahora pronuncié o escribí me acusa. No puedo retractarlas, estoy privada de mi voluntad. Me voy a condenar, no hay misericordia para mí. Por eso me tienen miedo. El Padre X, también se arrepintió de haberse detenido a hablar conmigo. ¡Usted tampoco pierda su tiempo conmigo! Siento que voy a perder su aprecio pero tendré que continuar con la retractación del asunto. Le ruego, ayúdeme a que me libre de mis tormentos infernales porque siento que hago continuamente comuniones sacrílegas. Desde hace días no llega a mis labios una sola oración. Mi soberbia no me permite hacer lo bueno y aliviarme... Destrozada, desplomada en mí misma estoy debatiéndome en la duda, toda me acusa...

No puedo elevar mi mirada al Rostro de Cristo sufriente. La voz interior es tan fuerte: "¡No me mires hasta que te hayas despojado de tus pecados! Por la soberbia a la que no quieres renunciar, yo también te abandono. ¡No te necesito! ¡Aléjate de mí!

Sólo para el pecador arrepentido hay misericordia. En vano te arrepientes de tus antiguos pecados si no quieres retractarte de tus mentiras presentes. ¡Esto tienes que hacer primero! Mientras no lo hagas, eres una mentirosa... Sólo al pecador arrepentido lo levanto a mí. ¡Hay que ver lo obstinada que eres, no hay en ti humildad, no quieres reparar tu pecado que clama al Cielo!"

En vano me esfuerzo, no puedo doblegarme. No puedo forzarme a un humilde arrepentimiento... En mi alrededor, multitud de almas condenadas claman suplicando con voz llorosa, que ellas también se condenaron porque no pudieron librarse de su obstinada soberbia. Que yo también me hallo al borde de la condenación, que me salve.

Como si hubieran borrado la oración de mi mente. Durante horas no pude pronunciar el Santo Nombre de Jesús... Intentaba pronunciarlo en silencio, incluso diciendo letra por letra intenté, pero hasta el pronunciar las letras me acusó: "¡No te atrevas a tomar en tus labios este nombre! ¡Esto sólo un alma penitente puede hacer!..."

Cuando pensé en que debería llevar los mensajes al principal obispo del país, sentí un dolor en el alma que me quemaba: "En vano vas allá, ¡allá tampoco puedes recibir la absolución!" –No puedo decidirme a retractar ahora lo que entregué al Señor Obispo... También el Padre D, me dijo que mi soberbia está envuelta en humildad, así quiero hacerle creer mi mentira. Tengo que ir a donde él para decirle: ¡tiene razón! Él descubrió en mí la embaucadora mentirosa...

Siento, hermana mía, que usted se confió en mí... ¿A fuerza de mentira metí en mi alma las gracias? No sé como es posible hacer tal cosa. ¿Cómo pude hundirme tan profundamente en el pecado?... Tengo temor cuando me acerco a comulgar, es entonces cuando me sorprenden los sufrimientos más terribles: soy una sacrílega, para mí, ya ¡todo da lo mismo!...

Me viene a la mente lo que dijo el Padre X: "¡Sufra mansamente!" –¡Pero mis pecados me desesperan!... Cuando pienso en la Llama de Amor de la Santísima Virgen, me inundan los tormentos del infierno. Es precisamente a causa de eso que estoy sufriendo porque mi mentira no se quiebra. La madre de la Misericordia no está junto a mí porque yo ahora no puedo ser sincera para con Ella. Le suplico que sólo por esta vez todavía me acoja... Madre mía del Cielo, ¡permíteme que me convierta!... Estoy poseída por el diablo, por eso no puedo renunciar a la mentira...

Ayúdeme, mi querida y buena hermanita, a que me liberen de esto. Dígame, ¿a dónde, a quién debo dirigirme?... Le ruego encarecidamente, ¡ayúdeme!... La voz sigue acusándome en mi alma: "...Hubieras tenido que preocuparte primero de tu alma. Tú quieres salvar a otros cuando ¡no puedes librarte a ti misma del pecado!" –Así grita hacia mí la voz que me amonesta. Esto es un tormento infernal. Le suplico, hermanita mía, ¡ayúdeme!"

LA GRACIA ADMIRABLE DEL ABANDONO EN ÉL ¡SÉ MUY HUMILDE!

14 de enero de 1963

El Señor Jesús me habló:

JC.- "Voy a intensificar y acrecentar tus sufrimientos, pero añadiré la gracia que te fortifique y que te dé valor. Veo que haces buen uso de la gracia del abandono en Mí. ¡Empéñate en no perder nunca esta gracia admirable que domina perfectamente tu alma! ¡Esfuérzate en aprovecharla bien también en lo sucesivo! Satanás lo sabe muy bien y con todas sus fuerzas quiere despojarte de esta gracia. Soy Yo quien se lo

permito para que vea lo que es capaz de producir en el alma el abandono en Mí".

En estos días la Santísima Virgen me rogó con sus palabras bondadosas:

S.V.- "¡Sé muy humilde, hijita mía!"

Sus palabras con la suavidad de una caricia, hacían penetrar en mi alma la gracia, que fortalecía en mí la humildad.

En estos días Satanás trataba con toda su fuerza de inculcar en mi alma pensamientos de soberbia. ¡Era esta una lucha terrible! Ni de noche ni de día hallé tranquilidad a causa de ella.

QUE NUESTRAS MIRADAS SE FUNDAN LA UNA EN LA OTRA

Ahora el Señor Jesús me fortificó de nuevo con una gracia admirable. No difunde en mí la sensación de su presencia, sino que, con la mirada penetrante de sus ojos, me mira y me acompaña. Me dijo:

JC.- "¡Ánimo, mírame, hijita mía! ¡Que nuestros ojos se miren y que nuestras miradas se fundan la una en la otra!"

Esta mirada admirable, nunca vista hasta ahora, que acompaña mi alma, me ayudó a lograr una gran victoria frente a las tentaciones espantosas del maligno. El Señor Jesús me dijo:

JC.- "¡Ánimo, mírame! No dejes de mirar a mis ojos porque en esta nueva lucha en que Satanás quiere llegar hasta ti, la mirada de mis Ojos será la que cegará a Satanás. Esto no se va a cumplir muy pronto porque Yo le permito que te tiente. ¡Que nuestras miradas se fundan la una en la otra!"

Cuando pasaban estas cosas y lloraba y sollozaba por el dolor de mis pecados, mi alma entre tanto se hizo liviana y pura. Luego pregunté al Señor: Mi adorado Jesús, ¿qué puedes sentir ahora? Como respuesta a mi pregunta, me permitió sentir que Él acoge a todos de esta manera, con tal que se arrepientan de sus pecados.

JC.- "Empéñate hijita mía, que muchos pecadores vengan a Mí. Llora y arrepiéntete de sus pecados también".

SUFRE MANSAMENTE AUMENTARÉ TUS SUFRIMIENTOS

Las palabras del Padre X, vienen frecuentemente a mi mente: "¡Sufre mansamente!" –Y en cualquier momento que pienso en ello, siempre cobro nuevas fuerzas. Oh, ¡qué admirable es una sola palabra suya que me dijo! Está empapada de fuerza divina. Y con manso sufrimiento, con renovada fuerza sigo sufriendo. Muchas veces pienso en aquello que dijo el Señor Jesús:

JC.- "Las palabras de tu Padre espiritual son mías. Recíbelas con la mayor veneración y ¡síguelas con santa obediencia!"

Cuando oro al Señor, devolviéndole sus propias palabras, me alivio un poco, pero no por eso se disipa la ceguera de mi alma...

¡Los tormentos son tan penosos! Apenas puedo pensar en la Llama de Amor de la Santísima Virgen; me da miedo y siento como que esa causa ni siquiera está confiada a mí. Como si la Santísima Virgen hubiera confiado su entrega a otra persona. ¿Acaso la ofendí en mi alma con mi soberbia? ¿O estoy morosa en cumplir su petición?... ¿Qué me está pasando? me pregunto muchas veces a mí misma. ¿Tomó posesión de mí el maligno? ¿O estoy rodeada de malos espíritus? La ceguera espiritual me mantiene en completa oscuridad.

El Señor Jesús repitió:

JC.- "Voy a multiplicar e intensificar tus sufrimientos".

Después de esto, seguían horas difíciles... La lucha que tengo que sostener afecta mucho mis fuerzas corporales también, y alguna vez me desplomo de cansancio.

A TRAVÉS DE TU PEQUEÑEZ Y TU HUMILDAD

Aquí no escribo fechas, me encuentro tan confundida que no sé ni siquiera en qué día o en qué fecha estamos. Ahora precisamente Satanás me molesta por mi soberbia y no sé qué tengo que hacer. Al estar cavilando en esto, la Santísima Virgen, me ha hablado así:

S.V.- "Tú eres la más pequeña, la más ignorante y el alma que menos méritos tiene que jamás haya escogido Yo para

transmitir gracias; a pesar de ello, a través de tu pequeñez y tu humildad, quiero efectuar mis comunicaciones".

Medité profundamente las palabras de la Santísima Virgen. Ella sabe quién y qué soy. Esto me tranquilizó mucho ya que iluminó un poco mi espíritu: "La que menos méritos tiene en el mundo". –Oh, mi Madre querida, ¡qué bueno que me hayas dicho esto! Esto es lo que yo también siento continuamente...

MADRE DOLOROSA

Mientras estaba haciendo mi trabajo, la Santísima Virgen me habló:

S.V.- "¡Cuántos son los que pronuncian y cuántas veces esta palabra: 'Madre Dolorosa', y no piensan que Yo hoy también estoy sufriendo y no sólo en el Via Crucis de mi Santo Hijo!"

El dolor de la Santísima Virgen inunda con frecuencia mi alma y siento un deseo ardiente de entregar su Llama de Amor.

LA MIRADA PENETRANTE DE SUS OJOS

Al amanecer de este día, en tiempo de la velada de la aurora, mientras meditaba, vi de nuevo la mirada penetrante de los Ojos del Señor.

El anhelo de su Corazón que hace ya tiempo me había comunicado, ahora me lo pidió no con palabras sino con la mirada penetrante de sus Ojos. ¡Oh, estos Ojos! ¡Mis ojos corporales no pueden soportar su mirada! Cerré mis ojos firmemente y temblando, casi no pude echar sobre ella una mirada. La mirada de sus ojos es como relámpago que ilumina todo. Penetró de tal forma todo mi ser, que vi y sentí iluminados todos mis pecados ocultos. Mis lágrimas brotaron abundantemente durante horas sin parar. ¡Mis pecados! ¡Ay, mis pecados! –suspiraba gimiendo. Mientras duro esto, el dolor de mi corazón por mis pecados era tan grande como nunca lo sentí hasta ahora. Entre tanto, Él hacía descansar sobre mí la mirada penetrante de sus Ojos. ¡Es una claridad insoportable! Mientras tanto el Señor me dijo:

JC.- "¡Que nuestras miradas se compenetren profundamente, fundiéndose la una en la otra!"

¡Yo, pecadora! ¡Yo, muy grande pecadora! ¿Y que todavía la mirada de mis ojos pecadores se funda en una con la mirada de tus Ojos divinos? Y no sólo de mis ojos, sino según tu deseo, ¡de todos los ojos! Dijo el Señor Jesús:

JC.- "Quién camina Conmigo y recoge Conmigo, ¡que su mirada también se funda en una Conmigo!"

SATANÁS ME DICE: ¡QUÍTATE LA VIDA! YO CONTESTO: PADRE CELESTIAL, ¡LÍBRAME DEL MALIGNO!

Por la mañana cuando llegué a la santa misa, éste estado de ánimo extraordinario que había dominado anteriormente en mi alma, se desvaneció por completo. Viví horas oscuras y pesadas. Al asistir a la santa misa, Satanás irrumpió terriblemente sobre mí... Confundía mis pensamientos ahora con sus zalamerías, ahora con sus crueldades. En la elevación del Santísimo Cuerpo y Sangre del Señor, terriblemente enfurecido, se arremetió con fuerza: "¡Sé tú también mártir y sacrifica tu vida como tu Amado!... Él también se quitó la vida, ¿por qué no harías tú lo mismo?

Arrójala de ti, así tú también serás mártir y la pérdida de tu vida, de una vez para siempre, acabará con tus atroces tormentos. ¡Tendrás que dar tu vida de todos modos! ¡Entrégala de buena gana!"

Con todas mis fuerzas procuré mantener lejos de mí sus tentaciones que clama al Cielo... y dirigí mis pensamientos al Padre celestial: "¡Mi bondadoso Padre celestial! Yo, pequeñita chispa a quien incluiste en tu plan, a quien creaste y determinaste hasta la hora de mi muerte, ¿quién se atrevería a chapucear en lo que Tú determinaste con tu infinita bondad y poder? Libérame del maligno que se atreve a tentar a tu divina Majestad. ¡Oh, bondadoso Padre celestial! Ahora tengo necesidad del apoyo fuerte de tu Mano. Tu santo Hijo me enseñó que debo ser muy pequeñita. ¿Qué más puedo ser, en comparación con tu grandeza y tu gloria, que una chispita que recibe de tu radiante luz su chispeante esplendor y su brillo?

¡Oh, bendita Virgen María, ciega a Satanás con tu Llama de Amor porque quiere empujarme a un pecado que clama al Cielo!"

Ha sido esto un ataque descarado y tonto de Satanás. Sentí que ha perdido la cabeza y ya no sabe qué hacer mientras yo rezaba mi oración. El Padre celestial con su bondad misericordiosa aniquiló las tentaciones dementes y atrevidas del maligno. –Nótese que escribo siempre "Satanás", porque él declaró repetidas veces que no mandan a nadie a mí. El mismo quiere hacerme tambalear, no lo deja para otro.

VIVIR EN SU VOLUNTAD

18-19 de enero de 1963

Hoy fui a confesarme con el Padre X.

Desde el 24 de diciembre cuando me confesé la última vez, venía sacando fuerzas de una sola palabra suya: "¡Sufra mansamente!" –Le rogué con voz suplicante que me librara de los espíritus malignos que me rodean continuamente. Él me tranquilizó, diciéndome que yo en estos momentos orara y pidiera a la Santísima Virgen que pusiera como una cortina delante de mí. Que conservera la tranquilidad y la paz de mi alma ya que Satanás está al acecho y por cualquier medio me quiere despojar de la gracia de abandonarme en Dios... La santa confesión que hago con el Padre X pone siempre en movimiento tales gracias que son enteramente admirables. Así ocurrió hoy también en mi alma, cuando me retiré del confesionario. Previamente mi alma estaba tan trastornada por las continuas vejaciones del maligno que él también reconoció que no podía ver y comprender con claridad las cosas que le dije. "Y yo he venido precisamente, Padre mío, para que en mi estado espiritual me ayude a orientarme". –Él me dijo que viva una vida que sea del agrado de Dios y se clarificará en mí Su voluntad. Al recibir este consejo, la paz regresó admirablemente a mi alma. Este fue el día de mayor alegría de mi vida...

NO ME DEJES NUNCA SIN TUS SUFRIMIENTOS

El Señor Jesús me dijo ya hace meses:

JC.- "¡No me dejes nunca, hijita mía, sin tus sufrimientos!"

Desde hace algunos días me lo repite varias veces... Sus palabras, han hecho brotar en mi alma un deseo realmente apasionado. He anhelado tanto el sufrimiento y ahora, inesperadamente, justo antes de la sagrada Comunión dijo:

JC.- "A partir de este día haré que el sufrimiento sea continuo en tu alma y en un grado tal, que superará a los de hasta ahora".

Gran alegría llenó mi alma. ¡Por fin se cumple su deseo! Él ya había pedido anteriormente que me arrojara al horno de los sufrimientos.

Ahora por su gracia podré hacerlo... Ahora, que has hecho que el sufrimiento fuera continuo en mi alma, después de muchos tropiezos y pese a ellos, por fin he llegado a Ti. Ahora, por fin, mi sitio es estar junto a Ti...

Este es el tormento espiritual continuamente cambiante que por una parte me mueve a que entregue las comunicaciones de la Santísima Virgen y al momento siguiente me retiene: ¡No hagas nada sin tu director espiritual! Así, pues, estoy triturándote continuamente entre dos fuerzas. La voz me está azuzando: "¡Quémalo, échalo al fuego! Hasta que no lo hayas hecho, la calma no será completa en tu alma..." –Pensé en las palabras del Padre X: Que no deje que se acercaran a mí los pensamientos perturbadores.

CEGUERA Y CLARIDAD SE ALTERNARÁN EN TU ALMA

20 de enero de 1963

Me habló así el Salvador:

J.C.- "En tu alma la ceguera y la claridad se alternarán, como la noche se alterna con el día. En esto Yo no voy a cambiar. Sólo abandónate en Mi; de todos modos, mi Voluntad va

a prevalecer. ¡Sólo sé atenta, espera mi seña, cuando dé la señal para partir!"

En los días pasados el Señor Jesús y la Santísima Virgen varias veces me intimaron a que ya no demore más el ponerme en marcha. El Señor Jesús añadió todavía algo más:

JC.- "Tus fuertes contradicciones se deben a que Yo por ellas también te quiero asegurar que la causa viene de Nosotros".

A raíz de esto, mi sufrimiento efectivamente alcanzó un grado más elevado que los de hasta ahora. Como lo anunció el Señor Jesús, a causa de las luchas, otra vez apenas puedo tenerme en pie. Ocurre que par unos momentos la luz admirable del Señor ilumina mi alma y tengo la sensación de ver claras las cosas; pero cuando esos breves momentos han pasado, mi estado se vuelve todavía más penoso.

24 de enero de 1963

Recibí nueva orden de parte del Señor Jesús:

JC.- "¡Actúa! ¡No dejes de lado mi petición!"

Las palabras que escuche eran enérgicas. Mi alma se estremeció. Después la Santísima Virgen habló así:

S.V.- "La resistencia con que aceptas mis palabras brota de tus dudas humanas y con ellas sólo reprimes la capacidad de tu alma para actuar y esto te acarrea daño espiritual. Y si no procuras mantenerlas lejos de ti, eso resquebrajará en ti el abandono en Nosotros".

26 de enero de 1963

En los sufrimientos que han llegado a sazonar y darle rico sabor a mi vida, se ha producido ahora un cambio que quiere derrumbar definitivamente todo en mí... Ahora se ha acabado en mí la parte buena que emprendía continua lucha en mi alma, contra mi yo malo. Ahora no queda más que lo malo que me inunda por completo. Lo bueno ya casi ha desaparecido de mí... ¡Oh, si me llamara ahora a sí el Señor!... Un temor terrible ante la muerte hay en mí por mi empedernimiento en el pecado. Madre mía del Cielo, ¡ruega por mí ahora y en la hora de nuestra muerte!

AMOR ARDIENTE PARA QUE SE ENCIENDA LA LLAMA DE AMOR

1o. de febrero de 1963

Fui a visitar a la hermana que me había sido señalada como acompañante para entregarle los mensajes recibidos de la Santísima Virgen y en relación con ellos conversábamos sobre uno que otro asunto más. Luego fui a la Iglesia parroquial para tocar las campanas y después del Ave Maria de la noche, hice el camino a pie hacia la casa para meditar en el camino sobre cómo entregar la Llama de Amor de la Santísima Virgen.

La Llama de Amor de la Santísima Virgen llena todo mi ser y mis pensamientos. Pensé haber suscitado quizá duda en la hermana, de si es ella en verdad a quien Dios puso junto a mí. Ahora mi alma está penetrada de una maravillosa clarividencia. No tenemos motivo para ninguna angustia, solamente hagamos la voluntad santa de Dios. Somos pequeños instrumentos, nos alimenta, fortalece la gracia de Dios. Y cómo no tenemos motivo para angustiarnos, lo experimenté enseguida. Al ir para la casa, –esto ocurrió delante de la puerta de la misma antes de entrar,– de repente e inesperadamente, el Señor Jesús estaba a mi lado. No le vi. Él puso la Mano sobre mi hombro, tocó dos veces mi hombro derecho y dijo sólo esto:

JC.- "¡Hijita mía, persevera junto a Mí y sufre Conmigo!"

Junto con sus palabras ha permitido sienta en mi interior su divina presencia. Él suele hacerlo así para dar una prueba, pero esto después de breves instantes desaparece.

Al llegar a la habitación, mis sentimientos se disiparon, pero la admirable fuerza espiritual que durante estos momentos había reavivado en mí, llenó mi alma con amor ardiente y con el deseo de que se encienda la Llama de Amor de la Santísima Virgen.

Luego, al momento siguiente suscitó en mí el sentimiento. ¿Qué sería de mí si la Llama de Amor de la Santísima Virgen dejara de inundarme con su efecto de gracia? Ahora tuve que sentir ¡de qué gracia se priva los que carecen de esta efusión! Estas penas son atormentadoras y aumentaron en mi corazón el deseo con una fuerza grande como no se puede imaginar.

SE TAMBALEAN LOS PODERES DEL INFIERNO

De noche en vano me retiré a descansar, no tuve reposo, ni vino el sueño a mis párpados. Surgió en mi cabeza un tremendo zumbido, luego después de unos momentos oí en mí un sonido parecido al de una sirena de mal augurio. Comenzó a subir en espiral un humo terrorífico en el cual figuras irreconocibles, quejándose, se empujan, titubeando, se espantan. En medio del humo que subía en espiral, apareció una enorme figura que no pude ver a causa del humo grisáceo, sólo sentí que era Satanás. Con un alarido espantoso gritó por socorro: No sabe qué tiene que hacer. Su resistencia se tambaleaba, todas sus artimañas fallan y todas sus tentativas están en vano. Esto duró sólo por unos minutos. Luego la gracia de Dios fortaleció en mí la conciencia de que la Llama de Amor de la Santísima Virgen tiene que encenderse, porque Ella va a tambalear los poderes del infierno. Esta visión me agotó tanto que apenas pude librarme de su efecto.

Al día siguiente de mañana, al salir por la puerta, en el lugar donde sentí la noche anterior la presencia del Señor, me arrodillé en la nieve recién caída y pensé: qué santa es esta calle que Él honra con su presencia.

Cuántas veces ocurre que mientras estoy arrodillada a los sagrados pies del Señor, me calma verdaderamente de angustias terribles y, cuando menos pienso en ello, de repente, aparece y, aun cuando su Persona permanece invisible, hace que sienta su presencia y a pesar de todo esto, mis sufrimientos permanecen.

Me encuentro ahora en un estado angustioso pensando que mis sufrimientos no tienen ningún mérito, que no valen nada. En la espantosa oscuridad de mi alma, así he suplicado: Mi adorado Jesús, te suplico que en la sequedad tan grande de mi alma no se agote en mí la plena confianza puesta en Dios...

ABANDONO EN JESÚS, EN EL CAMINO DE LAS HUMILLACIONES

4 de febrero de 1963

El Señor Jesús no dejó que sufriera sin consolación. En su infinita bondad conversó conmigo largamente, me enseñó, me exhortó a que siga sufriendo con perseverancia:

JC.- "No te sorprenda que algunos a quienes Yo amo mucho y quiénes me aman mucho a Mí también, te van a recibir con desconfianza y te van a tratar con recelo dejándote de lado. Tú, ¡abandónate sólo en Mí! El camino a Gólgota no fue sin tropiezos. Yo también tuve que abrirme camino a duras penas. Tú ahora vienes Conmigo al Calvario. Este es el camino de las humillaciones. Nuestra querida Madre también viene con Nosotros y comparte contigo sus dolores. Acepta esta gran distinción, son muy pocos a quienes hace participar de Ella. Tú eres su pequeña hija carmelita, su escogida. Y Yo estoy obligado para con Ella. No puedo negarle nada porque Ella hace referencia a su Llama de Amor. Ya estoy siempre junto a ti, aun cuando no lo sientas".

Y meditaba conmigo todo lo que sufrió en el Getsemaní. Interrumpiendo dijo:

JC.- "Compenétrate en mis terribles sufrimientos. Ves, por eso había pedido a los discípulos que oraran y estuvieran en vela. Su velada hubiera aliviado mis sufrimientos. El Padre celestial me mandó un ángel. Ahora soy Yo mismo quien en tus sufrimientos te traigo alivio".

Y de nuevo hizo referencia a la Llama de Amor de la Santísima Virgen que le obliga a El:

JC.- "¡Agradécele a nuestra querida Madre! Te ruego de nuevo no des paso atrás ante cualquier cosa que Yo te pida. ¡Sólo abandónate en Mí! Por más grande que sea el tormento que te cause Satanás, soy Yo quien se lo permito, ¡no temas! Su poder llega hasta donde Yo lo determino".

Después hizo alusión a san Juan Bautista, quien le había preparado el camino. Me habló de sus sufrimientos y de su constante perseverancia.

JC.- "De quien me sirvo, hijita mía, no puede ser caña movida por el viento. Ese debe perseverar fuertemente con una determinación inquebrantable junto a Mí. Tu alma no puede inclinarse ante nada que no me sirve a Mí. Soy Yo quien te lo pido de nuevo, hijita mía, ¡persevera Conmigo! ¡Sabes, verdad, lo muchísimo que te quiero!"

A través de su discurso irradió fuerza en mi alma. Antes de la sagrada Comunión, en los momentos de la consagración, Satanás comenzó a torturarme tanto, que amarró prácticamente mis palabras y mis pensamientos... Su alboroto, su risa burlona, sus palabras insolentes han armado un bullicio estridente dentro de mí: para que yo sepa qué poder tiene él sobre mí... Podría hacer un milagro también conmigo, pero no lo hace porque ni el cielo me considera digna de ello. Podría tomar posesión de mí si lo quisiera, porque tiene todos los medios para hacerlo, pero no lo hace porque si le expulsaran de mí, sería vergonzoso para él... Y como no toma posesión de mí, prefiere usar esta manera de tratar conmigo, torturarme continuamente... No dejó de torturarme de esta forma durante todo el día. Abandonándome totalmente en Dios soporto los tormentos que agotan todo mi ser.

MÍRAME SÓLO A MÍ

7 de febrero de 1963

Por la tarde, la Santísima Virgen me urgió nuevamente que entregáramos su Llama de Amor. Pidió ante cualquier dificultad que se presente, no tuviera miedo, Ella está conmigo. Y todo fracaso o humillación que viniera sobre mi dará impulso a la santa causa.

Ese mismo día me dijo el Señor Jesús:

JC.- "¡Demasiado te hundes en las cosas terrenales, hijita mía!"

El Señor Jesús me dijo esto porque después de las molestias del maligno, había cierta relajación en mi alma. A la palabra del Señor mi corazón se estremeció, me puse muy triste. Pero Él, en tono amable, con palabras llenas de amor me consoló:

JC.- "No te lo dije para desanimarte, más bien quiero estimularte para que en tus luchas no busques alivio mirando la tierra. ¡Mírame sólo a Mí! Yo quiero que apretándote estrechamente contra Mí y abandonándote en Mí, en tus duros combates, ¡siempre sólo mires hacia arriba!"

Luego me mostró cómo sería mi vida si yo viviera ahora siguiendo solamente los deseos de la carne, sin tener un objetivo eterno. Después me contó cómo será mi vida después de una vida saturada de sufrimientos.

JC.- "Nosotros te esperamos, Yo y mi Madre, como premio de tus merecimientos".

No puedo expresar más sobre las palabras del Señor Jesús. Estas las he escrito sólo para recordar en mis horas difíciles la bondad llena de Amor del Señor con que nuevamente me conforta.

TUS SUFRIMIENTOS, LOS AUMENTARÉ HASTA EL MARTIRIO

9 de febrero de 1963

Después de tocar las campanas para el Ángelus de la noche, me postré a los Pies del Señor Jesús para hacer mis oraciones. Apenas comencé mi oración de agradecimiento, el Señor Jesús, me dijo tres veces seguidas:

JC.- "Tus sufrimientos los aumentaré hasta el martirio".

Después se hizo un gran silencio. Sumergida en su infinita bondad pedí perdón al Señor Jesús por mis ofensas, como también por las de mi familia y de mi Parroquia. Y le ofrecí reparación en lugar de todos los que de cualquier forma le habían ofendido, haciendo referencia a la Llama de Amor de la Santísima Virgen para que derramara sus efectos de gracia sobre todos. Luego en silencio y recogimiento, pensaba en las palabras que acababa de dirigirme. Y Él, en ese instante, volvió a repetir tres veces sus palabras.

Madre mía, Santísima Virgen Dolorosa, Inmaculada, te agradezco ahora a Ti también que por el efecto de gracia de tu Llama de Amor me diste una posibilidad tan grande para merecer. El regocijo desde aquel momento vive continuamente en mi alma.

¡Oh ven, bendito sufrimiento, por lo cual puedo dar mi vida por la santa Causa!

NO ME DEJES SOLO

10 de febrero de 1963

Me apresuré a ir donde Él. Me puse a rezar primero el oficio parvo. Tuve que darme prisa para terminarlo antes de que se oscureciera. Y, además, comencé a sentir frio. No por haberme demorado mucho tiempo en hacerlo, sino porque nuestro templo es muy frío, pues está construido de cemento. Pero el Señor Jesús, casi suplicando me instó a que me quedara todavía:

JC.- "¡No me dejes aquí! ¡Estoy solo, sin consuelo! Oh, ¡cuántas veces estoy solo!"

Y preguntó:

JC.- "Dime, desde que comparto contigo mi casa y te otorgué que pudieras entrar en cualquier momento, cuando viniste a Mí, ¿has encontrado alguien que estuviera Conmigo?"

Cabizbaja comencé a recordar con empeño: "¡A nadie, mi Señor! Durante este tiempo nunca encontré a nadie". –El dolor de la tristeza partió mi alma. Y Él seguía rogándome:

JC.- "Ves, por eso ¡no me dejes solo! ¡Deja que te reparta la abundancia de mis gracias! Éstas están acumuladas en el inconmensurable amor de mi Corazón. ¡Que nuestro interior sienta lo mismo! ¡Que nuestros corazones latan al unísono! ¡Trae muchas almas donde Mí! ¡Que nuestras manos recojan unidas! Cuándo tú también estés abandonada, Yo tampoco te abandonaré. Estaré junto a ti en tu situación embarazosa. Además, hoy también te acompañaré con la mirada penetrante de mis Ojos..."

"Mi adorado Jesús... ¡dame tu gracia para que pueda soportar tu mirada penetrante con que me acompañas!" –Su amor me fascinó; frío y cansancio han cesado en mí; sólo su petición triste que oí en mi alma se difundió en ella.

LA LLAMA DE AMOR ENCENDERÁ LAS ALMAS DE MI FAMILIARES

12, 21 y 28 de febrero de 1963

La Santísima Virgen me dio a conocer que el esplendor de su Llama de Amor no sólo está junto a mí sino que inunda con ello a todos los miembros de mi familia y el maligno no logra llevarlas a cometer pecado.

Por eso, sus almas, por esta gracia que derramó sobre ellas, se fortalecen y se vuelven aptas para recibir gracias todavía más numerosas.

21 de febrero de 1963

De mañana me habló el Señor Jesús:

JC. - "Durante la noche estuve aquí y bendije a toda la gente de tu casa. Lo hice a ruegos de nuestra querida Madre. Ella es quien colma con el efecto de gracia de su Llama de Amor a toda tu familia. ¡Cuánto te amamos Nosotros a ti, hijita mía!"

28 de febrero de 1963

Mi hijita está enferma. Pensaba ir a su médico para saber a qué atenernos. El Señor Jesús me tranquilizó:

JC.- "No vayas a ninguna parte, servirá para bien de tu hija si no se cura".

Con el corazón oprimido, escuché sus palabras porque tiene marido y unas criaturas. El Señor Jesús me confió también por que no se va a curar mi hija:

JC.- "Tu hija tiene continuamente tentaciones... Por medio de una larga enfermedad la voy a colmar con la abundancia de mis gracias. Su alma se purifica así de las grandes tentaciones y aceptará de aquí en adelante los sufrimientos y los soportará con paciencia".

MI ALMA ARREBATADA A LA CERCANÍA DE DIOS

13 de febrero de 1963

Al despertar, de mañana, el Señor infundió en mi interior su paz admirable. Un estar a la escucha profunda y el silencio fueron mi oración: Ni después de la sagrada Comunión abrí los labios para hablar. No encontré nombre alguno para ésta maravillosa gracia.

Era muy admirable esta gracia que iba en aumento de minuto en minuto. Tengo que escribir cómo me arrancó de la tierra, y cuándo por fin pude abrir mis labios para hablar, pregunté: Mi adorado Jesús, ¿qué haces conmigo, persona tan indigna? Él, con una inspiración mansa y fina como un hálito, expandió en mi alma el sentimiento de que Él, ahora, en un vuelo rectísimo, ha atraído mi alma al amor infinito de su Ser divino.

JC.- "Hago esto porque te amo mucho" –dijo el Señor Jesús.

Al unirse mi alma con Él, fue como si hubiera salido del ser terrenal y mientras mi cuerpo realizaba su tarea material (en ese día estaba especialmente atareada porque tuve que atender la casa de mi hija gravemente enferma), en medio de mis muchas ocupaciones nada perturbaba la unión de mi alma con Dios, más aun, como si mi alma hubiera estado flotando en un lugar elevado y desde allí miraba hacia abajo sobre la actividad afanosa de mi cuerpo. Este estado extraordinario iba aumentando en mi alma como las olas. Interrumpí mis faenas de casa para cumplir la promesa que había hecho de hacer adoración reparadora en el santuario de la Santísima Virgen todos los días desde el mediodía hasta la una de la tarde. Después, a petición de mi hijo tuve que arreglar un asunto oficial suyo. Todos estos menesteres eran trabajo de un solo día. Tuve que realizarlos con mucha dedicación y sin embargo durante ese tiempo mi alma volaba a la altura, en la cercanía de Dios.

VIVE MÁS SANTAMENTE TODAVÍA

Mi alma está plenamente saturada de las gracias que recibí en días anteriores, de las cuales como de una admirable fuerza me alimento. Hoy después de la santa misa, al llegar a casa, hice mis trabajos caseros mientras me sumergía en Él con adoración de acción de gracias.

Él, mansa y silenciosamente casi me hizo sentir que sonríe, lo que me llenó de tanta alegría...

JC.- "Verdad que te sorprendes por lo del día de ayer que te permitió llegar a la cercanía de Dios. ¡Cómo te despegaste de la tierra! Lo recibiste en premio por tu perseverante esfuerzo, para que veas cuánto apreciamos Nosotros tu esfuerzo, tu difícil combate en que estás empeñada por la causa del Cielo. Con tu perseverancia llegarás a alturas cada vez mayores de gracias".

5 de marzo de 1963

El Señor Jesús dijo:

JC.- "Vive muy santamente porque tantas gracias que recibes de Mí te dan fuerza cada vez mayor. Vive más santamente todavía con todas tus fuerzas y siente cómo intensifico en ti mi gracia".

NO TENEMOS TIEMPO QUE PERDER

11 de marzo de 1963

La Santísima Virgen dijo:

S.V.- "Veo cuanto te entregas al efecto de gracia de mi Llama de Amor. Lo haces para alegrar mi Corazón maternal. Hace ya mucho tiempo que no conversamos. ¿Verdad que sufres mucho a causa de los que te entienden mal? ¿Verdad que es pesado soportar las muchas pruebas? No te ahorres fatiga, anda y di a quienes corresponde que la impetuosidad no viene de ti. Soy Yo quien te urjo continuamente. Sabes lo que dije: a pesar de todo, a través de tu pequeñez, tu ignorancia y tu humildad, se encenderá mi Llama de Amor".

Luego conversaba todavía largamente. De nuevo contó con qué fuerza rabiosa irrumpe Satanás sobre aquellos donde tan sólo sospecha que se enciende su Llama de Amor.

S.V.- "Le permitimos que pueda probar sus tentaciones de toda clase en aquellas almas que quieren poner en marcha la Llama de Amor, mi Causa santa..."

Después, durante la conversación, volvió a decir que este tiempo de gracia, que ahora quiere poner en marcha, no nos está permitido demorarlo por decenios:

S.V.- "No tenemos tiempo que perder. Únicamente tanto tiempo está determinado antes de que se encienda mi Llama de Amor, cuanto necesite Satanás para poner a prueba a las doce escogidas y excelentes almas sacerdotales. Haz llegar a ellas mi voz, que no teman. Yo estaré con ellas y como hice contigo, a ellas también ayudaré a alcanzar victoria sobre las tentaciones de Satanás".

Mi alma arde del deseo de que el anhelo de la Santísima Virgen se cumpla cuanto antes. Ahora estoy viviendo días muy difíciles. Varias veces habló la Santísima Virgen que vaya a donde el Padre X, y que le diga que es Ella quien le manda decir que considere obligación suya el dirigir mi alma. A estas palabras otra vez comenzaban a asaltarme las dudas. Le confié esto a la hermana acompañante. Ella me contestó que vaya... ahora ya no me retiene más, que vaya...

FUI CON OTRO SACERDOTE Y TAMBIÉN TUVO DUDAS

23 de marzo de 1963

Fui a confesarme con el Padre X. Después de confesarle mis pecados, le transmití el "mensaje" del Señor Jesús y de la Santísima Virgen. Sobre este particular, me contestó que mantiene su posición anterior y no acepta la dirección de mi alma. No siente en sí tanta fuerza como para aceptarla.

Apeló a su reciente enfermedad, a su creciente dificultad de oír y, sobre todo, porque tiene dudas...

Me dijo que soy un alma muy terca en la quien no hay ninguna flexibilidad. Que estoy aferrada sólo a mi propia voluntad. Le dije que si hubiera tenido que venir por mi propia voluntad, no hubiera tenido fuerza ni para dar un solo paso. No vendría a donde él si no hubiera recibido para ello una invitación celestial. Le dije que hoy también antes de salir de casa, le pedí consejo a la hermana que fue destinada a acompañarme. Después volví sobre aquella palabra suya con que me llamó impaciente. Yo estoy plenamente convencida de que esta impaciencia no viene de mi propia fuerza de voluntad, porque no tengo en todo esto ningún interés personal. Él a todo esto contestó con una sola palabra: "¡Bonito!"

Le pedí que si él no quiere aceptar dirigirme espiritualmente, que fuera tan bueno y me mandara a donde alguien... Él también se convenció de que yo necesitaría dirección espiritual constante pero que él no me va a ayudar a ello. Dijo: "¡Ya será de alguna manera!" Me recomendó que leyera la vida de santa Teresa del Niño Jesús y "La imitación de Cristo" de Tomás Kempis que es puro evangelio. Sobre esto le contesté: Acepto con gusto su consejo, pero tengo dificultad de leer, no sólo por haber hecho pocos estudios, sino también porque si leo una frase y ésta impacta en mi alma, comienzo a meditar sobre ella. Por lo demás, la materia de meditación desde hace meses es sólo una frase sola: "Y el Verbo se hizo Carne", y sobre esto, siendo como es un tema inagotable, medito siempre de nuevo.

Al terminal me dijo: "Ahora, hija mía, ¡yo te bendigo mucho!" Al recibir esta bendición me alejé con el alma tranquila...

Después me asaltaron de nuevo las dudas.

Que el Padre ni siquiera me cree y que también aquello que yo le dije suscitó dudas en su alma. Pensé que el también tendrá que pasar por el sufrimiento de muchas dudas, como yo estoy pasando desde hace mucho tiempo. ¡Qué humillante fue ese rechazo!... Pero ahora ya está bien así como está. Que se haga la Santa Voluntad de Dios. Si el Señor Jesús quiso que yo pasara por esta humillación, la tomo con alegría de su Santa Mano.

Hoy cuando fui a donde Él, después de permanecer un largo rato callada, me pidió el Señor Jesús:

JC.- "Les ruego, hijita mía, tengan cuidado, ¡no pierdan el estado de gracia santificante! Es la belleza de sus almas con que pueden deleitarme, y si han perdido esta gracia santificante, no demoren en recuperarla. ¡Oh, si supieran con qué amor sufrí por ustedes para alcanzar de mi Padre celestial el perdón de sus pecados! Y a ti te ruego, ayúdame para que muchas almas recuperen el hermoso vestido de gracia que recibieron en el bautismo". (Y su voz suplicaba hacia mí)

EL ESPÍRITU DE FORTALEZA ILUMINA LA MENTE

24 de marzo de 1963

...Seguía turbándome la gran humillación y el rígido rechazo que recibí con ocasión de la santa confesión del día anterior.

JC.- "¡Isabel!"

Mi alma se estremeció. Me resultó extraño que se dirigiera a mí así.

JC.- "¿Crees en Mí, en Nosotros? ¿Crees que Yo y nuestra querida Madre te hemos acreditado ante Su querido Hijo? Di, ¿Crees esto?"

En mi alma le di inmediatamente la respuesta: mi adorado Jesús, Tú sabes mejor que nadie cómo es mi fe.

JC.- "¿Confías en que el destino para lo cual te escogimos, lo puedes cumplir a cabalidad? Te pregunto de nuevo: ¿aceptas las muchas humillaciones y sufrimientos que lleva consigo el hacer valer nuestra Santa causa? ¿Sabes que los sufrimientos que recibiste hasta ahora han servido únicamente para prepararte a alcanzar la meta que se te ha fijado? Eres instrumento en nuestras manos. ¿Quieres seguir siendo instrumento? ¿Quieres subir Conmigo al monte Calvario, al Gólgota? Si quieres, entonces tu sitio es estar junto a la Madre Dolorosa. La Llama de Amor de su Corazón que quiere encender a través de ti, en la tierra, reclama plena entrega de tu parte. No des ahora, de inmediato, respuesta a esto. ¡Retí-

rate a ti misma y prepárate a la respuesta tocante a la gran causa!"

En casa, también durante la mañana continuaba con su conversación:

JC.- "Veo cómo te sacudió el que no creyeran en tus palabras sinceras que en verdad vienen de Mí. Observo cómo el primer gran sufrimiento que era una especie de ensayo general para comenzar a sufrir, lo recibiste con alma fuerte. Este tiempo de gracia destinado al mundo entero, esta santa causa que por medio de ti queremos iniciar, no puede partir en pies de barro. Sólo con un alma dura, templada cual acero, se le puede poner en marcha".

Y mientras dijo esto, un efluvio poderoso de su gracia irrumpió en mi alma. El Señor Jesús preguntó si yo entiendo esto. Él en sus palabras iluminadoras derramó sobre mí la gracia admirable de Dios Espíritu Santo, Espíritu de Fortaleza y la luz admirable de Dios Espíritu Santo iluminó mi mente.

Acaba de darme, me dijo el Señor Jesús, la gracia de admirable fuerza de la fe y de la confianza. Porque sin estas dos, ninguna virtud puede echar raíces en mi interior ni en el alma de nadie. Este es el pilar fundamental de aquella grande y santa causa que solamente así puede ponerse en marcha.

JC.- "¡Medita a fondo la importancia de mis palabras! Lo que acaba de ocurrir contigo, fue el movimiento primero de la fe en tu alma... Veo que no logras sobreponerte a que esa persona de vida santa te rechazara tan rotundamente. De esto, ¡no debes preocuparte! Soy Yo quien te guió y si te angustias, debería creer que no estás contenta Conmigo".

Al escuchar estas palabras me quedé consternada en mi alma... ¿Qué haces conmigo, mí adorado Jesús? ¿Cómo debo humillarme ante Ti? Como me duele que te haya ofendido...

POR FALTA DE FE LA TIERRA TENDRÁ GRAN SACUDIDA. CREERÁN POR LA INTERCESIÓN DE LA SANTÍSIMA VIRGEN

El Señor Jesús tuvo conmigo una verdadera conversación a fondo. Me pidió que lo que me ha hecho escribir lo llevara urgentemente al Señor Obispo. (Esto fue el 27 de marzo de 1963, y lo cumplí).

...Entre tanto me habló mucho acerca del tiempo de gracia y del Espíritu de Amor, que será muy parecido al primer Pentecostés, que inundará con su fuerza la tierra y éste será el gran milagro que llamará la atención de toda la humanidad. Todo esto es la efusión del efecto de gracia de la Llama de Amor de la Santísima Virgen.

La tierra que se está oscureciendo, a causa de la falta de fe en el alma de la humanidad, pasará por una gran sacudida. Después creerán y esa sacudida, a través de la fuerza de la fe, creará un mundo nuevo. Por medio de la Llama de Amor de la Santísima Virgen, la fe echará raíces en las almas y se renovará la faz de la tierra, porque "...algo semejante no sucedió todavía desde que el Verbo se encarnó". –La renovación de la tierra inundada por sufrimientos se realizará por el poder de intercesión de la Santísima Virgen.

OTRA VEZ CON EL SEÑOR OBISPO

El señor Obispo por este tiempo estaba confirmando en un pueblo muy cercano al nuestro. Viajé allá y pedí a su secretario que me diera una oportunidad para conversar con él; mientras esperaba la respuesta, gran ansiedad se apoderó de mí. Pedí a la Virgen Santísima que, tratándose de algo tan urgente, moviera la voluntad al señor Obispo a escucharme.

Al recibirme, me contestó que fuera yo a Fehérvár, al palacio episcopal, el día miércoles, a las 10 de la mañana.

El miércoles en la mañana, me recibió el señor Obispo. La conversación duró una hora. Le entregué el documento previamente escrito y le dije que era una comunicación del Señor Jesús y de la Santísima Virgen.

GRAN SUFRIMIENTO SER INCOMPRENDIDO

15 de abril de 1963

Me quedé pensativa, con el alma apenada: Mi adorado Jesús, precisamente en una familia tan pecadora plantó la Santísima Virgen su Llama de Amor, en está, donde ¡tantas ofensas recibiste! El Señor Jesús con mansas y consoladoras palabras contestó:

JC.- "No vine a salvar a los justes sino a los pecadores. Por eso sufrí una muerte cruel. Por eso te escogí a ti también, para que fueras una de entre mis colaboradores de la obra de salvación. ¡Sufre Conmigo, tal como ya te lo dije, hasta el martirio!"

21 de abril de 1963

El Señor Jesús me habló:

JC.- "¿Sabes cuál es el sufrimiento más grande? El ser incomprendido. No existe mayor tormento que éste. Este será para ti también el dolor de tu alma, hasta tu muerte. Yo también lo sufrí durante toda mi vida. Tú tampoco debes ser más que Yo, hijita mía. Que nuestro interior sienta lo mismo y que nuestros labios supliquen juntos al Eterno Padre".

El sufrimiento mantiene mi alma en gran aridez. En esos momentos parece carecer de sentido y es algo insípido. El Señor Jesús me habló:

JC.- "Tengo que hacerte un manso reproche: ¡Cuánto te cuesta comprender el valor y el sentido de tus sufrimientos! Sin embargo, el sufrimiento es verdaderamente meritorio sólo si el alma lo acepta con plena entrega de sí misma".

Tú sabes, Jesús mío, que aquello que me pides está más allá del alcance de mi propio yo. Mi alma está continuamente lista para tu servicio, pero el cuerpo es el continuo escenario de las luchas. En la aridez espiritual nunca veo con claridad la santa voluntad de Dios.

LA SALVACIÓN DE LAS ALMAS SEA NUESTRO ÚNICO PENSAMIENTO

16 de mayo de 1963

Mientras cocinaba, me dijo el Señor Jesús:

JC.- "Te ruego no pienses en adelante en ti misma, tu pensamiento sea uno solo: ¡Nosotros! Si vienes a Mí, si piensas en Mí, piensa que nosotros dos somos uno. ¡Qué no haya entre nosotros ninguna rendija! Yo llenaré los vacíos de tu alma con gracia, y tú, entrégate a ti misma de tal manera que, aunque sigas viviendo, sea Yo quien vive en ti, y tú, sólo vives por medio de Mí".

Luego de nuevo repitió:

JC.- "¡Cuánto te amamos nosotros a ti, hijita mía!"

Pasados unos días:

JC.- "Y te digo, ya no hables más de ti misma, el 'yo' debe cesar en ti por completo. Que para ti sólo exista Yo. Esta es tu verdadera vida".

17 de mayo de 1963

De mañana en vano estuve arrodillada ante el altar, delante de la reja del comulgatorio, el sacerdote al ver que estaba yo sola para comulgar no me dio la santa comunión. Dije: Ay, ¡qué mal hemos sentido esto nosotros!

JC.- "Es cierto –dijo el Señor Jesús. **Que nuestros gozos y nuestras penas también sean uno. Ahora sentimos ambos que hemos sido dejados de lado y esto nos duele. ¡Que soportemos juntos esta nostalgia!"**

Ahora es más llevadero, Él me inundó con su sentimiento íntimo.

JC.- "¡Tú eres mi gotita de agua! Sumérgete en el vino embriagante de mi Divinidad infinita, en su fuerza vivificante, en su aroma que difundas por Mí. Que mi buen olor se di-

funda alrededor de ti. Al percibirlo otros, se inclinarán hacia Mí. Ves, así tenemos que ser uno nosotros. No te apegues al barro de la tierra, que está lleno de gusanos que pululan. Que la tierra no sea sino esto para ti: Mírala, y salvemos las almas de los gusanos que las amenazan y están abundando alrededor de ellas. ¡Haz penitencia, ora por ellas! Tu aceptación de los sacrificios es la sal que si la esparces sobre los gusanos pululantes, se sueltan y caen todos como sanguijuelas sin vida. Se encogen y se aniquilan. Tengamos, pues, un solo pensamiento: la salvación de las almas".

EL SEÑOR HIZO SENTIR LA PRESENCIA DE DIOS A OTRAS PERSONAS QUE SE ME ACERCABAN

18 de mayo de 1963

JC.- "¡Dame siempre nuevos y lozanos sacrificios! Yo siembro en tu alma la semilla de mis gracias, Mi santa doctrina. Preocúpate de cultivarla en tu alma con tus oraciones, mortificaciones, con tu continua aceptación de sacrificios. No te olvides cuánto me duele la suerte de las semillas que caen al borde del camino. Arranca las flores cultivadas en tu alma, tráemelas siempre frescas. Aquí, junto a Mí, exhalan su perfume. Sólo te pido flores que fueron cortadas, no las que están en un pote.[1] Una flor de éstas no puede alegrarme, porque una víctima así saca su fuerza y su sabia de la tierra también".

Lo que ahora voy a escribir fue sin intervención de palabras. Lo escribo a petición del Señor Jesús. En una ocasión estaba arrodillada delante del altar, sumida en oración. El fuego del amor de Dios estaba incandescente en mi alma. Mientras le adoraba así, alguien se acercó a mí, (una religiosa) y al llegar muy cerca, ella también fue como envuelta en ese amor que ardía en mi alma y me mantenía en la cercanía de la Santa Majestad de Dios. El Señor me permitió sentir en qué gran medida ella también experimentó esta efusión.

---

1. Jarrón o florero.

En ese tiempo, el sentir la presencia de Dios le llenó tanto que la hermana, a quien he referido antes, casi durante semanas vivía compartiendo prácticamente conmigo su efusión de gracia.

En cierta ocasión me encontré con un sacerdote en la calle. De repente él me saludó. Cuando llegué un poco más cerca de él, la efusión de la Presencia divina partiendo de mi alma inundó también la suya. Con otro sacerdote también ocurrió esto y repetidas veces, pero, curiosamente, en comparación con el caso anterior, esta efusión en su alma fue mucho más débil.

Cuando ocurrieron estas cosas, me quedé muy maravillada y el Señor Jesús me dijo:

JC.- "Soy Yo quien irradia sobre ti estas gracias y, a través de ti, sobre las almas que se acercan a ti.

La Llama de Amor de nuestra Madre me obliga".

VIVIR EL ARREPENTIMIENTO Y ACEPTAR LOS SUFRIMIENTOS

19 de mayo de 1963

El Señor Jesús:

JC.- "Pongan ya de lado por fin la falsa humildad que les impide acercarse a Mí. ¿Sabes por qué digo esto? Porque se detienen lejos de Mí alegando que no son dignos. Lamentablemente tengo que decir que precisamente son sus pecados por los cuales están hambrientos de mi Amor. Y que se hagan dignos también por medio del arrepentimiento. Y a ti te digo: sufre por ellos y por más oscuro que te parezca el sufrimiento, haz el sacrificio. ¡Acérquense con confianza a Mí! El sufrimiento sólo está oscuro para ustedes mientras estén cerca de la tierra. ¿Ya comienzas a comprenderme, verdad, hijita mía?

Cuando naciste, sobre la historia de tu vida, escribí también el sufrimiento y sigo escribiéndolo hoy también hasta el último día, pero lo ilumino con mi gracia para que veas su valor. Cuanto más cerca llegas a Mí, tanto más te alumbrará mi esplendor. Y cuando hayas llegado, verás delante del trono de la Santísima Trinidad el valor de ellos que nunca pasará ni se

opacará. Yo ahí los voy a revelar como se hace con una película y resultarán un mérito saturado de maravillas. Esta transformación unida a mis merecimientos y gracias a la iluminación del Espíritu de Amor, sumergirá tu alma en un bellísimo arrebato.

Recuerda con qué gusta jugabas de niña con las calcomanías. Tenías que humedecerlas, frotarlas un poco y pasados unos momentos aparecía un paisaje esplendoroso de vivos colores, un príncipe, un dragón o cualquier otra cosa. Veo que me estás mirando con admiración por qué estoy Yo contándose cosas tan infantiles.

Mi Enseñanza, hijita mía, es sencilla e ingenua. Yo no les hablo en el lenguaje de la ciencia. Ese no ha salvado todavía a nadie. Acepten mi Enseñanza que es sencilla, que Yo sembré y planté en sus almas de niño. Mi Enseñanza es para los que tienen alma de niño, sencilla, inocente, que no pondera nada, de los que con admiración me escuchan y creen en Mí. Mira, de los que son así es mi Reino, de la multitud de los que acogen la fe. Ofrece los sufrimientos que te ofrezco por los que no tienen fe... No seas comodona, ¡sigue escribiendo! Y cuando hayan llegado a Mí tus muchísimas palabras escritas y tus sufrimientos soportados por participar en mi obra salvadora, brillarán sobre ti mis Rayos de sol vivificadores. Será como el amanecer cuando el Sol se levanta, pero el valle todavía dormita en la penumbra y los madrugadores extasiados contemplan tan esplendorosa belleza. ¡Que baste esto por ahora! Concluyo mis palabras. Vive de mi Enseñanza nueva y devuélvemela en forma de oración".

Esto ocurrió de mañana, temprano, delante del altar.

YO, EL RAYO HERMOSO DE LA AURORA, CEGARÉ A SATANÁS

Después de la larga conversación, una breve pausa y el silencio de la Santísima Virgen hizo oír su voz en mi alma, de tal forma que sus primeras palabras estaban como enlazadas con las últimas del Señor Jesús:

S.V.- "Tú también estás, hijita mía, entre los que madrugan. Cuando tu alma se encontraba en noche oscura, hice brillar sobre ti mi Llama de Amor y con su suave y acariciante calor te di nueva fuerza. Hay muchas almas dormidas como estaba la tuya: sobre ellas también quiero proyectar los rayos vivificantes de mi Corazón maternal, el efecto de gracia de mi Llama de Amor.

Sabes, la tierra se encuentra ahora como la naturaleza antes de la tempestad. También se parece a un volcán que al explotar con su humo infernal, con su lluvia de cenizas, ahoga, mata, ciega y con su temblor derrumba todo a su alrededor. Esta es ahora la terrible situación de la tierra. Está hirviendo el cráter del odio. Su ceniza mortal de azufre quiere convertir en grises e incoloras las almas creadas por el Padre Celestial a imagen y semejanza de Dios.

Y Yo, el Rayo Hermoso de la Aurora, cegaré a Satanás. Voy a liberar este mundo obscurecido por el odio y contaminado por la lava sulfurosa y humeante de Satanás, a cuya consecuencia el aire, que daba vida a las almas, se volvió ahogante y mortífero. Ningún moribundo debe condenarse. Mi Llama de Amor ya comienza a encenderse. Sabes, hijita mía, las almas escogidas tendrán que luchar contra el príncipe de las tinieblas. Esto será una borrasca terrible. ¡No! más bien, será un huracán, que querrá destruir hasta la fe y la confianza de los mismos elegidos. Pero, en la terrible tormenta que se está gestando ahora, verán ustedes la claridad de mi Llama de Amor iluminando cielo y tierra que por la efusión de su efecto de gracia, en esa noche oscura entrego a las almas".

MI LLAMA DE AMOR BUSCA HOSPEDAJE ANTE EL ODIO DE HERODES

S.V.- "¿Recuerdas, verdad, lo que ya dije? Mi Llama de Amor busca hospedaje ante el odio de Herodes. ¿Sabes quiénes son los perseguidores? Los cobardes, los que temen por su comodidad, los precavidos, los perezosos. Los que bajo el disfraz de la prudencia irrumpen para extinguir mi Llama de Amor como hizo Herodes contra el pequeño cuerpo del

inocente Niño-Jesús. Pero así como al Niño Jesús el Padre Celestial lo tomó bajo su protección y lo defendió, así defenderá también ahora mi Llama de Amor".

Las palabras de la Santísima Virgen sonaron como nunca conmovedoras en mi alma. Al terminar de hablar hizo que sintiera dentro de mí que Ella es la poderosa Soberana del mundo, su Reina, delante de la cual van a caer de rodillas con el alma arrepentida todos los hombres.

Después de una breve pausa, de nuevo oí su voz en el fondo de mi alma:

S.V.- "¿Ves esto, hijita mía? Yo les elevo hacia arriba y les conduzco a la Patria eterna que mi Santo Hijo les consiguió por el precio de sus inmensos dolores".

Así, en este tono, nunca oí hablar hasta ahora a la Santísima Virgen. Su voz era llena de majestad, de poder de quien está decidida a todo. Es imposible describir con palabras con qué indecible admiración y estremecimiento las he escuchado.

Después de unos minutos la Santísima Virgen, en tono totalmente diferente, con su suave voz maternal dijo con dulce ternura:

S.V.- "Esto tienes que poner tú en marcha, hijita mía. ¡No tiembles, mi pequeño instrumento, confía en mi poder maternal!"

PEDIR CON CONFIANZA – LES LLAMÉ A TODOS USTEDES A MI OBRA SALVADORA

24 de mayo de 1963

Estaba orando por una alma que llevaba ya decenios sin confesarse. Me enteré de que estaba gravemente enfermo. Un día trajeron la noticia de que ya había recibido la unción de los enfermos.

Mi adorado Jesús: ¡Gracias por tu infinita misericordia! –Él me contestó:

JC.- "¡Confía! Siempre te dije que lo que pides con confianza, ya lo has recibido. ¿Puedes pensar que cuando Me pides almas no te lo concedería? ¡Que nuestras manos recojan unidas! Pide, no estés nunca cansada para pedir, para desear para Mí. Si fueran muchos los que piden, ¡cuántos se convertirían! Yo les llamé a todos ustedes a mi obra salvadora, padres y madres; doctos e ignorantes, sanos y enfermos. Por Mí todos pueden trabajar, el hombre libre y el que esté sufriendo en la prisión, porque la disponibilidad del alma es lo importante y la libertad espiritual que consiste la cultura del alma también. Especialmente los enfermos, ellos sí, de verdad, pueden volar en alas de la confianza absoluta hacia Mí. Con una sola petición pueden alcanzar la conversión masiva de las almas".

(Si los enfermos ofrecen sus sufrimientos, esto ciega a Satanás y por medio de ello las almas entran al camino de la salvación.)

LA RESPIRACIÓN DE TU ALMA ES LA HUMILLACIÓN EXTERNA E INTERNA

2 de junio de 1963

Después de la sagrada comunión el Señor Jesús dijo:

JC.- "Así como tu cuerpo necesita respirar, tu alma también lo necesita. La respiración de tu alma es la humillación externa e interna. En el mes de mi Sagrado Corazón te voy a inundar especialmente con muchas gracias, voy a acrecentar en tu alma las virtudes de la mansedumbre y de la humildad. De esta tienes la mayor necesidad".

ESTUVIMOS CON EL MÉDICO – YO SIEMPRE ESCUCHO SUS ORACIONES PERSEVERANTES

24 de junio de 1963

He tenido un día muy difícil, fuimos donde el neurólogo, el doctor H., a quien me envió la hermana que me acompaña, pero independientemente de ello me aconsejó mi confesor también.

Únicamente por acceder a sus consejos fui. Vino también conmigo la hermana asignada para acompañarme. Ella le pidió al doctor que, si él no tenía inconveniente, y yo tampoco me opongo pudiera estar presente en la consulta. La consulta fue muy sorprendente. El médico no hizo ningún examen corporal. Inmediatamente comenzó a hacerme preguntas y me quedé muy sorprendida porque, a base de ellas, pude percatarme de que es un hombre de profunda vida espiritual. En sus preguntas su atención abarcó todo y con qué buena voluntad se portó conmigo; lo prueba que al manifestar ante él mi vida espiritual, se conmovió mucho. Durante la conversación le hice mención de un médico que durante decenios había vivido sin el sacramento de matrimonio. Le conté las graves circunstancias de su muerte. El Señor Jesús me prometió que esa alma no se condenaría. Cité ante él las palabras del Señor Jesús:

JC.- "Si me piden almas, ¿podría rechazar sus peticiones? ¡No! ¡Porque entonces trabajaría en contra de mi obra salvadora! Yo siempre escucho la oración perseverante de ustedes".

El doctor se acogió a mis palabras, y las escuchaba con alegría. Luego, al cabo de una conversación de dos horas nos despedimos. Me dijo que por carta, enviaría su informe a mi confesor.

TÚ ERES LA LUZ DE MIS OJOS

9 de julio de 1963

En la visita de noche al Santísimo, le adoré, le reparé y le pedí que nos cubriera con su Sagrada Sangre. Antes de despedirme le pedí que nos bendijera. El Señor Jesús en tono muy emocionado dijo:

JC.- "¡Qué nuestros pies vayan juntos!"

En el camino le dije: "¡Tú eres la niña de mis ojos!" (En húngaro: ¡Tú eres la luz de mis ojos!). Él me permitió sentir el exultante gozo de su Corazón y dijo:

JC.- "¡Cuánto tiempo que no Me habías dicho esto! ¡Nunca me canso de escucharlo! Uno no puede cansarse del amor.

¿Tú acaso encuentras aburrido si Yo te digo algo muchas veces?"

Y su última palabra fue ésta:

JC.- "Hijita mía, ¡te quiero mucho! Muchos están sin luz. A estos les quiero iluminar con mi Llama de Amor. La meta: hacer valer la obra de la salvación".

En el templo de peregrinación de Remete la Santísima Virgen me dijo:

S.V.- "¡Tienes que ir a ver al Señor Obispo!"

Y me amonestó a que fuera cautelosa.

22-23 de julio de 1963

JC.- "¿Te diste cuenta cuántas veces voy hacia ti para tomarte por la mano? Te conduzco para que no seas tímida. La abundancia de gracia que da fuerza y valor, eso soy Yo. Esta es Mi claridad que alumbra los caminos pedregosos en que tú tienes que andar.

La luz no está en tu alma para que andes a tientas, sino para recordarte que Yo también anduve en semejantes caminos. No da lo mismo con qué espíritu andan ustedes este camino. Muchos están sin luz".

Ahora la Santísima Virgen toma la palabra:

S.V.- "A éstos quiero iluminar con mi Llama de Amor porque irradio hacia ustedes el abundante amor de mi Corazón maternal, a ustedes que tienen un alma inmortal y son los dulces frutos del trabajo redentor de mi Santo Hijo. Así rezan ustedes: el fruto de tu vientre Jesús. Él es mi fruto. Y los frutos de Él son ustedes. Ustedes los escogidos, mi hijita carmelita, son frutos particularmente sabrosos. Hay también frutos producidos por el tronco silvestre. Injértense ustedes en todo tronco donde puedan hacerlo, por medio de los frutos producidos por los sacrificios de su vida oculta, por los cuales el fruto silvestre también se vuelve más noble.

¡Sacrificio - oración! ¡Este es el instrumento de ustedes! La meta: hacer valer la obra de salvación. ¡Oh! si sus anhelos al-

canzaran al trono del Padre Celestial, entonces también el resultado sería abundante".

SUFRE CON AMOR

24 de julio de 1963

Estaba descansando en el jardín. Me quedaba pensativa sobre los muchos sufrimientos que inundan mi cuerpo y mi alma. El Señor Jesús me sorprendió con sus bondadosas y animadoras palabras:

JC.- "¡Sufre con valor, con perseverancia, con sincera entrega! No estés ponderando si es pequeño o si es grande. Es meritorio aquello que puedes hacer todavía en la tierra por Mí. El tiempo es corto, hermanita mía, y nunca vuelve otra vez. Lo que una vez no aceptes, nunca más se te volverá a ofrecer, porque pienso que no lo recibirías con agrado. Sobre cada acto que tengas la oportunidad de hacer, pon la marca de tu amor, el sello de la decisión, de que lo recibes con un amor que se inmola a sí mismo, para que, de esta forma, pueda hacerte partícipe feliz de mi obra de salvación...

Cada pequeña gota de sufrimiento aceptada a precio de sacrificio y amor, sirve para deleitar a la Santísima Trinidad y en Su compañía tú también la vas a disfrutar. Este será tu premio que no es de este mundo".

LA LLAMA DE AMOR DE MI MADRE CALMA EL DOLOR DE MI ALMA

26 de julio de 1963

JC.- "De nuevo tengo que quejarme –dijo el Señor, **¡escúchame! ¡Tanto me duele el alma! A las almas creadas a imagen y semejanza de mi Padre Celestial que caen en las garras de Satanás, las traga el infierno. El dolor de mi alma, lo puede calmar la Llama de Amor de mi Madre. Tú también, hijita mía, estás calmando este terrible tormento espiritual. Por eso te pido: acepta todo sufrimiento que te ofrezco".**

Después de las palabras del Señor Jesús, habló enseguida la Santísima Virgen:

S.V.- "Cualquiera que fuese la dificultad con que debas enfrentarte, mi hijita carmelita, no abandones la lucha. Por medio de mi Llama de Amor que ahora hago descender a la tierra, comienza en el mundo una etapa de tiempo de gracia jamás conocida hasta ahora. ¡Sé mi fiel colaboradora!"

28 de julio de 1963

Tengo que sufrir unos dolores espirituales espantosas. Apenas logro mantenerme en pie. Tengo que sufrir por los moribundos para que no se condenen. En mis sufrimientos desgarradores el Señor Jesús hizo oír su voz:

JC.- "¿Verdad que sufres mucho? Soy Yo quien quiero así y sé que tú tampoco quieres cosa distinta de lo que quiero Yo. Digo, tienes que sufrir abandonada, mal comprendida, despreciada. Esta es la verdadera participación en Mi obra redentora que salva muchas, muchas almas. En la abundancia de mi gracia tus sufrimientos se vuelven cada vez más meritorios".

ARDAN USTEDES COMO LA ZARZA QUE ARDE SIN CONSUMIRSE

1o. de agosto de 1963 - Primer viernes

Me torturaban sufrimientos espirituales y corporales. El Señor Jesús me suplicó precisamente cuando estaba amasando las pastas:

JC.- "Acepta por mucho que te duela este gran sufrimiento. Sabes, tantas gracias recibes como muchas otras almas sólo la reciben en décadas de años. ¡Sé muy agradecida por ello! Es la Llama de Amor de mi Madre que me obliga sin cesar. Muchas veces te lo dije ya, que Ella te escogió para que fueras una de sus particularmente favorecidas".

Mientras yo hacía mi trabajo, Él me hablaba y me dijo todavía varias cosas. Por momentos los miembros de mi familia venían a mí con sus diferentes problemas. En esos momentos el Señor Jesús se quedaba callado. Él es la delicadeza infinita.

Faltando veinte minutos para las tres de la tarde, miré precisamente mi reloj, mientras pensaba en su agonía. Una vez se quejó que veinte minutos antes de su muerte tuvo sus dolores más atroces. Todavía este mismo día al atardecer me dijo:

JC.- "¿Verdad que ya no dudas más de que te escogí para que fueras una entre los trabajadores de la redención? Muchos sacerdotes misioneros no pueden hacer más de lo que tú haces. Tus sacrificios continuamente renovados y tu esfuerzo ininterrumpido son muy gratos para Mí. Y la fe viva puesta en Mí, mantiene tu alma en un continuo frescor y la hace apta para recibir la abundancia de gracias. Así, hijita mía, ¡sírveme sólo a Mí!"

Esto vale según el Señor para todos aquellos también que hacen sacrificios por su Obra redentora.

El primer jueves y el primer viernes son siempre días especiales de sufrimientos. El Señor Jesús las derrama en mayor medida en estos días. Hoy me dijo:

JC.- "La cosecha es abundante pero los obreros son pocos, especialmente los que con alma y corazón se alistan entre mis obreros. ¿Comprendes, verdad? No hagan ustedes de mala gana lo que hacen.

¡Ardan ustedes, como la zarza que arde y, sin embargo, no se consume!

Un tal sacrificio necesito Yo, que no se consume nunca, y su fuego, que arde de amor, me alcanza".

MARÍA SERÁ MÁS VENERADA CUANDO DERRAME EL EFECTO DE GRACIA DE SU LLAMA DE AMOR EN LAS ALMAS

4 de agosto de 1963

JC.- "Tengo que decirte, hija mía, que mi Madre no estuvo nunca tan venerada desde que el Verbo se hizo Carne, como lo estará ahora, cuando derrame el efecto de gracia de su Llama de Amor a los corazones, a las almas. Todas las oracio-

nes y súplicas que cualquier persona haya elevado a Ella en cualquier lugar del mundo, el día en que se va a hacer valer su Llama de Amor, se fundirán en una sola súplica de auxilio y así se postrará la humanidad a los Pies de la Madre de Dios, para darle gracias por su amor maternal sin límites".

El mismo día me dijo también esto:

JC.- "Transmite mis palabras a las personas a quienes corresponde y pídeles que no quieran impedir que fluya este gran rio de gracias que mi Madre, por su Llama de Amor, quiere derramar sobre la tierra".

(El 13 de marzo de 1976 también me pidió que lo transmitiera.)

USTEDES PUEDEN DESPOJARME COMO QUIERAN

6 de agosto de 1963

JC.- "¿Sabes lo que hace que el alma viva de verdad? El ejercicio continuo de la oración y sacrificio. Sin esto sus almas están enfermas y morirán. Sí, hay que darle al cuerpo lo que necesita. El alma también reclama lo suyo. Pero entre el cuerpo y el alma está el maligno, que agita el alma acá y allá. Si el alma no tiene firmemente las riendas, cosa triste será, pero se perjudicará".

El mismo día, más tarde:

JC.- "¡Pidan muchas veces y mucho! Cuántas veces y por cuantas intenciones me pidan, tantas veces y para tantas necesidades recibirán. Más aún, si veo su confianza, cumpliré sus peticiones colmada y reiteradamente. A Mí no me pueden vencer en generosidad. ¿Verdad, hijita mía, que esto tú también lo sientes? Y esto te da gran fuerza. Aunque tropieces, tu carda será pequeña. ¿Sabes por qué? Porque te encadené a mis Pies a propia petición tuya. De Mí mismo no lo hubiera hecho, la libre voluntad es tuya. Pero si veo la confianza de ustedes, ya me tienen obligado y esto significa: ustedes pueden despojarme como quieran. Yo no rehúso, con el amor de mi Corazón me paro delante de ustedes. Aquí estoy para hacerles felices".

ARREPENTIMIENTO Y GRATITUD, ESO PIDO

7 de agosto de 1963

JC.- "Mi amor es todopoderoso. Compenétrate de éste gran milagro: Yo continuamente estoy a la disposición de ustedes. Conmigo, no necesitan estar esperando haciendo cola ni pedir hora y lugar de cita. En todo momento y en todas partes estoy presente. Si me llaman, mi oído está ya sobre su corazón y les atiendo, les acaricio, les curo. Yo no pido la ficha del enfermo, Yo estoy hambriento únicamente de la voz de arrepentimiento. Este es el único paso que les acerca a Mí: el arrepentimiento.

Sé que muchos de ustedes caerán de nuevo, pero si veo que no se extravían alejándose de mi lado, Yo rápidamente les puedo levantar de su postración, porque mi Mano divina está cerca de ustedes. Si les levanto, el pecado cae instantáneamente de ustedes y vuelven a estar de nuevo livianos. Yo por esto no desea más que gratitud; díganme por ello una sola palabra: '¡Gracias!' Me preguntan: ¿cuántas veces? Cada vez que les levanto. Esto es, naturalmente, lo mínimo que pueden hacer. Pero si me dan gracias en lugar de otros también, ya están en el camino serio del adelanto. Ora tú también, mi Isabel, para que el número de las almas arrepentidas y agradecidas vaya creciendo de día en día".

LIMPIA TU ALMA, FRENA TU MIRADA

10 de agosto de 1963

Era domingo. Al salir de la santa misa, me fijé en un vestido de un diseño interesante. Mi intención era mirarlo más de cerca. El Señor Jesús silenciosamente me amonestó:

JC.- "¡Frena tu mirada! ¿Piensas que Yo no puedo suplir estas cosas? ¡Qué nuestras miradas se compenetren profundamente fundiéndose la una en la otra!"

13 de agosto de 1963

Ayudaba a la limpieza de la capilla y dije con alegría: ¡Aquí estoy, mi dulce Jesús! –Él tampoco me dejó sin respuesta:

JC.- "¡Qué bien lo vamos a pasar!"

Cuando al día siguiente con un paño de polvo en la mano me arrodillé de nuevo delante de Él, le pedí: Como ahora estoy preparándome para la santa confesión, sé bueno y limpia Tú también mi alma del polvo para que vea cada vez más nítidamente tu Santa Voluntad y por ello sea cada vez más digna para tu Santo Servicio. –Después en el tranvía también conversaba con Él, pensando qué limpio está ahora su hogar. Él me sorprendió en mis pensamientos:

JC.- "Yo también estaría alegre si el alma de las personas que pertenecen a mi casa estuviera tan poco empolvada y tan cuidada como lo está ahora mi santa casa".

Le pregunté: ¿Y no es así? –Con una frase dolorosa me dio a conocer:

JC.- "¡Lastimosamente, no!"

Me conmoví mucho y tristemente pensé en el dolor de sus palabras. Ahora el Señor Jesús, en vez de palabras, suspiró a mi alma:

JC.- " ¡Qué nuestro interior sienta lo mismo!"

17 de agosto de 1963

Durante el almuerzo se me hizo muy difícil hacer insípida mi comida. Pensé: voy a comer la mitad y la otra mitad la haré insípida. El Señor Jesús tristemente observó:

JC.- "Yo acepté los sufrimientos sin ponderarlos mezquinamente y te salvé no sólo de algunos, sino de todos tus pecados. ¡No te portes mezquina! Que nuestras manos recojan unidas. Dirige hacia Mí tus semillas oleosas porque sólo así se harán más reventadoras, más cargadas y sólo a través de tu plena entrega se podrá exprimir sus gotas de aceite acumuladas".

CON SUFRIMIENTOS Y HUMILLACIONES SERÁN DIGNOS DE SERVIR A LA CAUSA

22 de agosto de 1963

En la fiesta del Inmaculado Corazón de la Santísima Virgen, estoy guardando cama. La fiebre alta ya me abandonó antes del mediodía. Rezaba el santo Rosario en honor de la Santísima Virgen. Durante la oración, el Señor Jesús me honró con sus palabras. Me sorprendió mucho lo que dijo porque a lo que ahora dio respuesta ocurrió hace ya bastante tiempo. La gran humillación y sufrimiento que me había caído en suerte entonces, durante días me había revuelto el silencio en mi alma y la confianza puesta en el Señor Jesús.

En ese tiempo varias veces le pregunté al Señor si lo había sido imaginación mía cuando Él y la Santísima Virgen me dirigieron al padre X, para que aceptara... la dirección de mi alma. Luego todavía le daba vueltas y más vueltas en mí y algunas veces le pregunté al Señor si no habría caído víctima de falsa imaginación. Como a esta pregunta no recibí entonces respuesta de parte del Señor Jesús, sufrí muchísimo. Pero ahora esto ya estaba retirado del orden de día y ni pensaba más en él.

JC.- "Aprecio, hijita mía, y miro con gran respeto y amor comprensivo tus sufrimientos y humillaciones que hasta ahora has debido llevar con paciencia... Ves, el Padre a quien te envié tiene libre voluntad. Verdad que reconoció delante de ti que tiene dudas. Te digo Yo que ni ahora ve claro el asunto. No lo retiró del orden del día ni tampoco se olvidó de él. En su alma sigue siendo oscura la firme decisión con que te enviamos a donde él. Pero comprobará que en todo es auténtica. Empero, él también deberá sufrir. Te dije que cualquiera que conozca algo acerca de la Llama de Amor de nuestra Madre, sólo por medio de sufrimiento y humillaciones podrá merecer ser digno de servir a nuestra causa".

26 de agosto de 1963

S.V.- "Tienes que partir el mes de septiembre para urgir más mi Llama de Amor. Fuera de mis Palabras, no hables nada,

sólo entrega mi Mensaje al Señor Obispo. Yo le pido que tome en sus manos mi Santa Causa. Sólo si te preguntan, responde a aquellos y sé humilde".

(Mi confesor no me dejó ir a ver al Señor Obispo.)

TÚ, QUÉDATE MUY PEQUEÑA E IGNORANTE

30 de agosto de 1963

JC.- "¡No quieras aparentar más! ¿Sabes por qué digo esto? Ve claro mis reglas de urbanidad. Escribe mis Palabras como puedes. No necesitas hacerlas corregir por otros. Me alegro de que sientas santa veneración hacia mis Palabras pero no necesitas honrarlas con las reglas de urbanidad y ortografía. Tú, ¡quédate no más muy pequeña e ignorante! Ya te dije que así eres querida para Mí. No busques nada que te haría aparecer como inteligente. Si así me hubieras agradado, te hubiera dado el modo y la posibilidad para ello. Nosotros a través de tu pequeñez e ignorancia, y sobre todo de tu humildad, queremos poner en marcha por medio de ti nuestra Santa Causa. ¡Cuidado, no dejes que se acerque a ti la vanidad! Por eso te llamo la atención, sé muy humilde, éste sea todo tu empeño, por medio de él todos tus logros se consolidarán también".

PREMIO TU GRAN COMPASIÓN POR LAS ALMAS DEL PURGATORIO

31 de agosto de 1963

Asistí a la santa misa vespertina. Luego, me quedé todavía por largo tiempo con Él. Le supliqué largamente. La hermana sacristana no se dio cuenta de ello y se marchó echando llave a la puerta. Estábamos los dos: Dios y yo con mi oración de súplica. Absorta, intercedí a favor de las almas del purgatorio. Ardía en mi alma gran deseo de que cuántas más se liberen de lugar del sufrimiento. Estando con mi gran anhelo, la Santísima Virgen así habló:

S.V.- "Premio, hijita mía, el gran anhelo y compasión que sientes de las almas del purgatorio. Hasta ahora rezaste tres Avemarías en mi honor por la liberación de un alma. Ahora, para calmar tu anhelo, en adelante diez almas se liberarán del lugar de sufrimientos".

Casi no podía comprender tan grande bondad. En lugar de deshacerme en agradecimientos, sólo un suspiro vino a mis labios: Santa Madre de misericordia, ¡gracias por tantas gracias!

YO, VOY A BUSCAR CORAZONES

1o. de septiembre de 1963 - Lunes

Hoy es día de ayuno por las ánimas sacerdotales. Como el Salvador me lo había pedido, ayunando a pan y agua puedo liberar un alma sacerdotal del purgatorio. El ayuno me debilita un tanto ya que hago también mis tareas de casa del modo acostumbrado y ayudo a mis hijos. Hacia el atardecer una vez terminado mi trabajo, fui a donde el Señor Jesús. El recogimiento en El quedó inesperadamente perturbado por una molestia que sentí.

Tuve que despedirme del Señor Jesús. En el camino hacia la casa, me dijo:

JC.- "Te espero en casa; cuando llegues ya estaré ahí en nuestra pequeña habitación".

Me emocioné mucho y en Su presencia consumí mi modesta cena que no era más que pan. El Señor Jesús estaba ahí conmigo, no le vi pero la sensación de su presencia me lo aseguraba. A causa de mi gran cansancio, no podía por mucho tiempo quedar levantada para adorarlo de rodillas. El Señor Jesús con infinita bondad y delicadeza dijo:

JC.- "¡Descansa ya! Yo seguiré todavía contigo unos momentos más. Que sientas Mi bendita presencia y la pena de mi Corazón que comparto contigo. ¡Que nuestros corazones latan al unísono!"

...Mis lágrimas comenzaron a brotar lo que aumentó mucho el arrepentimiento de mis pecados. ¿Quién no lloraría en vista de tanta bondad y delicadeza?

En devoto silencio, Él estaba parado junto a mí y luego se despidió:

JC.- "¡Qué descanses en Paz! Yo, ¡voy a buscar corazones!"

Al sentir cómo se alejaba su santa presencia, le llamé sollozando: ¿Adónde vas, mí adorado Jesús? –Él, con voz acongojada respondió:

JC.- "Voy, simplemente. Primero visito a las almas a Mí consagradas, les ofrezco una y otra vez mis gracias".

QUE TU VIDA SEA DE RECOGIMIENTO, DE ORACIÓN Y DE SACRIFICIO

2 de septiembre de 1963

Durante el almuerzo, cayó en mis manos la revista "Vigilia". Comencé a leer un artículo, cuando el Señor Jesús silenciosamente hizo oír su voz:

JC.- "¡Guárdala! ¿Te olvidaste de lo que te había pedido que renunciaras a toda lectura distractiva? Tu vida sea de recogimiento, de oración y de sacrificio. O acaso ¿no quieres ser verdadera carmelita? Esto me dolería mucho. ¿Resulta difícil la renuncia? No temas, ¡te lo voy a recompensar!"

Tristemente me arrepentí por lo que había hecho y, luego, rápidamente me puse a trabajar mientras le adoraba. Al salir al jardín para extender la ropa, Él dijo:

JC.- "Te espero en nuestra pequeña habitación. ¡Ven un poco para estar Conmigo!"

Apenas entré en el pequeño cuarto, su presencia al instante me llenó de santa devoción. Después de adorarle brevemente continué con mi trabajo. El Señor Jesús me pidió:

JC.- "¡Esmérate y vuelve, espero a que regreses!"

Regresé de prisa y me postré. Él inundó mi alma con su presencia divina y me pidió:

JC.- "¡Ámame sólo a Mí, sírveme sólo a Mí, mejor todavía! ¿Verdad que estas palabras ya te son conocidas? Sabes, siempre te pido aquello que más anhela mi Corazón".

...SU EFECTO DE GRACIA SE DERRAMARÁ TAMBIÉN SOBRE LOS MORIBUNDOS

12 de septiembre de 1963

Después de mi santa confesión, el Señor Jesús me inundó con grandes tormentos y estos sufrimientos se alternaban.

Una vez tuve que sufrir por que las dudas me apretujaban, otra vez porque a petición de la Santísima Virgen tuve que padecer la agonía de los moribundos y su lucha con Satanás. La Santísima Virgen me dijo de nuevo:

S.V.- "Ves, hijita mía, si se enciende la Llama de Amor de mi Corazón en la tierra, su efecto de gracia se derramará también sobre los moribundos. Satanás se quedará ciego y con la ayuda de la oración de ustedes, durante su velada nocturna, terminará la terrible lucha de los moribundos con Satanás y bajo la suave luz de mi Llama de Amor, hasta el pecador más empedernido se convertirá".

Y mientras me dijo esto, mis sufrimientos aumentaban tanto que casi me desplomé a causa del dolor.

DUDAS, HUMILLACIÓN INTERIOR

14 de septiembre de 1963

Durante mi trabajo la Santísima Virgen me instó a que fuera y urgiera su santa causa. Yo estaba tan confundida por esto que comenzó a torturarme una resistencia nunca sentida hasta ahora. ¿Será de verdad la voz de la Santísima Virgen? ¿No habré caído víctima de mi imaginación? Esto se suscitó en mí porque después de mi confesión hecha dos días antes, al entregar a mi padre espiritual la nueva petición de la Santísima Virgen, que era también apremiante, él me contestó que no fuera donde el Señor Obispo, pues él va a tomar la responsabilidad ante la Santísima Virgen. Añadió además que, si es urgente para la Santísima Virgen, que tome Ella las medidas. Más aún: Que espere yo hasta que el Señor Obispo... llegue a la ciudad; entonces debería hablar con él. Sobre esto yo contesté a mi padre espiritual: Sí, me someto plenamente a lo que él diga, y no hago nada sin su mandato o permiso. La Santísima Virgen entre tanto seguía urgiéndome:

S.V.- "¡Ve rápido!"

Le pregunté: Madre mía, ¿a dónde, en qué dirección tengo que ir? ¿A quién? –Ella dio una respuesta tajante:

S.V.- "Ve con el Padre E, y pregúntale si sabe cuándo viene el Señor Obispo".

Cuando escuché estas palabras me confundí por completo. Esta era una disposición inesperada. Me sentía incapaz de tomar una decisión. Dentro de mí ya preveía las grandes dificultades, ya que el Señor Obispo no solía venir en esta época: y qué diría el Padre E, si me presento ante él con mi pregunta. Pero el apremio era mucho más fuerte como para poder resistirle. Interrumpí mis trabajos de casa y apresurarme fui a ver al Padre E, para preguntarle esto. El no se sorprendió sino contestó: "Sí, lo esperamos el día lunes para bendecir una lápida sepulcral", pero no recibí todavía una respuesta precisa. –Le pedí me comunicara el tiempo porque si viene quisiera hablar con Él. Luego me arrodillé delante de él y le pedí que me bendijera antes de retirarme. Él, cuando pido una bendición, siempre se sorprende, mientras que yo lo considero algo normal.

...Como el Padre no me comunicó la fecha, fue grande mi humillación interna. No sabía para qué todo esto. Aunque el impulso que seguí resultó verdadero, pese a ello prevalecía en mí la angustia de las dudas. ¿Y si el impulso no hubiera venido de la Santísima Virgen? En tal caso, ¿qué poder me obligó a hacerlo?

EXTIENDO... SOBRE TODOS LOS PUEBLOS Y NACIONES

16 de septiembre de 1963

La Santísima Virgen habló de nuevo:

S.V.- "Extiendo, hijita mía, el efecto de gracia de la Llama de Amor de mi Corazón sobre todos los pueblos y naciones, no sólo sobre los que viven en la Santa Madre Iglesia, sino sobre todas las almas que fueron señaladas con la bendita cruz de mi Santo Hijo".

Anotación posterior en el diario: "¡También sobre los no bautizados!" (Estas cosas volvió a decir la Santísima Virgen en los días 19 y 22 también.)

PRIVILEGIO, DONDE HACEN LA HORA SANTA EN FAMILIA

Luego, el 24 de septiembre de 1963, de nuevo habló:

S.V.- "Mi Llama de Amor, que deseo derramar de mi corazón sobre ustedes en una medida cada vez mayor, se extiende también sobre las ánimas del purgatorio. Fíjate bien en mis palabras, escribe lo que digo y entrégalas a las personas a quienes corresponden:

Aquellas familias que guardan los días jueves o viernes la hora santa de reparación en familia, si en la familia muere alguien, después de un único día de ayuno estricto (observado por un miembro de la familia), **el difunto de la familia se libra del purgatorio".** (Se entiende: si falleció en gracia de Dios.)

Nota: Guardar "ayuno estricto" significa: no es menester pasar hambre. Hay que comer pan y beber agua.

El Señor Jesús:

JC.- "Me agradas ahora. Preguntas, ¿por qué? ¡Sigue esmerándote! ¿Qué te dijo tu ángel de la guarda? Aumenta en ti la adoración y pleitesía hacia la Santa Majestad de Dios. Ves cómo por tu propósito de hacer cada hora examen de conciencia, tu alma se afina para hacerse cada vez más apta a sumergirse en Dios y a la adoración. Tu pleitesía también se acredita en gran medida hacia la santa Majestad de Dios. Este propósito tuyo exige un recogimiento muy grande. Pero para el amor no existe un imposible. Para esto Yo di suficiente ejemplo.

Tu carácter violento seguirá, pero de esta mala naturaleza tuya, si te sometes a mi Mano divina, Yo haré una obra de arte. Sólo abandónate en Mí igual que los racimos de uvas pisados, que se transformarán en vino y de este será mi Sangre Santísima. Tú también te embriagas de mi preciosa Sangre, pero sólo si antes te transformas y como el mosto te clarificas. O como el trigo que sólo después de haber sido molido se

transformará en mi Cuerpo Santísimo. Tú también sólo después de haber sido molido te transformarás y será divinizada tu miserable naturaleza. ¿Lo entiendes verdad? Juntos hemos meditado ya mucho sobre esto. El que come mi Cuerpo y bebe mi Sangre, permanece en Mí y Yo en él. En quien está Dios, será divinizado el también. ¡Compenétrate, hija mía, de esta gracia tan grande!"

¡TANTO ESPERO TU LLEGADA! GUARDA CUIDADOSAMENTE EL SILENCIO DE TU ALMA

2 de octubre de 1963

El Señor Jesús habló:

JC.- "No permitas que la tierra te atraiga hacia sí. Tú cual flecha vuelas derecho hacia Mí con la ayuda de tantas gracias con las que te colmo. Por medio de estas puedes mantenerte en tu vuelo. No permitimos recaída porque mis gracias te mantienen en continuo vuelo. Ya está cerca el momento, sólo ten paciencia. Yo apenas aguanto tu llegada. ¡Mi hijita, mi Isabel! Te estrecho a mi Corazón y por todos tus sufrimientos que soportaste por mi obra salvadora, recibirás un premio inenarrable".

9 de octubre de 1963

La Virgen Santísima también me pidió con palabras muy dulces:

S.V.- "¡Cuida, mi hijita carmelita, el silencio de tu alma! No des entrada a ningún susurro que podría perturbar el silencio de tu alma, porque nuestras palabras seguirán resonando si las escuchas con humilde y santa devoción".

Estas palabras de la Santísima Virgen resonaban en mi alma como cuando nosotras, madres, amonestamos a nuestros hijos y los protegemos con amor preocupado y temeroso.

LAS MADRES COMPRENDEN LA ANGUSTIA Y EL DOLOR DE MI ALMA

18 de octubre de 1963

Durante la velada nocturna la Santísima Virgen comenzó a hablar conmigo y mientras lo hacía, derramó en mi alma el dolor sin límites de su Corazón maternal. Mientras mi alma se llenaba del dolor de su Corazón maternal, Ella seguía hablando:

S.V.- "Sólo una madre puede comprender, hijita mía, la angustia y el dolor de mi alma. Por eso me dirijo a ti. Tú sabes de angustio. Sé que me comprendes. Oh, ¡cuántos de entre mis hijos se condenan! Me desplomo bajo el peso del dolor, por eso lo comparto contigo para que te apresures cada vez más a poner en marcha la santa Causa. Tú, también eres madre y la angustia de mi Corazón es tuya también".

Mientras tanto aumentaba el dolor maternal en mi alma, me pidió otra vez que no rehuya ninguna fatiga y que no deje de lado su petición que a través de mi va a partir.

19 de octubre de 1963 – Sábado

De mañana, ya al despertarme, con una palabra conmovedora suya, sólo me dijo la Virgen Santísima:

S.V.- "¡Ve, criatura mía, date prisa! Cada minuto significa la perdición de las almas. ¡Ve, niña mía!"

Repetía de nuevo. Después de la santa comunión me pidió lo mismo.

S.V.- "¡No dejes que se enseñoreen de ti nuevamente los sentimientos, pesados como plomo, de la duda, porque esto sólo obstaculiza la realización de mis planes! Ahora, en breve, conduciré la causa a tales personas que en gran medida impulsarán mi santa Causa".

A estas palabras suyas, con mayor peso todavía oprimía mi alma la duda: Madre mía, ya he acogido tantas iniciativas y he procurado satisfacer con todas mis fuerzas tus peticiones y todo quedó en intentos... ¡Perdóname!... No quiero yo hacer nada siguiendo mi propia imaginación. Despójenme pues por completo de todo mi pensamiento y sólo pueda pensar y hacer lo que Ustedes me piden. Si pueda pedir, alejen de mí todo aquello que me hace víctima de mis propias imaginaciones...

La Santísima Virgen se contentó con decir:

S.V.- "¡Cree en mi poder maternal!"

Sentí, pues, que tengo que partir. Tengo que hacer lo que la Santísima Virgen pide. Su petición resuena continuamente en mi alma cual campana que presagia siniestro.

OCURRIÓ DURANTE LA ADORACIÓN DE LA SANTÍSIMA TRINIDAD

22 de octubre de 1963

Al regresar de la santa misa y al ponerme a trabajar en casa, mi Santo ángel de la guarda me pidió que fuera a recogerme y que adorara a la Santísima Trinidad.

A petición de mi ángel de la guarda me retiré en mi pequeña habitación que está en el fondo de la huerta y es una pequeña casita. De las gracias admirables que he vivido durante la adoración de la Santísima Trinidad, no es posible hablar ni tampoco describirlas. Esto sólo puede ser vivido. Aquí toda palabra humana es débil. Ocurrió en ocasiones anteriores que la transfusión de gracias emitidas en forma de rayos por la Santísima Trinidad la pude describir de alguna manera por su esplendor e iluminación, pero aquellas vivencias quedan pálidas y obscuras en comparación con lo que ahora me permiten sentir, vivir.

23-24 de octubre de 1963

Pasé estos dos días sumergida en la adoración de la Santísima Trinidad. Entre tanto las dudas perturbaban mi alma hasta el extremo. No puedo librarme de mis tormentos espirituales deprimentes: soy víctima necia de mis propias imaginaciones. ¿Quién puede librarme de esto? Esto ya no es tentación del maligno, pues hace ya mucho tiempo que la Santísima Virgen cegó a Satanás en mi alma. Verdaderamente, ¿soy yo misma el origen de estas luchas? Ahora justamente no tengo oportunidad de ir a consultar a mi padre espiritual, él seguramente podría dar explicación de los desordenes de dudas que dominan mi alma.

Sentí como si mi alma estuviera trepando a un mástil tan alto que daba vértigo, y no me quedaba más que o llegar allá arriba o precipitarme al abismo. Pero ya no puedo soportar más esta larga lucha... En medio de mis sufrimientos sentí que el sumergirme en la Santísima Trinidad es lo que mantiene mi alma para no abandonar ya para siempre la agotadora lucha que, con todo, no quiere cesar en mi alma.

Ya anochecía cuando fui a donde el Señor Jesús para que ahí encontrara descanso mi alma... De repente el Espíritu de Amor me llenó con un sentimiento que me hizo estremecer.

Tengo que escribir que la sensación del espacio y del tiempo dejó de existir en mí y en este arrobamiento espiritual el Señor empezó a hablar. Su voz derramó sobre mí una fuerza extraordinaria. Sus palabras llegaron a mi conciencia a través de una locución plenamente humana.

JC.- "Como premio de las grandes luchas, hijita mía, la Santísima Trinidad en un grado cada vez mayor tomó posesión de tu alma. Hice que llegara ahora, hasta el grado más alto, la puesta en tensión de todas tus fuerzas humanas. No te sorprenderás por lo que ahora te voy a decir ni por la forma como la expresaré. Para que puedas comprender el sentido de mis palabras, tengo que usar expresiones que te son familiares: tanto en cantidad como en calidad has respondido a las exigencias divinas".

Estas palabras suyas permitieron que mi alma se sumergiera en gozos inimaginables mientras Él seguía todavía hablando:

JC.- "De hoy en adelante, como tu alma quedó purificada de la angustia de las dudas, ya se te concederá frecuentemente el que puedas elevarte al Padre Celestial y sumergirte en la contemplación regocijante y admirable de la Santísima Trinidad. Ahora ya serán más espaciadas las veces en que Yo te hable. Por tu frecuente sumersión en la Santísima Trinidad tu alma se elevará cada vez más a Dios y permanecerá en

compañía del Padre Celestial. Este es el premio de tus sufrimientos cuyo valor es imperecedero.

Ahora te voy a premiar, en vez de tus dudas, con el regalo de otra clase de sufrimiento.

De hoy en adelante tendrás que soportar una lucha grande, ininterrumpida contra las exigencias del cuerpo que tratarán de atraer con gran fuerza a la tierra los anhelos tendientes, hacia lo alto, de tu alma. Sólo venciéndola continuamente y enfrentándola puedes quedarte en la posesión del Espíritu de Amor. Todos los sacrificios de tus luchas y fatigas los abonaré a favor de los doce sacerdotes llamados a dar a conocer y poner en marcha la Llama de amor de mi Madre".

En este momento intervino la Santísima Virgen y con su amor inmenso me dijo:

S.V.- "Haré, mi pequeño instrumento, que prevalezca en tu alma la certeza de que mis palabras son auténticas. ¡Humildad, sacrificio! Estos dos dominen inseparablemente tu alma. Confía ya por fin en mi poder maternal con el cual cegaré a Satanás y libraré al mundo de la condenación".

EN TU INUTILIDAD, SIEMPRE SERÉ YO TU MÁS FIRME APOYO

28 de octubre de 1963

De noche fui a donde el Señor Jesús... En el camino también estaba sumergida en Él, deseosa de aprovechar bien el silencio que me rodeaba... Le pregunté al Señor Jesús: Mi adorado Jesús, entre las palabras que tengo escritas ¿hay alguna que procede de mi imaginación? Señálala por favor, porque esto todavía me tiene inquieta. Él, al momento, se paró a mi lado, puso su Mano bendita sobre mi hombro –no le vi, sólo me permitió sentir su Presencia– y como sonriendo dijo:

JC.- "¡No tienes ningún motivo para pensar en tal cosa!"

Y después de estas palabras intensificó aún más la sensación de su Presencia.

1o. de noviembre de 1963

Durante mi trabajo, el Señor Jesús comenzó a hablar mientras aumentó en mí la íntima devoción que tanto domina mi alma y de la cual tengo que escribir: Vivo yo, pero ya es sólo la voluntad del Señor que me hace vivir. Lo que ahora escribo fue muy sorprendente para mí.

JC.- "Mi pequeñita querida, ¿verdad que te sorprende el que te llame tan cariñosamente? Así me agradas a Mí, si te abandonas enteramente en Mí. Hazlo siempre así, porque es esto lo que te mantiene continuamente en mi cercanía. En tu inutilidad siempre seré Yo tu más firme apoyo. Esa gran vivencia divina que te regalé en días pasados compensa la gran tentación que Satanás desencadenó contra ti. ¿Sabes a que me refiero?"

Y evocó en mi memoria la lucha que duró durante varios días.

JC.- "Yo, el Maestro, lo anoté satisfecho y ahora por esa gran lucha pongo tu alma en un estado especial de mis gracias. Sabes, mi pequeñita, ya aquí en la tierra recibes un adelanto de las delicias del Cielo. Como ya lo dije, este es el premio de tus sufrimientos cuyo valor es imperecedero".

LA LLAMA DE MI CORAZÓN NO PUEDO CONTENERLA MÁS. SU EFECTO ENCENDERÁ A TODAS LAS ALMAS

7 de noviembre de 1963

En estos días la Santísima Virgen continuamente urge y pide:

S.V.- "Yo no puedo más contener en mi Corazón mi Llama de Amor. ¡Permítanle que salte hacia ustedes! ¡Hagan todos los preparativos por partir! ¡Sólo el primer paso es difícil! Una vez que éste se ha dado, hijita mía, mi Llama de Amor arrollará tumultuosamente la desconfianza de las almas. Y al no encontrar ya resistencia, con suave luz iluminará a las almas. Quienes acojan mi Llama de Amor serán embriagados por la abundancia de gracias, anunciarán por todos partes, como ya lo había dicho, que tal raudal de gracias no se ha dado desde que el Verbo se hizo Carne".

19 de noviembre de 1963

La Santísima Virgen de nuevo habló:

S.V.- "Después de que hayan cesado las dudas que te atormentaban, hijita mía, ¡lleva mi santa causa! Tú no puedes descansar. ¡No estés cansada ni retraída! Tienes que hacer valer el encargo a través de aquella persona también que te fue señalada por acompañante. ¡Reúnanse ustedes los que ya saben algo acerca de ella! ¡Qué lerdos que están! ¡No tengan miedo, confíen en mi poder!"

21 de noviembre de 1963

La Santísima Virgen urge de nuevo:

S.V.- "...Ahora, una vez que mi Llama de Amor ha prevalecido definitivamente en tu alma, tienes que querer con todas tus fuerzas todo lo que te había encomendado. La fuerza para actuar la concedo a todos. Por medio del efecto de gracias de mi Llama de Amor, encenderé luz en las almas para que la partida de ustedes sea valiente".

Aquí me recordó en qué orden y a quienes debía dirigirme. Luego:

S.V.- "¡Hagan esto! ¡Yo soy quien lo urjo!…"

LAS FUERZAS AUNADAS DEL MUNDO ENTERO SE NECESITAN PARA CEGAR A SATANÁS

27 de noviembre de 1963

De nuevo la Santísima Virgen habló y me preguntó con una voz enteramente humana:

S.V.- "Dime, hijita mía, ¿hasta cuándo estarán aquí sin dar un paso adelante?"

Sus palabras provocaron inmediatamente en mi alma el sentimiento de mi miseria e inutilidad... Luego permitió oír de nuevo su palabra que sonaban tan maravillosamente como tan sólo una vez la había escuchado hasta hoy. Sus palabras resonaban majestuosas, severas y apremiantes:

S.V.- "¿Qué piensan, a quién pediré cuenta por poner obstáculos? Si hubiera alguien así entre ustedes, defiendan con todas sus fuerzas mi Llama de Amor. Tienen que empeñarse en cegar a Satanás. Las fuerzas aunadas del mundo entero se necesitan para lograrlo. No se retarden porque un día tendrán que responder del trabajo que se les había confiado, de la suerte de un mar de almas. ¡Quiero que ni una sola alma se condene! Porque Satanás quedará ciego en la medida en que ustedes trabajan en contra de él".

Aquí la Santísima Virgen dijo también que no sólo sobre los sacerdotes recaerá la responsabilidad, sino sobre todos aquellos que por comodidad no se alistaron en la lucha por cegar a Satanás.

S.V.- "¡Pongan ya en marcha la efusión de gracias de mi Llama de Amor! Para su partida les concedo una fuerza admirable para todos y para cada uno en particular... ¡La responsabilidad es grande pero su trabajo no será en vano! Del trabajo mancomunado ni una sola alma debe faltar. La suave luz de mi Llama de Amor se encenderá y prenderá fuego en toda la redondez de la tierra y Satanás humillado y reducido a la impotencia ya no podrá ejercer más su poderío. ¡Sólo que a estos dolores de parto no los quieren ustedes prolongar!"

Luego me pidió de nuevo que no descuidemos de hacer llegar su mensaje al Señor Obispo. (Se lo llevé en carta el 28 de Noviembre de 1963.)

LA INSISTENCIA DE LA SANTÍSIMA VIRGEN ERA TAL...

28 de noviembre de 1963

Esta carta la llevé al Padre X, en días anteriores. La insistencia de la Santísima Virgen era tal que casi no sabía cómo darle cumplimiento.

Mi muy reverendo padre:

Le ruego no tome a mal esta carta mía, yo que no soy nada ni nadie, sino un pequeño instrumento en manos de la Santísima Virgen. Yo no hago más que lo que Ella me dice. Ella es de gran

Poder, es Ella quien urge, yo sólo su humilde hija. A usted también le obedezco con toda mi voluntad y hago todo lo que me diga. Yo también estoy en apuros a causa de la petición de la Santísima Virgen que no cesa en mi alma. Ella es quien urge que hagamos llegar su petición al Señor Obispo y hace referencia a que su Llama de Amor encontró acogida en él. Qué más puedo hacer yo que escribir y llevar, o mandar por medio de la hermana, las palabras de la Santísima Virgen como Ella me lo ha ordenado.

Cuando por segunda vez estuve con el Señor Obispo, él me dio este consejo (lo transcribo textualmente): "Trate de encontrar para sí un director espiritual estable quien, después de haberle conocido a usted, de todos modos le llamará la atención su estado espiritual extraordinario. Él sabrá lo que ha de hacer. Y si viene a mí, yo no rehusaré a recibirlo".

Usted, Padre, tendría que buscar la oportunidad de encontrarse con el Señor Obispo... Es petición de la Santísima Virgen que cuánto antes se reúnan... Lo que escribo, lo hago por apremio continuo de la Santísima Virgen. –Le saludo con humilde respeto...

¡NO SE QUEDEN PASIVOS!

2 de diciembre de 1963

Después de la Santa Misa así habló la Santísima Virgen:

S.V.- "¡No se queden pasivos frente a mi causa santa! A través de los pocos, los pequeños y los humildes, debe comenzar esta efusión grande de gracias que conmoverá al mundo. Ninguno de los llamados debe excusarse ni rehusar mi invitación. Todos ustedes son mis pequeños instrumentos".

(Esta comunicación también llegó a manos del padre y siempre va por correo personal, en forma de carta, según lo pide en cada caso el Señor Jesús o la Santísima Virgen.)

10 de diciembre de 1963

La Santísima Virgen me envió a donde el Padre E, para comunicarle que fuera a donde mi director espiritual. Sobre este particular no dijo nada más. Su palabra con respecto a esta orden fue corta y firme. Después, cambiando su voz, comenzó a hablar con tanta dulzura que de nuevo sólo debo escribir que mi alma fue arrebatada. Sobre lo que pasó conmigo, sólo puedo escribir unas pocas palabras. Los días anteriores me debatí en tormentos espirituales muy vehementes... La Santísima Virgen compartió conmigo su dolor maternal. Estos sufrimientos en tan gran medida me invadían que apenas me quedaban fuerzas para otra cosa... La conversación con la Santísima Virgen fue casi ininterrumpida.

Las palabras que la Santísima Virgen dijo durante el arrobamiento, no las puedo escribir... El Señor Jesús habla ahora raras veces, pero Él ya había anunciado esto previamente. En este tiempo es la Santísima Virgen que llena mi alma con su especial amor y la atrae al arrobamiento...

HAGAN PENITENCIA

15 de diciembre de 1963

El Señor Jesús me instruyó y se quejó nuevamente:

JC.- "¡Con qué grande fe, esperanza y amor hice por ustedes el más grande sacrificio! Creí y esperé que tendría seguidores que correspondan a mis sacrificios hechos con un amor sin límites. En mi agonía cuando estaba sudando sangre, la consolación de mi Padre Celestial me dio nuevas fuerzas para poder vaciar del todo la copa de los sufrimientos. Sufrí como Hombre, rehusando toda ayuda de la Divinidad para que mi Corazón sienta con ustedes. Como Hombre probé todo género de sufrimientos y fui al camino del dolor animado por la esperanza puesta en ustedes. Vi la mucha infidelidad y frente a ella su amorosa entrega también. Es ésta que me movió y me mueve hoy también a la misericordia y a la clemencia. Sabes que si encuentro un solo justo, perdono a muchos. ¡Hagan pues penitencia para que mi esperanza puesta en ustedes produzca para ustedes el fruto de la salvación!"

Diciembre de 1963

Un viernes por la tarde cuando ya me fallaban las fuerzas a causa de la fuerte mortificación, el Señor Jesús de repente me sorprendió. Las gracias que derramó sobre mí me hacían temblar. Con gran amabilidad me dijo:

JC.- "¡Tú, tú! ¡Qué no te concedería! Aumento las gracias, conforme lo pediste, en tu alma, que has ensanchado ante Mí por medio de tus sufrimientos. Ahora cabe en ella todo lo que le quiero dar. Cada sacrificio es un nuevo depósito bancario en el cielo que vas a traer contigo y su interés lo recibirá, después de tu muerte, la multitud de almas a través de Mí".

EL ALTAR EMPOLVADO

22 de diciembre de 1963

Estaba limpiando la capilla mientras me sumergía en su infinita bondad. En mi alegría le daba las gracias por poder estar hoy tan largo tiempo en su cercanía. Él también me confió su alegría, que es una misma con la mía, y entre tanto comenzó a quejarse. Cuando me puse a limpiar detrás y debajo del altar mayor que desde hace años no había sido limpiado, donde la capa de polvo tenía el grosor de un dedo y mi bata de trabajo blanco se convirtió en gris, el Señor Jesús se dirigió a mí con amarga queja:

JC.- "Ves, así es el alma que delante o debajo de mi altar se encoge, pero durante años no la tiene limpia. No mira hacia adentro, sólo la fuerza de la costumbre la mantiene en mi cercanía. Ella también llega a Mí con una capa de polvo de un dedo en su alma".

(Entonces me permitió que pudiera echar una mirada en un alma sacerdotal que ya en otra ocasión me mostró y pidió que sufriera por ella, porque Él quería mucho que ésa alma sacerdotal llegara a su cercanía. Está esquivando mucho para lo cual fue escogida por Dios. En aquel entonces me quedé muy conmovida y mi sorpresa de ahora tampoco es menor.)

Ahora continúo por donde interrumpí:

JC.- "Verdad, tú tampoco hubieras pensado que detrás de mi altar hay esa gruesa capa de polvo gris.

Tú también, sólo limpias la superficie. Ahora por lo menos puedes ver por qué me quejo tanto de las almas a Mí consagradas que se presentan delante de mi altar, pero sus almas están grises y empolvadas. Ellas ven sólo lo bonito, lo exterior, porque no miran hacia adentro. Y así como tú te has vuelto gris en tu bata blanco, ellas también ensucian con su ejemplo muchas -muchas almas. ¡Y ni siquiera se dan cuenta de ello! No es de admirarse ya que no miran el hermoso altar del templo de sus almas. Miran por encima de él. Evitan lo que es difícil y su alma, con el correr de los años se vuelve gris, se cubre de polvo. Y, ¡ay de ellas porque el ejemplo atrae! A aquel que sabe poco, se le exigirá poco; ellas saben mucho, pero sólo saben, no sienten Conmigo. Ya no les importa, –como ya lo dije otra vez– que a Mí me dejan caer unas migajas. Obvio, por migaja Yo también sólo doy migaja. Ellas solamente Me dan de su vida lo que ya no necesitan y todavía se imaginan que por la migaja que me han echado son dignas de recibir algo. Yo amo muchísimo los pequeños sacrificios, las migajas pequeñitas, con tal de que no esté altanero aquel de quien los recibo. Para Mí el alma humilde me agrada y aunque el sacrificio que me ofrece sea tan insignificante, recibirá gran premio por él. Pero exijo el esfuerzo.

Regreso sobre el polvo, hijita mía, de donde arrancó mi reflexión. El mundo es un altar cubierto por una capa de polvo como ésta. Yo soy la víctima sobre él. Levantan también su mirada hacia Mí, ven mi esplendor y se deleitan de su hermosura, disfrutan de mi bondad, pero que detrás de eso hay un mar de sufrimientos, en eso ya no piensan. Solamente disfrutan del bien que se les brinda, pero ni siquiera les pasa por la cabeza que deberían corresponderlo. Ves, ésta es la pena de mi alma. ¡Que el pensamiento de nuestras mentes sea uno!

Oh, ¡cuánto me he quejado!... Pero, ¡no te canses de ello! La pena compartida es media pena. Pero Yo comparto contigo alegría también. Hasta el compartir mi pena sea una alegría para ti, pues al hacerlo te distingo Yo con mi confianza divina. Dime, mi hermanita, ¿alcanzas a comprender esto?

¿Quizá no? Tampoco pasa nada. Solamente deseo que lata tu corazón al unísono Conmigo. La mente no alcanza a comprender tanto como el corazón compasivo al que ilumina sin cesar el resplandor del sacrificio.

El que se queda empolvado, en él la luz se opaca y no ve la pena de mi Corazón. Supliquemos nosotros dos al Padre Celestial por estas almas empolvados".

...YO TE GUÍO

1963

No sé cuando me dijo el Señor Jesús, sólo encontré un fragmento de ello:

JC.- "...Yo te guío. Esto naturalmente no significa que las palabras de tu guía espiritual no vengan de Mí. Todo lo contrario, sí vienen y lo subrayo. Con la mayor humildad acepta todas sus indicaciones y sólo hagas lo que él te diga. Sus palabras brotan de Mi alma. ¡Ojalá comprendiera y siguiera esto toda alma!"

~ 3 ~

1964

RAUDAL DE GRACIAS POR LA ADORACIÓN AL SANTÍSIMO

Primer domingo de enero de 1964

Estuve en el hospital. Fui a visitar a uno de mis hijos. Al volver a casa, por el intenso frio casi no podía caminar. Durante el camino estaba pensando en que a las cinco comenzaba la adoración del Santísimo y que yo también quería estar presente en la adoración comunitaria. Vencí dentro de mí el frio glacial que hacía casi insensibles mis pies y me apresuré a ir donde el Señor Jesús. Mientras iba, Él con las palabras silenciosas y agradecidas así comenzó a hablar conmigo:

JC.- "¡Cuánto me alegro de que vengas a hacerme compañía! ¡Tanto te empeñas en darme gusto! Esto significa para ti un nuevo y abundante raudal de gracias".

Durante la adoración del Santísimo me pidió que le ofreciera reparación por las ofensas cometidas por tantas personas que hacen caso omiso de sus inspiraciones. Oh, enseguida me vinieron a la mente mis pecados. Yo también estaba entre estos que mucho le habían ofendido. ¿Puede uno pensar en esto sin derramar lágrimas? Señor, ¡perdóname mis pecados! Y una y otra vez desperté en mí el arrepentimiento que la misericordia del Señor hizo brotar de mi alma.

Quiero arrepentirme de mis pecados como hasta ahora nadie jamás se arrepintió de los suyos. Y quiero amarte como ningún pecador convertido hasta ahora te ha amado.

Mientras yo me arrepentía de mis pecados, Él continuaba:

JC.- "Sabes, el gran pecado del mundo es el desatender mis inspiraciones, por eso el mundo anda en tinieblas y por la tibieza de las almas a Mí consagradas. Ellas podrían ayudarme pero ni siquiera ellas caen en la cuenta de cuán peligrosa es esta tibieza. Te ruego, comunica por favor con tu padre espiritual el deseo de mi corazón. Que él y cuántos se ocupan de guiar las almas, sigan con mayor fidelidad mis inspiraciones e induzcan a las almas a comprender la importancia de estas, porque sin ello, es imposible vivir vida espiritual. Por grande que sea su empeño, si descuidan mis santas inspiraciones, sus almas se marchitarán como aquellas también que les han sido confiadas".

EL MALIGNO QUIERE ARRANCAR LA PRINCIPAL RIQUEZA DE TU ALMA: QUIERE QUEBRANTAR TU HUMILDAD

13 de enero de 1964

Durante mi meditación, el Señor Jesús de nuevo se dignó hacer oír su voz.

JC.- "Ten cuidado, mi Isabel, tu alma será escenario de prolongados y grandes combates. El maligno quiere arrancar la principal riqueza de tu alma: quiere quebrantar tu humildad. Sabe y ve que éste es el único valor que debe golpear. Sólo a través de esto puede quebrantar la constancia de tu alma.

Irrumpe sobre ti con terrible fuerza y va a echar mano de todos los recursos de su odio en contra tuya. Perturbará tus pensamientos, hará inseguras todas tus acciones, por medio de sus palabras va a sugerirte toda clase de bajezas y te va a inundar con terribles tormentos. Te querrá engañar para que abandones tu empeño humilde..."

...Unas horas después de haberme dicho esto, comenzaron realmente las molestias del maligno. Si el Señor Jesús no me hubiera avisado de antemano, no sé cómo hubiera podido orientarme entre los pensamientos revueltos de mi mente...

No puedo expulsarlo de mis pensamientos; con toda la fuerza de su odio cae sobre mí. Mi alma languidece en su miseria, incapaz de actuar, y sólo me retiene de hacer algo incorrecto el que el Señor Jesús me lo había avisado con anterioridad...

QUIERO QUE NI UNA SOLA ALMA SE CONDENE

15 de enero de 1964

El Señor Jesús me dijo:

JC.- "¿Sabes, hijita mía, qué grande es el número de los lectores? Frecuentemente muchos están leyendo sobre mi santa doctrina, pero no consiguen nada con ello. La luz eléctrica, la luz solar, sólo iluminan las letras. Su sentido sólo lo comprenden de verdad las que vienen a Mí. Yo con mi Claridad divina, al alma que se postra delante de Mí, le comunico la inteligencia de mi Divinidad y por ella su mente alcanzará a comprender cuál es mi eterno Anhelo: la Salvación de las almas. ¡Quieran ustedes tomar parte en mi Obra salvadora! Que esto sea el fin supremo de sus vidas, lo más valioso que podrán traer ante Mí. ¡Agarren ustedes cada oportunidad y cada manera para salvar las almas! ¡Esfuércense por ello! Sabes lo que leíste una vez: 'Si cada cristiano sólo salvara un alma, nadie se condenaría'".

Cuando el Señor Jesús concluyó sus palabras, la Santísima Virgen con palabras doloridas se dirigió a mí:

S.V.- "¡Hijita mía! Quiero que ni una sola alma se condene. ¡Quiéranlo ustedes también junto Conmigo! Para eso pongo en sus manos un haz de luz que es la Llama de Amor de mi Corazón".

Y mientras pronunciaba estas palabras, me hacía sentir con mayor viveza el dolor de su Corazón.

YO SOY EL GRAN DONANTE DE SANGRE

16 de enero de 1964

Durante la santa misa y lo mismo después de la comunión, el Señor Jesús habló de la fuerza de su Sangre Preciosa:

JC.- "Yo soy el gran Donante de sangre. Por mi Sangre Divina pueden ustedes ser divinos. ¿Pueden comprender esto? ¡Verdad que es difícil! ¡Yo soy el único Donante de sangre del mundo! ¡Penetra en mi amor poderoso! Medita en él ahora a la luz de mi santa claridad. ¿Verdad que tú sientes esta Preciosa Sangre? Mi preciosa sangre hace entrar en calor y pone en movimiento la energía helada, paralizada de sus almas. Yo la vierto y la vertería en todos los hombres del mundo entero con tal que se sometieran al santo tratamiento de mi Mano divina. ¡Permitan que actúe en sus almas! ¿Por qué quieren permanecer hombres de alma vulgar? ¡Ojalá quisieran ser divinos para que Yo encuentre mi gozo en ustedes, en vivir con ustedes!

Mi mesa está siempre puesta. Yo, el anfitrión, he sacrificado todo. Me doy a Mí mismo. Miren dentro de sus almas después de haber recibido mi preciosa Sangre. Y dense cuenta de la efervescencia que la fuerza de mi preciosa Sangre obra en ustedes. ¡No sean tan insensibles! Que no sea la rutina que les traiga a mi sagrada mesa sino el fervor de la caridad sacrificada, que se prende aquí al contacto de mi amor y que por Mí, siempre que estén unidos Conmigo, quemará el pecado de sus almas. Oh ¡cómo anhelo esta gran decisión y este amor voluntario y de ustedes! ¿Cuándo vienen por fin a Mí?"

Estas vivencias divinas mantienen mi alma en tal estado que en estas ocasiones la fuerza perturbadora del maligno no puede hacerse valer, se aniquilan por completo en mi alma.

EL SEÑOR JESÚS Y LA VIRGEN MARÍA DESEAN QUE CADA HOGAR SEA UN SANTUARIO

17 de enero de 1964

Hoy el Señor Jesús comenzó a hablar del hogar de Nazaret que era el nido querido y cálido de la Familia:

JC.- "Sabes, aquí preparé Yo también mi alma para el gran sacrificio, para los sufrimientos que soporté por ustedes. Tú también tuviste que madurarte en el sagrado recinto de la familia. Como eras huérfana, el hogar que tú formaste por el matrimonio era el sitio donde tenía que prepararse tu alma para tu gran vocación que sólo pudo madurar en el santuario familiar. Yo sé, conozco tus cualidades y por eso mi divina Providencia premeditadamente ordenó todo para hacerte apta para todo aquello que a través de ti quiero comunicar al mundo.

Desde el santuario familiar tienen que partir ustedes para la vida, para las luchas difíciles de la vida. El calor solidario de éste es donde las almas vuelven a calentarse después de los grandes extravíos. Aquí vuelven a encontrarse consigo mismos y regresan de nuevo a Dios. Es necesario que ustedes, madres, expandan el calor comprensivo de sus corazones aun cuando los hijos ya hayan formado sus hogares. Grande es la responsabilidad que recae sobre ustedes. No crean que cuando el hijo se ha hecho adulto ya no tiene necesidad de padres. Mi Madre también me acompañó con su amor, con sus sacrificios y oraciones a todas partes. Esto tienen que hacer ustedes también y Yo bendeciré sus empeños. Mi Madre querida me obliga a esto. Es su poderosa intercesión que alcanzó de Mí para las familias esta gran efusión de gracias con que ahora quiere inundar la tierra. Como Ella dijo: Nada comparable a esto ha habido desde que el Verbo se encarnó. –Pone a la raíz del mal la fuerza curativa de su bondad maternal. No quiso hacer un milagro público como ocurre en los grandes santuarios que suscitan admiración y que tienen fama mundial. Ella quiere que cada familia sea un santuario, un lugar maravilloso donde en unión con ustedes obra sus milagros en el fondo de los corazones. Pasando de corazón en corazón,

pone en sus manos la Llama de Amor de su Corazón que por medio de sus oraciones acompañadas de sacrificio, cegará a Satanás que quiere reinar en las familias".

La Santísima Virgen también añadió unas palabras:

S.V.- "A través de ti quiero hacer pública, mi hijita carmelita, la angustia que brota del amor sin límites de mi Corazón maternal por el peligro que amenaza al mundo entero por la desintegración de los santuarios familiares. Mi grito de socorro maternal lo dirijo ante todo a ustedes y en unión con ustedes quiero salvar el mundo. A ti, como primera te permito sentir, hijita mía, este esfuerzo inmenso que comienzo a desplegar para cegar Satanás.

Comparto contigo hasta el día de tu muerte la congoja de mi Corazón. Es tu corazón compasivo el que te hace merecedora a transmitir mi Llama de Amor. Y todo el que sienta Conmigo estará también con derecho a recibir esta gracia grande con que salvaremos las almas de la eterna condenación".

RENUNCIA A TI MISMA Y A TU PROPIO ENTRETENIMIENTO

18 de enero de 1964

Estuve con la hermana que me había sido señalada. Ella estaba escuchando en la radio uno de sus conciertos favoritos. Como entre tanto se le presentó una ocupación, me entregó el auricular diciendo que yo lo escuchara mientras tanto. Pronto me quedé absorta en la belleza de la música. Apenas habían pasado unos minutos, a través de la belleza de los sonidos musicales, el Señor se dirigió a mí con palabras finas como un hálito:

JC.- "¿No piensas que en estas ocasiones estoy celoso de ti? ¿Qué te dije? ¡Que ni un pelo se interponga entre nosotros!"

Sus palabras resonaban en mi alma dominando la belleza de la música y Él seguía rogándome:

JC.- "¡Mis palabras divinas, escúchalas a través del arte y belleza musical del mundo también! Y renuncia a ti misma y a tu propio entretenimiento. Piensa en aquello que Yo estoy obrando contigo, mi pequeña hermanita, y no dejes entrar en

tu alma ninguna diversión pasajera. Cuida de no dispersar el recogimiento de tu alma por las producciones de no sé qué pequeños artistas terrenales. Para ti, una sola cosa es necesaria: la participación ininterrumpida en mi obra salvadora. ¡Encuentra en esto tu diversión! No digas que Yo soy muy severo.

¿No te pedí ya muchas veces que renuncies a ti misma? Esto tienes que hacer de momento a momento. No puedes prescindir de esto ni siquiera por breve tiempo. Yo soy el camino, la Vida para ti. Todo es pasajero, sólo queda el trabajo del alma que haces por el bien de las almas".

OÍ UNOS PASOS LIGEROS SOBRE LA NIEVE CUBIERTA DE HIELO...

19 de enero de 1964. Domingo

Hoy he asistido únicamente a una santa misa. En mis pies los antiguos sabañones comienzan a molestarme nuevamente y esto me retuvo a que asistiera a la santa misa vespertina también. Tampoco pude hacer la adoración vespertina. Pensé que este día iba a descansar. En mi cuartito bien caliente pasé toda la tarde y la noche también en pequeñas ocupaciones. En un momento salí al jardín y al instante oí unos pasos ligeros sobre la nieve cubierta de hielo. Miré alrededor –será algún animalito hambriento que está buscando alimento– y di unos pasos. Entonces, la presencia del Señor inundó mi alma. Al sentirla me estremecí porque con su presencia me permitió sentir también que estaba parado junto a mí. Yo temblaba en todo mi cuerpo bajo el efecto de las gracias que emanaban de Él. Mi fuerza corporal me abandonó tanto que casi me desplomé. Sólo temblando pude dar unos pasos. Ocurrió ya muchas veces que me sorprendió con su presencia, pero lo de ahora superó a las anteriores. El temblar de mi cuerpo era tal como nunca hasta ahora. No vi, ni sé cómo, sin embargo, percibí el roce de su vestido que como una brisa extraordinaria de gracias llenó mi alma con la sensación de la presencia de Dios. Todo esto ocurrió en el jardín cubierto de nieve. Sólo al regresar a mi pequeña habitación me di cuenta cuánto tiempo ha durado esto. Después el Señor Jesús se puso amablemente a conversar:

JC.- "Sabes, me encontraba tan solo y como tú no venías, Yo he venido a ti. Es una alegría para Mí estar contigo. Te agradezco ahora las muchas veces que piensas en Mí. ¡Oh, si supieras cómo me agradas cuando meditas con tanta devoción sobre mi Preciosa Sangre y cuando me reparas y me adoras a Mí! Estimo que es justo que Yo también te honre de esta manera especial por ello. ¡Y la soledad! ¡Oh, esa soledad y frialdad que me rodea continuamente! Por eso ahora me quedo junto a ti. No perturbo tu descanso, solamente estoy aquí contigo silenciosamente. ¡Que nuestro corazón lata al unísono! Tú, continúa haciendo aquello en que te ocupabas hasta ahora. Yo me quedaré todavía mucho tiempo contigo porque, ¿qué haría yo solo? No viene nadie a adorarme, ni para repararme, ni para pedir, ni para dar las gracias. Sé que tú no fallas nunca sin motivo. Tú no tienes falta injustificada. Mi Isabel, te obsequio con mi Divinidad. Estréchame a tu corazón ya que Yo siento con sentimientos humanos también. El santo estremecimiento que has sentido antes, te lo he querido dar como premio, en señal de mi gratitud hacia ti".

QUIEN QUIERA QUE LEA ESTO, ÉL TAMBIÉN VA A PARTICIPAR DE LA EFUSIÓN DE MIS GRACIAS

20 de enero de 1964

JC.- "Escribe lo que digo: el efluvio divino con que te he honrado el día de ayer, cualquier persona y en cualquier lugar que lo lea, ella también –sin exceptuar a nadie– va a participar de la efusión de mis gracias que, por tus méritos unidos a mis Méritos, derramaré sobre las almas como anticipo por las gotas de aceite exprimidas por tus sufrimientos".

YO TOMÉ TU ALMA EN MIS MANOS

28 de enero de 1964

Hoy escribo esto, aunque no ha ocurrido hoy, sino unos días antes. Me ha costado tanto ponerme a escribirlo, porque difícilmente alcanzo a comprender lo que Él dijo:

JC.- "¡No caviles! ¿De qué serviría? De ninguna manera podrías comprender qué largo camino tuviste que recorrer hasta que tu alma se elevara a éstas alturas. No sólo tú pero ni siquiera los astrónomos todos de la tierra podrían calcular el camino que has recorrido en tan corto tiempo, que los mismos santos y ángeles del cielo están admirando.

¿Sientes, verdad, con qué sencillez lo he solucionado Yo? Yo te he arrebatado con mi amor, para que, como ya lo dije, vueles derecho, igual a una flecha, hacia Mí, donde Mí. Repito: ¡recto cual flecha! Este es el camino del amor que no anda serpenteando ni ponderando. Y porque aceptaste este amor que Yo te ofrecí, y lo atrajiste a ti con todos tus fuerzas por eso ahora estas aquí Conmigo. No debes maravillarte ahora ya ni por un momento, por lo que hago contigo en respuesta de tu amor. Yo tampoco puedo resistir porque el sacrificio ofrecido por mi amor encontró comprensión en ti. Es por eso que mis gracias actúan sin estorbo en tu alma. Y si ocurre que te arrebato a Mí, esto no debe hacerte reflexionar. Tómalo tal como te lo doy. ¡No debes cavilar sobre esto! De todos modos el sumirte en tu miseria Me agrada mucho. Pero esto tampoco puedes atribuirte a ti misma, porque también es fruto de las gracias extraordinarias que Yo te ofrecí. Y así como no puedes comprender con tu inteligencia, esa ruptura con la tierra que se produce en el arrobamiento, de la misma manera no podrás dar cuenta ni explicación de la abundancia de gracias recibidas que va a dejar atónitos a muchos. Porque Yo tomé tu alma en mis manos, tú eres obra exclusiva de mis manos. Y como fui Yo quien preparé tu alma, por tanto toda alabanza me corresponde a Mí. Más aún, por eso no te di un director espiritual porque Yo en persona quise educarte para tu gran destino. Y el permitir que tropezaras muchas veces también fue requerido por Mí para templar así

tu alma para aquella gran humildad sin la cual no hubiera podido lograr contigo.

Hoy también Yo te guío. Esto naturalmente no significa que las palabras de tu confesor no vengan de Mí. Todo lo contrario, y lo digo con énfasis: acepta todas sus indicaciones y haz sólo lo que él te diga. Su palabra es Mi palabra. Él toma todo lo que dice de mi inspiración. ¡Ojalá comprendiera esto toda alma y lo siguiera con humilde obediencia!"

MI PROVIDENCIA QUEDA SIEMPRE INSONDABLE PARA USTEDES. ¡CONFÍEN!

29 de enero de 1964

Algunos días antes, la hermana asignada para acompañarme, me pidió que preguntara a la Santísima Virgen si iba a morir aquella hermana gravemente enferma, cuya eventual muerte implicaría la tramitación de varios asuntos difíciles. Le dije a la hermana que asuntos de esta naturaleza no solía preguntar a la Santísima Virgen. La Santísima Virgen dejó sin respuesta mi pregunta que contra mi voluntad le hice, a petición de la hermana. Luego, después de unos días, cuando ya ni pensaba más en ello, el Señor Jesús, de repente, casi sorprendiéndome, dijo:

JC.- "¿Por qué quiere la hermana asignada a acompañarte averiguar algún asunto que no te toca a ti?

Es cosa mía quién y cuándo le llame. De todos modos, Yo dispongo todo para el bien de ustedes. Reconozcan mi Providencia divina que trabaja vigorosa y rápidamente, sin interrupción alguna, para bien de toda la humanidad. Tratándose de los míos, esto es todavía más intenso y lo hago valer frecuentemente en manifestaciones muy delicadas de mi amor, no para satisfacer la curiosidad ni para traer tranquilidad para las preocupaciones inmediatas de ustedes. De todos modos, mi Providencia queda siempre inescrutable para ustedes. ¡Confíen! Traigan a Mí todo lo que es difícil y oscuro y Yo, todos los días de nuevo aliviaré e iluminaré aquello para ustedes".

RECOGE CONMIGO, POCOS SON MIS OBREROS

8 de febrero de 1964. Primer sábado

JC.- "Mira alrededor y vé ¿quién recoge Conmigo?"

Es interesante lo que me enseñó durante mi trabajo. Me mostró una superficie muy rara, en movimiento de rotación. A cualquier lado que dirigí la mirada, no veía más que esto. Vi innumerables almas en regiones imposibles de abarcar con la vista que sufrían en cuerpo y alma. El Señor Jesús me llamó la atención:

JC.- "Ves, te muestro esto para que veas qué grande es la mies. Tú, querida, tú, mi gran colaboradora, ¡qué nuestras manos recojan juntas! ¡Sigue trabajando en el futuro por la salvación de las almas! Esta visión que he desplegado ante tus ojos, te hace ver quién recoge conmigo. ¿Ves lo mucho que hay que cosechar y lo escaso de la mano de obra? Por eso tienes que poner todas tus fuerzas para el trabajo. ¿Verdad que ahora sientes en tu alma un dolor más agudo?

¡Acéptalo con buen corazón! Este dolor desterrará de tu alma por algún tiempo las molestas del maligno que según veo te había agotado mucho. ¡Recoge Conmigo, mi Isabel! Tengo pocos obreros y en vano ofrezco gran premio, no hay muchos que se ofrezcan. Sé tú también mi buena trabajadora, ¡sobrepasa la norma!"

QUE TU ALMA TAMBIÉN SEA TAN TRANSPARENTE

12 de febrero de 1964

El día anterior estuve en el templo de peregrinación de Mariaremete. La hermosura de la iglesia nuevamente pintada me conmovió mucho. Al día siguiente, Él también me conversó sobre esto mismo:

JC.- "¿Verdad que te has deleitado al ver mi casa? Conmovió tu alma su sencilla hermosura y cómo se la puede abarcar con una sola mirada. Que tu alma también sea tan sencilla, donde no haya nada ni nadie sino sólo Yo".

¿VERDAD QUE AHORA HEMOS COBRADO AMBOS NUEVAS FUERZAS?

13 de febrero de 1964

Esto ocurrió todavía la semana pasada, pero me cuesta tanto escribir a pesar de que me había propuesto ya el año pasado que este año iba a ser más aplicada y no dejaría las palabras del Señor Jesús sin escribirlas. Pero hay momentos cuando pienso que esto lo ha dicho el Señor Jesús sólo para mí y para otros seguramente diría otra cosa. Pero Él insistió en que escribiera sus palabras porque Él reparte gracias a otros también a través de mí y que fuera yo su colaboradora en esto también.

Confieso, me falta no sólo facilidad para escribir, por haber tenido poca escolaridad, sino también el conocimiento de la ortografía. A causa de esto son continuos mis complejos de poner todo por escrito. Almaceno muchas cosas en mi memoria y las guardo para mí, pero a partir de este año me esmeraré en lo posible escribirlo todo.

El jueves de la semana pasada tuvo lugar esta corta conversación. En los días anteriores me torturaban dolores de oído y de garganta acompañados de fiebre. No pude tragar ningún alimento sólido. El jueves justamente, tuve día de ayuna estricto (sólo a pan y agua). El Señor Jesús viendo mis penosos esfuerzos, se dignó dirigirme sus dulces palabras:

JC.- "Sabes, por habernos agotado mucho los dos, comamos alguna cosa caliente".

Me he preparado una sopa y efectivamente, después de tomar la sopa caliente, me sentí mejor. Mientras comía, Él me encomiaba amablemente manifestándolo con pocas palabras pero con mucho sentimiento.

JC.- "¿Verdad que ahora hemos cobrado ambos nuevas fuerzas? Porque también estoy sufriendo contigo. ¿Podrías imaginar que te dejaría sola? ¡No! Jamás lo haría, Nuestro interior siempre siente lo mismo".

ENSANCHO TU ALMA POR EL FUEGO DEL AMOR

14 de febrero de 1964

JC.- "Ensancho tu alma por el fuego de mi Amor divino para que pueda caber en ella todavía mayor abundancia de gracias. Es el calor que dilata el hierro y cuanto más se vuelve incandescente en el fuego, tanto más fácilmente se le puede modelar y expandir. ¿Lo entiendes, verdad? Ya que tú trabajaste en este ramo también. Por eso digo: cuanto más cerca estás del amor ardiente de mi Divinidad, tanto más fácilmente modelo y ensancho tu alma según mi divino beneplácito".

TIENES QUE SUFRIR HASTA EL MARTIRIO

15 de febrero de 1964

Después de la santa misa, al llegar a casa, se dirigió a mí con unas palabras inesperadas:

JC.- "Derramo sobre ti, mi pequeña hermanita, mi amor cual fuego ardiente y por ello te hago merecedora de gracias todavía mayores. Estas cosas no son nuevas para ti, pero de todos modos, el recordarte las palabras inclinará tu alma a entregarse nuevamente y aceptar de nuevo mi petición. Tienes que sufrir hasta el martirio. ¡Estas palabras mías, acéptalas como prueba! Esta es la prueba definitiva e irrevocable de amor divino".

Estas palabras muy serias me indujeron a que me quedara profundamente pensativa. El mismo día el maligno, con atrevimiento irritante, irrumpió en el silencio recogido de mi alma. Me ha atacado con violencia infernal que sacudía mi alma: "Aunque no niegue yo tampoco y reconozco que la causa a ti confiada sea verdadera, –porque estoy obligado a ello– sin embargo puedo asegurarte que jamás puedes sufrir tanto que la hagas progresar. Primero porque sepultada en falsa humildad no das ni un solo paso. Y aunque lo dieras, no sería más que repetir tus fracasos. Tu confesor también siente antipatía hacia tu persona. Por tanto no esperes conseguir nada por medio de él. Tú tienes que andar sin él. ¿Crees que por tu vida austera vas a progresar? ¡Estás equivocada!... Si signos externos llamativos acompañaran tus esfuerzos humanos, eso sería otra cosa, pero así nadie te va a creer, por más verdadero que sea aquello por lo cual tienes que sacrificar tu vida... ¡Nunca se hará valer por medio de ti!"

Este ataque agotador de alma y cuerpo duró horas enteras y mantenía mi mente en oscuro tormento. Esto ocurre frecuentemente, sólo que lo escribo muy raras veces.

Ese día conversé con una compañera sobre una persona conocida por ambas. Ella observó durante la conversación "¡no es una lumbrera!" No lo ha hecho con intención hiriente, sin embargo, me ha dolido porque la persona a quien se refirió es una persona a quien yo estimo desde hace años. Y no sea que pequemos contra el amor al prójimo, pensé inmediatamente en mi amado Jesús. Hubiera querido decir a mi compañera, en quién estaba yo pensando, quién es para mí la lumbrera, pero no hubo tiempo para ello. Aun de camino a casa estaba sumida en su adoración. El Señor Jesús contestó a mis pensamientos:

JC.- "¡Cómo me agrada cuando tu corazón siente Conmigo y se estremece por cada pequeñez! Es la continua docilidad a mis inspiraciones que inunda tu alma tan rápidamente con su luz. '¡Yo soy la Luz de Cristo!' Pueden levantar su mirada hacia Mí. Yo soy la majestad y grandeza del sacrificio, la inagotable profundidad de la misericordia, la abundancia de ejemplo, el Dios de la paciencia invencible, la bondad inconmovible que de Mí fluye hacia ustedes con caudal arrollador. Sí, ¿quién podría decir todo esto de sí mismo? Sólo Yo, la 'Luz de Cristo', que soy de la misma naturaleza que el Padre. He hecho todo a fin de ser para ustedes la 'Luz del mundo' a quien tienen que seguir. Yo el dador de fuerza para la debilidad humana, he convencido al mundo mostrándole con mi naturaleza humana también el camino que han de seguir".

LA TENTACIÓN DEL MALIGNO NO DEBE APARTARTE DEL CAMINO DE LA FE Y CONFIANZA PUESTAS EN MI

17 de febrero de 1964

Durante el día dijo el Señor Jesús:

JC.- "¡Qué el pensamiento de nuestras mentes sea uno! Ama esta oración que te enseñe para que acogiéndote a aquella palabra suya, que en este momento preciso necesita tu alma, encontrarás en toda circunstancia la fuerza necesaria. ¡Cree, hijita mía! ¡Que nada te haga desistir de tu propósito! La fe y la confianza puestas en Mí te van a salvar. No solamente tu esfuerzo, porque sin la fe y confianza puestas en Mí, eres realmente muy débil. Pero, por eso precisamente te escogí para ser instrumento de nuestras comunicaciones celestiales para que el mundo vea cómo prevalece la Voluntad divina que sólo quiere manifestarse a través de los débiles. Yo no altero el orden de la naturaleza ni lo suspendo alrededor de ti. Yo actúo según mi Divina Sabiduría y según la necesidad de la causa. La tentación del maligno con que perturba tu alma y tu mente no debe apartarte del camino de la fe y la confianza puestas en Mí. Por débil que te sientas, eso no es impedimento, porque no es ni la manifestación de tu debilidad ni tu constante esfuerzo lo que hace llegar a la meta nuestra causa. Tu humildad es el único instrumento en tus manos que ayuda a hacer valer la causa".

CONSUÉLAME EN LUGAR DE OTROS. QUE TU QUERER SEA ININTERRUMPIDO

20 de febrero de 1964

Todavía es la gripe infortunada que me tortura. Ahora ha atacado las cavidades de mis ojos y de mi cara. De noche me encontraba ya en tal estado que sólo he podido pasar media hora donde el Señor Jesús. Sentí que de nuevo me ha dominado la fiebre. Para la mañana yo me sentía mejor y mi corazón latía fuerte cuando me postré ante Él. Quise decir muchas cosas pero Él se me adelantó:

JC.- "¡Seas bienvenida, hijita mía! ¡Te saludo!"

Y permitió que sintiera el latido de su Corazón bien conocido por mí. El silencio llenó mi alma que fue interrumpida por el Señor Jesús:

JC.- "¡Sé indulgente! De nuevo me dirijo con mis quejas ante ti. Ahora que nuestros corazones laten unidos, el pensamiento de nuestras mentes se funda también en uno. Hoy y mañana tendré días buenos. (Era el día anterior al primer viernes) **¡Tanto espero Yo siempre estos días! Son días especiales en que me ofrecen reparación. En ellos la gracia se derrama como rocío refrescante que desciende reluciente sobre las almas secas y oscuras. ¡Tú, sólo debes querer, lo demás, confíalo a Mí! No es el resultado alcanzado lo que hace a uno santo, lo que salva, lo que mantiene a uno en mi cercanía, sino el querer ininterrumpido de la voluntad. Esto hace a tu alma también festiva. Pero vuelvo a decir, tendré un día bueno porque ya preveo tu querer. Verdad que Soy tan sin pretensiones, ¡qué fácilmente puedes complacerme! Si no lo consignes, no importa, sólo que vuelvas a querer una y otra vez.**

Es esto lo que pone en fuga mi pena. Sé que no te molestas por mis palabras quejosas ya que nuestro interior siente lo mismo. Haz tú también como hago Yo, asegúrame de tu constante amor que el ardiente fuego de la continua aceptación de sacrificios mantiene incandescente. No me importa qué o cuánto puedes dar un día, sólo que no hagas pausa, porque eso me causaría mucha pena. Ves, por eso estoy tantas veces triste porque continuamente me hacen sentir que la carga que puse sobre ustedes es pesada. Tú, la alegría de mi corazón, no te cansas de mis quejas ininterrumpidas. Y esto ya es alivio para Mí. ¡Consuélame en lugar de otros también!"

MIS GOTAS DE SANGRE SON UN PAGARÉ EN SUS MANOS

22 de febrero de 1964

El Señor Jesús habló:

JC.- "Ayer de noche Yo quise conversar contigo pero vi que por tu cansancio te acostaste temprano. El momento de ahora es más propicio. Tú sabes lo que hice por ti, pues muchas veces te sumerges en la contemplación de mi Sagrada Pasión. ¡Oh, qué feliz me siento cuando veo que no sufrí en vano por ti, por ustedes! Esto verdaderamente Me alegra. Las almas de ustedes, que viven en el fango de la tierra, no pueden librarse por sí mismas. Yo les saco del fango del pecado y luego les lavo con mi Sangre Preciosa. Póstrense al pie de mi santa Cruz y dejen que caiga sobre ustedes esta bendita Sangre Preciosa. Mis gotas de Sangre son un pagaré en sus manos, depende de ustedes que lo cobren. Este pagaré no vence hasta el fin del mundo.

El alma que viva en gracia de Dios puede cobrarlo en cualquier lugar, en cualquier momento hasta el día de su muerte aunque ignore cuando esto ocurra. Por eso cada uno empéñese de hacer uso de su pagaré, el precio de rescate de mi Preciosa Sangre, lo más frecuentemente posible. No debe dejarlo para el atardecer de su vida porque sólo así por poco tiempo podrá utilizar el valor recibido. Aprovéchense de ello cuando estén todavía en pleno vigor de sus vidas. Yo también en la plenitud de mi vida Me inmolé por ustedes. Esta es la respuesta que con mayor agrado acepto de ustedes. Cuántas veces oigo que se eleva de sus almas este suspiro: ¡Oh, mi Salvador! Pero, lamentablemente, esto no es más que pura costumbre. ¡Oh, cómo duele a mi Corazón este suspiro sin sentimiento que únicamente brota de una indiferencia indolente! ¡No me amen así!"

TODO SE REDUCE A ESTO: CEGAR A SATANÁS

23 de febrero de 1964

Lo que voy a escribir es algo especial. Una vez en el santuario de Mariaremete, guiada par la Santísima Virgen, tuve que entregar su Llama de Amor a un sacerdote enteramente desconocido para mí. Luego me pidió la Santísima Virgen que anotara los nombres de todas las personas que tengan ya alguna noticia de su Llama de Amor. He averiguado en la sacristía el nombre y dirección de aquel sacerdote desconocido. Al salir de la sacristía, enseguida me vino el sentimiento que la dirección recibida no correspondía a la persona por quien yo pregunté. Pero no hice caso a este aviso interior, me guardé la dirección y según me pidió la Santísima Virgen la puse en la lista de los ya anotados. Entre tanto, sin embargo, brotó un sentimiento de inquietud que no me dejaba.

Ahora que estuve otra vez en el santuario, la Santísima Virgen me dio una moción terminante:

S.V.- "¡Ve y averigua inmediatamente el nombre y dirección correctos!"

Ya no pude resistir más y fui al corredor de los confesionarios. Una persona conocida me avisó que el Padre había abandonado el local. Esto pasó a una hora en que ya no se solía confesar. Pero con gran sorpresa mía vi que el Padre regresaba. Esto me dejó más tranquila. Quedó patente que la petición era de la Santísima Virgen. Al entrar, indiqué al Padre que no he venido a confesarme. Luego le evoqué aquellas cosas extraordinarias que le entregué por escrito hacía ya más de un año para que las leyera. El Padre las recordó inmediatamente y me contestó: "Sí, lo sé, se trata en ellas de cegar a Satanás". Y añadió que rezara fervorosamente. Esto me sorprendió porque este sacerdote se quedó con lo esencial. En verdad, todo se reduce a esto: ¡Cegar a Satanás! Este es el principal y único fin de la Llama de Amor de la Santísima Virgen de la cual Ella dijo que una efusión de gracias tan grande como ésta todavía no derramó sobre la tierra desde que el Verbo se encarnó.

Le pregunté al Padre cuál era su nombre y dirección (hospital X...) y la dirección que me habían entregado en la sacristía era la de un templo. Ahora ya comprendí por qué fue la moción decidida da la Santísima Virgen. Al final le pedí al padre que me bendijera y la sensación inquietante definitivamente me dejó.

¡ENTRA DONDE ESTOY! – ¡TANTO TE ESPERABA!

24 de febrero de 1964

Eran las siete y media de la noche cuando pasé delante del templo del distrito de Cristina y como ya era tarde no tuve la intención de entrar. El Señor Jesús inesperadamente dijo:

JC.- "Entra adonde Mí, y dime un adiós".

Entré y a mi sorpresa el sacerdote estaba justamente parado delante del sagrario abierto. Tenía su mano levantada para cerrar el sagrario. Cuando me postré, Él dijo:

JC.- "¡Tanto te esperaba! ¡Qué amable eres que hayas entrado!"

Entre tanto el sacerdote cerró el sagrario y tres veces se inclinó profundamente. De esto reconocí que era sacerdote católico de rito griego. Luego rezó una oración en húngaro, se dirigió dos veces todavía al pueblo y dio dos veces la bendición con el cáliz. Luego, antes del último evangelio dio todavía una bendición. Mientras así adoraba al Señor Jesús, Él con silenciosa amabilidad observó:

JC.- "Ves, por eso te llamé para que recibas mis reiteradas bendiciones. ¿Verdad que estás contenta de Mi?"

¡Tanta condescendencia! –Oh, mi Señor Jesús, ¡ya no puedo ni siquiera aniquilarme delante de Ti!

JC.- "Bien está así, hijita mía. ¡Cuánto llamo a las almas, las anhelo con nostalgia y espero a que atiendan a mis inspiraciones divinas! ¡Sigue siendo mi reparadora!"

AHORA YO HE VENIDO A TÍ. COMPRENDE EL ANHELO DE MI DIVINIDAD

25 de febrero de 1964

Al día siguiente después de la santa misa, cuando estaba de vuelta en casa y hacía mis tareas caseras, Él continuó la conversación de la noche anterior:

JC.- "Si no hubieras seguido mi llamada de ayer, las múltiples bendiciones no las hubieras recibido. Me siento feliz al decirte que estas cosas son otras tantas pruebas de tu atento amor... ¡Oh, cuántos son los que me rechazan en un solo minuto! Mi Corazón descansa allí donde no recibe rechazo. Tu abundante acción de gracias llena de reverencia que no interrumpes ni siquiera durante la noche, Me obliga a Mí también. Mientras estabas allí Conmigo, me deleitaba con tu abundante acción de gracias y llena de devoción. Ahora que has regresado de Mí, Yo he venido a ti para manifestar mi gratitud aquí en medio de tu trabajo. Comprende el anhelo de mi Divinidad que ahora aquí contigo deseo calmar. Me deleita estar contigo porque siento que todos los latidos de tu corazón son Míos. Estoy contigo todo el día: No te estremezcas delante de Mí, sólo es un instante, nada más y, ya no sentirás mi presencia. Necesitas tus fuerzas corporales para cumplir con las obligaciones que tomaste sobre ti..."

¿QUÉ NO DARÍA AL ALMA QUE CORRESPONDE A MI AMOR?

28 de febrero de 1964

Durante la hora de adoración de la noche renové mis ofrecimientos: Dulce Jesús, vivo para Ti, muero para Ti.

JC.- "¡Yo también! ¡Yo También! ¡Por ti viví, por ti morí!"

Y cada palabra que le dirigí volví a oír como un eco en mi alma. Y continué: te adoro, te bendigo, te ensalzo, te glorifica en lugar de todos aquellos que no lo hacen. Durante mi oración Él con gran amor me respondió:

JC.- "Por el gran homenaje, hermanita mía, te bendijo mucho a ti, a tu familia y a todos aquellos en vez de quienes me ofreces esto a Mí. Derramo sobre ellos la abundancia de mis gracias".

Reflexionaba sobre si no había entendido mal estas palabras porque en tal cosa las retractaría.

JC.- "¡No! ¡No hagas esto! ¡Compréndeme a Mí, al Amor muchas veces desestimado, aunque tu mente no logre penetrar en ello! ¡Qué no daría al alma que corresponde a mi

amor! Mi Corazón amante se deja arrastrar por la 'locura'. Yo uso estas palabras para que me comprendas como a Hombre. Yo sé que no me amas sólo con tu entendimiento, esto no sería para Mí tan grato. Este amor es diferente de aquel amor intelectual que mide, considera, pondera. ¿Me entiendes ya? Ves, de qué manera tan humana soy asequible para ustedes. Ojalá suscite esto en ustedes una confianza que corresponde a la mía".

SUBLIME VOCACIÓN DE LAS MADRES DE FAMILIA. LAS NECESITO PARA MI OBRA SALVADORA

29 de febrero de 1964

Mi adorado Jesús, ¡acéptame como soy!

JC.- "¡Tú también a Mí! Mi pelo desgreñado y pegajoso, mi cuerpo azotado y despojado de su ropa, mis manos y pies perforados por los clavos, mi costado abierto".

Y entre tanto hizo que meditara junto con Él sus tristes palabras... Luego dijo:

JC.- "Envuélveme con tu amor que recoge mi Sagrada Sangre que emana de la herida de mi costado. ¡Contémplame, contémplame! ¿Habrás visto en tu vida una criatura tan lastimosa, comparable a Mí? ¿Ves cómo me arruiné a Mí? Tú tampoco puedes hacer demasiado por Mí. Y mientras así nuestro interior siente lo mismo, ¡el pensamiento de nuestras mentes sea también uno!

Te ruego escribas de nuevo mi enseñanza que corrobora la del Santo Padre. Sobre esto todavía no hemos meditado. Pero es muy importante. Si no lo recuerdas, te lo digo de nuevo".

Lo que repetidas veces me pide el Señor Jesús, es lo que hizo escribir por primera vez el 24 de mayo de 1963. Una vez que lo escribí, me lo guardé sin reflexionar más sobre ello. Como las dudas eran muy grandes en mi alma, no me atreví ni siquiera a leerlo de nuevo. Y ahora el Señor Jesús me lo ha hecho escribir:

JC.- "Para mi Obra salvadora tengo gran necesidad de ustedes".

Yo estaba pendiente de sus palabras. Apenas logré ordenarlas en mis pensamientos. La duda se posó de nuevo sobre mi alma al mencionar Él mi persona y al hablar de mi trabajo como algo importante y destinado a colaborar estrechamente con el trabajo del Santo Padre. El Señor Jesús con mansas palabras seguía hablando:

JC.- "Lo que digo ahora es para ti y para todas las madres que obran según mi Corazón: El trabajo de ustedes no es de menor valor que el trabajo de las personas elevadas a la más alta dignidad sacerdotal. Entiendan ustedes, madres de familia, la sublime vocación a poblar Mi Reino y llenar los puestos de los ángeles caídos. De su corazón, de su regazo parte cada paso de mi Santa Madre Iglesia. Mi Reino va creciendo en la medida en que ustedes, madres, se ocupan de las almas creadas. Ustedes tienen el trabajo más grande y que reclama mayor responsabilidad. Sean plenamente conscientes de que he puesto en las manos de ustedes el trabajo de conducir multitud de almas a la salvación".

REPARTO GRANDES GRACIAS A LOS PADRES DE FAMILIA QUE COLABORAN CONMIGO

1o. de marzo de 1964. Domingo

Durante la santa misa ha meditado conmigo sus palabras pronunciadas el año anterior. Y en el gran silencio que llenó mi alma, con conmovedoras pero a la vez bondadosas palabras, así habló el Señor Jesús:

JC.- "Sobre este trabajo de tanta responsabilidad les doy mi especial bendición. Haz llegar mi petición al Santo Padre por intermedio de tu director espiritual".

Mientras escribí, el Señor Jesús me rogó que estas comunicaciones suyas junto con las otras las escribiera con color rojo.

JC.- "Haz llegar mi petición al Santo Padre, porque por medio de él, deseo repartir mi bendición portadora de grandes gracias. A aquellos padres que en esta gran obra de la creación colaboran Conmigo y aceptan mi santa voluntad, denles en cada ocasión una especial bendición. Esta bendición es

única y sólo se puede dar a los padres de familia. Al nacer cada hijo, derramo gracias extraordinarias sobre estas familias".

Ahora, al terminar sus palabras, ya no había más en mí la angustia de la duda sino mi alma se conmovió al sentir desbordarse sobre si gracias tan extraordinarias. –Oh, Jesús mío, ¡qué indecible es tu Bondad y tu Misericordia!

Él inundó mi alma con aquellas gracias que reciben las madres de familia que traen al mundo y educan a sus hijos según su Beneplácito y su Santa Voluntad...

¿SABES CUÁL ES MI PAZ? LA QUE EL MUNDO NO PUEDE DAR

3 de marzo de 1964

En la santa misa en la mañana:

JC.- "Mi Paz te doy. ¿Sabes cuál es Mi Paz?... La que el mundo no puede dar. La disfrutan sólo aquellos que subordinan el cuerpo a las exigencias sublimemente bellas del alma. Sí, estos disfrutan de verdad de mi Paz que es tan sublime y reconfortante. ¡Vive esta tranquilidad espiritual que te eleva y apacigua!"

JESÚS, VERDADERO DIOS Y VERDADERO HOMBRE QUE DA EL EFECTO DE LA OBRA DE SALVACIÓN Y NOS HACE SANTOS

6 de marzo de 1964. Viernes

Al postrarse ante Él, mi alma prorrumpió palabras de profunda humildad que Él suscitó en mí. ¡Bendito sea Dios! ¡Bendito sea su Santo Nombre! ¡Bendito sea Jesucristo, verdadero Dios y verdadero Hombre! Él no dejó que yo continuara:

JC.- "Tu homenaje es según mi agrado, hijita mía, pero voy a continuar en lugar de ti: Verdadero Dios y Verdadero Hombre. Si esto no fuera así, ¿cómo podrías acercarte a Mí? Me di a conocer a ti como Verdadero Dios y Verdadero Hombre. Pero no sólo a ti sino a todos los que comen mi Cuerpo y beben mi Sangre. Penetro tu interior como Verdadero Dios y

hablo a ti como Verdadero Hombre. Porque mi Corazón humano también late al mismo ritmo con mi Divinidad. Tu corazón late al mismo ritmo que mi Corazón. ¿Sabes lo que esto significa? Significa que te has hecho partícipe de mi Divinidad.

Y esta participación se concederá a todo aquel que sienta Conmigo y cuyo pensamiento es mi Pensamiento. El que así vive, sólo puede bendecir. Esta bendición aumenta el efecto de mi Obra de Salvación. Este efecto les hace a ustedes santos. Ves, esto es un eterno movimiento circulatorio entre el Cielo y la tierra: los sacrificios de ustedes suben hacia Mí ininterrumpidamente y Yo derramo la abundancia de las gracias sobre ti y sobre aquellos que se comprometen a ello para gloria de mi Santo Nombre... El amor perseverante y paciente nunca se equivoca..."

La que sigue ocurrió en días anteriores pero lo escribo sólo ahora. El Señor Jesús me llamó la atención:

JC.- "Sí, hija mía, esto es lo que más necesitas: el Espíritu de Fortaleza. ¡Ten cuidado! Ten cuidado, no sea que pierda fuerza tu alma. El maligno está continuamente al acecho sin quitar por un momento la mirada de ti. Suscita frecuentemente y sin motivo la confusión en tu alma porque todavía no ha perdido la esperanza. Que la esperanza de tu alma se alimente del Espíritu de Amor cuya fuerza atemoriza a Satanás. Esta es mi petición y mi inspiración que si acoges y haces tuya, hará enmudecer en tu alma la bulla perturbadora del maligno que vocifera al silencio de tu alma".

HACER SACRIFICIOS PARA SALVAR ALMAS

11 de marzo de 1964

Estaba meditando sobre la infinita Misericordia de su Sagrado Corazón y deseaba almas para Él. Encomendé a su especial Misericordia a mi familia. Al estar así sumida en Él, el Señor Jesús con voz animadora y mansa:

JC.- "La crecida confianza significa crecida garantía. Dime, mi Isabel, ¿puedes imaginarte que Yo no concediera lo que

piden ustedes a favor de las almas? Si así fuera, ¿no sería Yo mismo quien entorpeciera mi trabajo salvador? Veo que estás dando vueltas a estos pensamientos. Voy a contestar a tus palabras no pronunciadas. Naturalmente, no llamo a todos de la misma manera. A quien había dado mucho, espero más de él. Pero no sea esto lo importante para ti. Lo esencial: hacer sacrificios por aquellos a quienes ustedes quieren conducir a mi camino".

HAZ SACRIFICIOS TAMBIÉN POR LOS SACERDOTES PARA QUE SALGAN DE SU OCIOSIDAD

12 de marzo de 1964

JC.- "Te ruego que te fijes especialmente en la importancia extraordinaria de las vocaciones sacerdotales. Estos deseos míos no son nuevos para ti. Y ahora, con especial devoción haz sacrificios por este fin. Porque no sólo encomiendo a tu especial atención las vocaciones que todavía no se han puesto en marcha sino más todavía las vocaciones sacerdotales que ya están en marcha. Haz muchos sacrificios por ellas".

El mismo día, de noche, durante la adoración:

JC.- "¡Dile a tu padre espiritual!"

Mi corazón se puso inmediatamente a temblar. Luego habló el Señor Jesús con voz tronante:

JC.- "Antes de que lleguen los tiempos difíciles, prepárense con renovado empeño y con decisión firme, a la vocación para la cual les he llamado: No vivan en una ociosidad aburrida e indiferente porque ya se está preparando la gran tempestad cuyas ráfagas arrastrarán a los indiferentes sumidos en la ociosidad. Frente a ello solamente sobrevivirán las almas con verdadera vocación. El gran peligro que estalla ahora contra ustedes se pone en marcha al levantar Yo mi Mano. Transmitan mis palabras de advertencia para que lleguen a todas las almas sacerdotales. Que les sacuda mi palabra que de ante mano les advierte a ustedes y mi petición severa..."

EL ANHELO ES UN INSTRUMENTO MARAVILLOSO

4 de marzo de 1964

JC.- "¿Te admiras qué claro es para ti el eterno pensamiento de mi Divinidad? Esto recibirá de Mí toda alma que por su vida sacrificada se entrega de lleno a participar en mi obra salvadora. El sacrificio da brillo a tus obras a cuya luz reconoces cuál es mi anhelo. Sobre esto ya te di varias instrucciones. El anhelo es un instrumento maravilloso que encierra ya en sí el sacrificio. Por ejemplo un niño desea ser un excelente alumno. Para conseguirlo estudia con tesón. La madre anhela la maternidad y vive en ella el deseo de aceptar el sacrificio. La investigación del sabio también implica sacrificio. El deportista anhela ser el primero y por eso se somete a todo sacrificio. El padre de familia anhela levantar la casa familiar y para lograrlo hace grandes sacrificios. Por eso les urjo continuamente que sus corazones se llenen de deseo porque esto lleva en sí el sacrificio. Estas dos cosas son inseparables".

DE NUEVO LA PRESENCIA DEL MALIGNO... Y LA DE JESÚS

17 de marzo de 1964

Hace un par de días, volví a ocupar de nuevo mi pequeña habitación, porque a causa del intenso frio del invierno pasé unos meses con una de mis hijas.

Ahora que he comenzado a disfrutar de la alegría de mi silenciosa soledad, de pronto se abrió bruscamente la puerta. Miré afuera y al momento sentí la presencia del maligno. Me dijo con sonrisa burlona: "Me he asomado solo para visitarte, para ver qué vas a hacer". –No dijo ninguna palabra más. Me sorprendió su parquedad de palabras. Otras veces durante horas solía torturarme. Ahora no pudo hacerlo porque despojado de su poderío se quedó ciego. Estaba parado cerca de mí, privado de su actividad diabólica, pero tuvo que quedarse junto a mí. ¿Verdad que no tienes poder, no puedes hacerme mal? (Porque una vez que me pegó, luego la Santísima Virgen dijo: "¡Esto, no podrá hacerlo más!")

Ahora respondí a su pregunta sobre ¿qué voy a hacer aquí en mi silenciosa soledad? Tendré más oportunidad para adorar a Dios. Quiero servirle todavía mejor en lugar de aquellos también a quienes tú desviaste de este camino. Por más que te duela el tener que escucharlo, repararé al Señor Jesús por las muchas ofensas que cometí, influenciada por ti, ofendiendo por ellas a Dios de infinita Majestad y Misericordia... Él es tan misericordioso que perdona a todo pecador arrepentido. Si tú te despojaras de tu soberbia rebelde y reconocieras la Santa Majestad y Poder de Dios, si te arrepintieras de tu perversidad, a ti también te perdonaría. Pero como tu tonta soberbia te retiene, tienes que penar. Pero para ti también llegará pronto el tiempo en que te quedarás ciego y despojado de tu poder. Por muchísimo que te duela escucharlo, esto será así.

El maligno forzosamente tuvo que escuchar mi respuesta y sufrir a causa de su impotencia. El Señor Jesús me permitió sentir los esfuerzos impotentes del maligno humillado. Luego desapareció desapercibidamente. Ni cuando estuvo presente ni cuando se alejó despertó en mí temor.

El Señor estaba presente y esto tuvo que sentir el maligno. Después Jesús me dijo:

JC.- "¡Y ahora sumerjámonos en la dulce soledad! ¡El pensamiento de nuestras mentes sea uno, nuestras manos también recojan unidas, nuestras corazones latan al unísono; así vamos a descansar!"

INCLINA TU CABEZA SOBRE MI CORAZÓN

18 de marzo de 1964

JC.- "No voy a hablar ahora mucho, sólo esto: para los que se aman de verdad, bastan unas pocas palabras para manifestar su amor y ya sus corazones laten al unísono. Inclina tu cabeza sobre mi corazón y esta cercanía te llene de fuerza para las luchas sucesivas. No quiero consolarte ya que tú sufres con alegría y el que sufre con alegría no desea ser consolado. Pero te doy mi Fuerza divina, de ella ciertamente tienes necesidad. El sacrificio que espero de muchos, lo recibo lastimo-

samente sólo de muy pocos y esto significa un revés para mi Obra salvadora".

21 de marzo de 1964

Quedando atrás los días difíciles de abstinencia, ¡el Señor Jesús hizo tan liviana mi alma! Me puse a comer pero eso no significó para mí ningún placer. El Señor Jesús me pidió hace ya mucho tiempo que los alimentos no los tomara por el gusto que producen sino únicamente para alimentar mi cuerpo. Como mis hijos me proveen abundante con comida, siempre tomo lo que han traído en días anteriores y así no como comida recién hecha. Durante el almuerzo el Señor Jesús me aseguró de su presencia mientras me dijo:

JC.- "¡Piensa en Mí, mi pequeña hermanita! Cuán raras veces también llega a Mí un alma fresca que antes de haber gustado el pecado me hubiera gustado a Mí. ¡Qué nuestro interior sienta lo mismo! ¡Ofrece esto también a Mí! Al tomar alimentos sin sabor, el sacrificio de tu alma llega a ser sabroso para Mí. Así nuestras manos también recogen unidas. ¿Verdad que tú también encuentras esto maravilloso?"

QUE NUESTROS OJOS SE MIREN Y QUE NUESTRAS MIRADAS SE FUNDAN EN UNA SOLA

22 de marzo de 1964. Domingo

En la capilla dedicada al Espíritu Santo, al estar arrodillada delante del sagrario, el Señor Jesús amablemente se dirigió a mí:

JC.- "¡Mira a mis Ojos! Yo permito que nuestros ojos se miren y que nuestras miradas se fundan en una sola. ¡Ya no veas nada más! Lee en mis ojos que te dirijo con lágrimas, en anhelo ansioso de mi amor. ¡Repara! Esto es lo único que me consuela de ustedes. Yo el Dios-Hombre ansioso de sus corazones, ¡tengo necesidad de su consuelo!"

LA IMPORTANCIA APREMIANTE DE LA CAUSA

23 de marzo de 1964

Pregunté al Señor Jesús si yo pudiera dar a conocer sus comunicaciones y las de la Santísima Virgen todavía en mi vida mortal. Él con palabras breves y suaves se contentó con decir:

JC.- "¿Por qué me preguntas tal cosa? Esto me suena como si me preguntaras si podrás participar durante tu vida mortal en mi obra salvadora. ¿O tengo que decir otra vez lo que estoy urgiendo constantemente?

¿No te elevé en un vuelo semejante al de una flecha a Mí para hacerte apta cuanto antes para transmitir nuestras comunicaciones? ¿No te urgí en días pasados también tres veces seguidas? En mis palabras suplicantes pongo mi Acento divino en la importancia apremiante de la Causa".

Es cierto, en días pasados el Señor Jesús me pidió hasta tres veces que sus mensajes los comunicara cuanto antes a mi Padre espiritual.

HOY, TODO EL DÍA, SUFRE CONMIGO

Jueves y Viernes Santos

Hubiera querido pasar toda la velada de plena noche en la capilla. Pero no hubo modo de hacerlo. El Señor Jesús vio que estaba afligida a causa de ello y dijo:

JC.- "¡Ven! Para cuando llegues a casa, Yo ya estaré esperando en nuestro pequeño cuarto".

Me sorprendió esta amable, inesperada y atenta bondad. No me atreví ni siquiera a pensar en ello. En el camino a casa estaba sumida en su continua adoración y cuando entré en mi pequeño cuarto le saludé con un "¡Alabado sea Jesucristo!" Él con una sensación ligerísima hizo percibir su presencia. Esto duró sólo unos pocos minutos. Luego enseguida me inundó con pesada congoja y con un dolor cargado de preocupación. La hizo en tal medida que tuve que agarrarme a algo para no desplomarme. Entonces el Señor Jesús con dolor:

JC.- "Te hago participar de mis sufrimientos de alma y cuerpo tal como Yo los sufrí como hombre. No hice uso de la fuerza de mi Divinidad, sólo como hombre viví el horror de la noche de Getsemaní. Yo te honra con los dolores extraordinarios de mi alma y de mi cuerpo. Este sufrimiento significa en verdad para ti el participar más hondamente en mi obra salvadora".

Y mientras decía esto, estaba junto a mí. Se quejó todavía largamente y a raíz de sus palabras iba en aumento el dolor de mi alma. Entre tanto se hizo medianoche pero yo sólo puedo velar a esta hora si antes he descansado. A partir de medianoche tuve que recuperar todas mis fuerzas para participar de rodillas de los sufrimientos del Señor. Apenas logré perseverar un cuarto de hora en esta posición porque el gran dolor espiritual que me invadió agotó tanto mis fuerzas que después de poco tiempo sólo acurrucada sobre mi pequeño banquillo de oración pude meditar sobre los sufrimientos del Señor. El sufrimiento que Él traspasó en mí, me debilitó totalmente. Antes de las dos me acosté. No vino el sueño a mis ojos, sólo pude pensar en los sufrimientos del Señor. El Señor Jesús de mañana me pidió:

JC.- "¡No te eches atrás! ¡Hoy todo el día sufre Conmigo!"

EL MÁS HERMOSO SERMÓN QUE ESCUCHÉ EN TODA MI VIDA

Lunes de Pascua

El sermón de hoy fue el más hermoso que escuché en toda mi vida. Y mientras pensaba en las palabras sencillas y espontáneas, el Señor Jesús dijo:

JC.- "¿Sabes por qué fue éste el más hermoso? Porque inundé con la abundancia de gracias a aquel sacerdote que lo pronunció. Y esta gracia pasó de él a los fieles que estaban en el templo. Ni un solo ojo quedó sin lágrimas. Pero no sólo las lágrimas brotaban sino también los corazones se conmovieron bajo el efecto de las gracias extraordinarias para que veas los méritos de tu participación en mi obra salvadora. Desde hace ya mucho tiempo te pedí que fueras tú la representante de tu comunidad parroquial. Y como a tal tengo que

comunicarte el resultado de la actividad de mis gracias que es fruto de tus fatigas unidas a mis Méritos".

Durante todo el día tenía presente las palabras del Señor Jesús y le daba las gracias. Con pocas palabras voy a escribir el sermón que el padre E predicó:

"Los discípulos de Emaús iban por el camino con el corazón apesadumbrado, desanimados y sin saber qué hacer". Y aquí citó de las meditaciones de Prohászka: "El alma de los discípulos era como en el prado verde y cubierto de flores la mancha quemada que dejó la fogata de los pastores". Luego lo aplicó a las almas quemadas que viven sin Dios y sin esperanza. Y luego contó que en tiempo de guerra un joven soldado fue llevado al hospital con graves heridas. No había esperanza de que se quedara con vida, lo sabía él mismo muy bien. Luego que el sacerdote lo confesó, el soldado le pidió que fuera tan amable y cantara junto a él. El sacerdote le preguntó: ¿Quizá una hermosa canción a la Santísima Virgen? El con los ojos bañados en lágrimas le miro y con gran dificultad le dijo. "¡Cantemos al Santísimo Sacramento!" –Y con los ojos bañados en lágrimas le dijo al confesor: "¡Qué feliz estoy por haber llegado a conocer al Señor!" –Y al hablar el Padre E, se le hizo un nudo en la garganta y su voz se hizo más apagada. En esos instantes simultáneamente se derramó sobre los presentes la gracia de Dios.

¡Qué infeliz es el hombre que ni siquiera en los últimos minutos de su vida reconoce al Señor, al Dios infinitamente Bueno y Misericordioso! Estas palabras finales del padre E conmovieron todas las almas. Luego volvió sobre la cita inicial y con ello terminó su sermón.

A lo largo del día con ansia de corazón esperaba la noche. Me fui a donde el Señor para agradecerle de nuevo en nombre de nuestra comunidad parroquial la gracia que a través del amor de su Corazón misericordioso derramó sobre nosotros. Y al sumirme en profundo silencio en su adoración, el Señor Jesús dijo:

JC.- "Agradezco que al menos tú hayas venido a agradecer las muchas gracias.

Reflexiona a fondo sobre esa tragedia conmovedora. Nuestra Madre quiere que ni una sola alma se condene. Tomen todos ustedes parte en esta gran obra salvadora, cuyo fin es rescatar las almas".

PACIENCIA, PERSEVERANCIA, APLICACIÓN

6 de abril de 1964

Conversó sobre su enseñanza, sobre la paciencia perseverante y sobre la aplicación:

JC.- "¡Paciencia, perseverancia, aplicación, mi Isabel! Es esto lo que te guarda junto a Mí y por medio de ello puedes a otros también acercar a Mí. El premio de la aplicación sin desmayo será para ti y para todos los que estén trabajando Conmigo, lo que ojo no vio, oído no oyó y mente humana no puede comprender. Allí nuestros ojos se mirarán y nuestros corazones palpitarán al mismo ritmo".

TÚ TAMBIÉN ERES ESCOBA EN MIS MANOS

9 de abril de 1964

JC.- "Tú también, mi Isabel, eres escoba en mis Manos. Las Manos divinas te toman y barren contigo, con tus sacrificios. Todos son escoba también en la Mano divina quienes se entregan con amorosa renuncia, olvidándose de sí mismos. Sólo por medio de la aceptación ininterrumpida de sacrificio llegarán a ser dignos de que les tome en mi Mano y les utilice para la limpieza más eficaz. Sí, barro por medio de ustedes las calles, los prados floridos, los bosques frondosos y todo lugar donde hay pecado. No te extrañes por este discurso mío que suena completamente humano. Como dice el proverbio: ¡Que barra cada cual delante de su propia casa! Tengan esto, tú y otros también, ante sus ojos. El que siente que su alma aspira para algo mayor, que Me sirva con mayor fidelidad. Cuando se trata de trabajar por Mí, nadie puede caer en la exageración. Aunque te parezca que Yo repito siempre lo mismo, ¡escríbelo no más! Te ruego, grábatelo muy bien: La

palabra de Dios es siempre la misma, por medio de ella pido la salvación de las almas".

TU MAESTRO CUIDA DE TI

14 de abril de 1964

Cuando llegué a casa y entré en mi pequeño cuarto, el Señor Jesús me recibió:

JC.- "Yo ya estoy esperándote aquí y a cada genuflexión que envías hacia Mí con tu adoración de pleitesía, late de gozo mi Corazón. Por el continuo arrepentimiento de tus pecados, tu alma permanece siempre fresca. Oh, te ruego, mi Isabel, haz esto en lugar de otros también. Ves, de nuevo te estoy honrando. He venido para bendecir, a petición tuya, a tu familia y a todo el contorno de tu casa. He traído mi paz. ¡Confía! ¡No des lugar al desánimo! Tus sufrimientos los uno a mis méritos, la salvación de tus hijos queda asegurada. Me quedo aquí. Me agrada el silencio de tu pequeño cuarto. Siente que nuestros corazones laten al unísono. Difícilmente aguanto sin ti. Yo sé que para ti tampoco es indiferente. Oh, ¡feliz momento! Yo sé que tú también esperas cuando ya nada nos separará. Yo te espero con toda la pompa de mi Riqueza y entonces ya seremos enteramente uno, indivisiblemente. Siento que tu corazón late fuertemente de gozo. Yo también me alegro contigo. Tu Maestro cuida de ti y si tropiezas, mi Mano te levanta enseguida. El arrepentimiento continuo de tus pecados me obliga a que Yo también derrame sobre ti ininterrumpidamente mi Perdón".

ESTA ES LA MÚSICA DE MI CORAZÓN

15 de abril de 1964

Pasada la medianoche, la Virgen Santísima me despertó pero de manera tal como no lo había hecho nunca hasta ahora. Me sorprendí por la facilidad con que me desperté a pesar de haberme acostado sólo a las once.

Después del breve reposo no sentí ningún cansancio... y pude prolongar mi oración hasta la hora de levantarme. No he podido todavía asimilar la visita de la tarde de ayer. Me conmovió hasta lo profundo de mi alma. Sobre todo aquello de que el Señor Jesús prometió esperarme en adelante frecuentemente en mi pequeño cuarto.

Al día siguiente, toda la mañana medité sobre la infinita bondad del Señor: Mi adorado Jesús, mi divino Maestro, sabes ¿verdad? lo que te quisiera decir, pero no llegan palabras a mis labios, solamente caen silenciosamente mis lágrimas. ¡Lágrimas de arrepentimiento! Quisiera escribir versos hermosos sobre tu bondad infinita pero no me fue concedido este don. Consciente de mi miseria y de mi nada, continuamente estoy pensando qué podría darte. Señor mío, Jesús mío, te doy una y otra vez mis pecados y el brotar monótono de lágrimas de mi alma empapada en gracias. ¡Atiéndeme por favor! Esta es la música de mi corazón. Es lo único que te puedo brindar... Sé que esto también es Don tuyo, yo te lo agradezco mil y cien mil veces... En cada latido de mi corazón está mi arrepentimiento... Señor mío, Jesús mío, esto es poco porque mi corazón a veces falla el pulso. Por eso, te pido ahora, que en cada granito de polvo que has creado, ponga yo el dolor de mis pecados para que el viento se los lleve a Ti y veas así cuánto te amo. Este es mi himno, mi poesía y mi música, todo lo que yo puedo dar. ¡Acéptame tal como soy!

JC.- "El profundo dolor de tus pecados, hijita mía, conmoverá a muchos al arrepentimiento y los pecadores regresarán a Mí..."

A NUESTRAS PETICIONES, ¡NO LAS DEJEN DE LADO! ¡ÚRJANLAS!

18 de abril de 1964

JC.- "Pide a tu confesor, hijita mía, que trámite el asunto de tal forma que la Causa para el Pentecostés de 1965 esté ya donde el Santo Padre. Las comunicaciones de mi querida Madre y las Mías, y nuestras peticiones, ¡no las dejen de lado, úrjanlas!"

La petición del Señor era conmovedora en mi alma y pensaba temblando, consciente de mi miseria y de mi nada, en que tenga que entregar y urgir yo las palabras de Dios. Yo, ¡granito de polvo! ¿Puede uno aceptar esto sin estremecerse? Ahora no hay duda en mi alma. El Señor Jesús la hizo cesar, pero yo vivo continuamente consciente de la miseria de mi alma.

...QUE SOLÓ SEA YO TU TODO

20 de abril de 1964

Mientras hacía mis trabajos de casa, estaba sumida en su adoración dándole gracias. Él comenzó a conversar:

JC.- "Créeme, mi pequeña hermanita, que al llamarte así te invita a confiar en Mí, creer en Aquel quien te llama tan pequeña. En esa forma de dirigirme Yo a ti, ya tienes la garantía de mi amorosa solicitud respecto a todo lo que necesitas y la seguridad de que te defenderé en todo momento. ¿Te conmueve, verdad, que de una manera tan sencilla gestiono tus asuntos?

No quiero quedarme deudor de ti y lo que sobre todo quería alcanzar era que tu pensamiento y tu trabajo aún en adelante sean desinteresados y limpios. Yo, tu Maestro, cuido de ti y te libro de toda preocupación, para que únicamente sea Yo tu todo y que nada te ate a la tierra. Puedes ver, del asunto solucionado que tu Padre celestial sabe de qué tienes necesidad".

ATIZA LA LLAMA DE AMOR DE MI CORAZÓN CON TUS SACRIFICIOS

16 de mayo de 1964

La Santísima Virgen dijo:

S.V.- "Con el amor de mi Corazón maternal me dirijo a ti, mi hijita carmelita. ¡Atiza la Llama de Amor de mi Corazón con tus sacrificios! ¡No dejes que la Llama de Amor, que derramé primeramente sobre ti, sólo parpadee débilmente en ti!"

No sabía por qué dijo esto la Santísima Virgen y le pregunté. Ella me contestó con dulce amabilidad:

S.V.- "Para que aproveches bien el tiempo que se te ha concedido y con crecido deseo haz el sacrificio aquí en la tierra".

EL PREMIO DE GUARDAR AYUNO EL LUNES

18 de mayo de 1964. Lunes de Pentecostés

Asistí a la santa misa y antes de la sagrada comunión el Señor Jesús me dijo:

JC.- "Como veo tu firme determinación, a la que eres fiel aún en los días de fiesta, te he preparado una alegría: de entre las almas sacerdotales que sufren en el purgatorio, en este día, a partir de medianoche, a cada hora se libera un alma".

Esto me dijo el Señor Jesús porque a petición suya, los lunes continuamente ayuno a pan y agua y no lo omito ni aun cuando caiga una fiesta en ese día.

Estoy feliz de poder guardar en este día el ayuno estricto ya que Él prometió que después de ayunar un día lunes, un alma sacerdotal llega a su divina Presencia. Y ahora, al decirme que en cada hora se libera un alma sacerdotal, inundó mi alma con aquel sufrimiento que estas almas padecen todavía, que luego de unas horas ya estarán en Su Presencia. Este dolor ha durado apenas uno o dos minutos pero aún así, estando de rodillas, casi me desplomé a causa de los dolores. Después de comulgar, el Señor Jesús me permitió sentir la liberación de un alma. Hizo que mis sentimientos cambiaran de un extremo a otro: después de las profundidades del sufrimiento, me inundó con la alegría sublime del alma que ha llegado a la Presencia de Dios. El estado de mi alma, temblorosa de la embriaguez de las gracias, hizo que me sintiera libre durante horas de la fuerza de gravitación de la tierra.

22 de mayo de 1964

Sólo esto dijo el Señor:

JC.- "Sólo por medio de dolores y sufrimientos progresa mi Santa Causa".

LA POSESIÓN DE LA SANTÍSIMA TRINIDAD

28 de mayo de 1964

Al disponerme de noche a descansar, por última vez me postré ante la imagen que representa su Sagrado Rostro. En este momento sentí la transfusión extraordinaria de su divina Majestad.

Esto ha durado, solamente por un instante. Yo temblaba intensamente. No he podido comprender qué sería esa transfusión intensa. En ese momento la tierra ha dejado de existir para mí y yo estaba enteramente en la presencia de Dios. Repito, esto ha durado solamente un momento.

Al día siguiente el Señor Jesús conversó largamente pero no puedo escribir sino algunas palabras suyas. Durante la conversación me aclaró que ese momento era el estar en la posesión de la Santísima Trinidad. Así será después de haber alcanzado mi salvación.

JC.- "Pero te lo he permitido sólo por un instante porque no podrías soportar esto aquí en la tierra. Aun así sólo has podido soportar mediante una fuerza especial de mi divina Gracia".

2 de junio de 1964

JC.- "Por mi causa tienes que pasar por grandes sufrimientos y tienes que luchar sin interrupción por las almas. Fuera de esto, hijita mía, no derroches tus fuerzas en ninguna otra cosa".

EL ENTREGAR LA LLAMA DE AMOR SEA LA META PRINCIPAL DE TU VIDA

15 de junio de 1964

El Señor Jesús dijo:

JC.- "Entregar la Llama de Amor, hijita mía, sea la meta principal de tu vida. Esto tiene que avanzar como la corriente de agua. Nadie ni nada puede impedirlo. Esta corriente de agua es mi Gracia que purifica, destruye cuando

haga falta o salva y da vida, pero debe correr porque ¡Dios lo quiere! Dile esto a tu Padre espiritual: ésta es mi petición a él y a todos aquellos que son llamados a poner en marcha la Causa".

NUEVOS SUFRIMIENTOS AL VOLVER CON MI SACERDOTE

17 de junio de 1964

Al fin, después de mucha lucha interior se ha clarificado mi alma. Las palabras del Señor Jesús me confirmaron y fui a donde el Padre y le referí la petición del Señor Jesús. El volvió a decir lo que ya varias veces me había dicho que mientras no sienta algo en su alma que confirme la autenticidad del asunto, no va a dar pasos. A estas palabras nuevos sufrimientos volvieron a torturar y agobiar mi alma...

JESÚS Y MARÍA ME URGEN.
LA HUMILLACIÓN ACEPTADA IMPULSA LA CAUSA

28 de junio de 1964

De noche:

JC.- "Ahora voy a intensificar más todavía tus sufrimientos".

Al estar delante del Sagrario adorándole, me dijo:

JC.- "Tienes que ir urgentemente a tu Padre espiritual y dile que Soy Yo quien urge que se ponga en contacto con el padre E".

La Virgen Santísima habló también urgiendo:

S.V.- "...Hijita mía, por más difícil que sea, ¡ponte en marcha! La humillación que inunda a tu alma sólo da impulso a nuestra causa".

NO MIRES A NINGÚN LADO SÓLO MIRA MIS OJOS

29 de junio de 1964

Cuando de mañana estaba arrodillada delante del sagrario, sólo pude dirigirle al Señor Jesús una jaculatoria de adoración porque Él enseguida ha interrumpido mis palabras comenzadas:

JC.- "¡Mi Isabel! Oh, ¡cuánto te esperaba! ¡Es tan larga esta soledad! Sabía que nuestra despedida de anoche te impulsaría a que hoy también fueras tú la primera quien Me salude. Llenas mi alma de alegría. Tú y Yo, ¡nosotros dos! ¡Es mi delicia estar con los hijos de los hombres! Pero, lamentablemente, esto recibo sólo de pocos. ¡Mi pequeño girasol! ¿Sabes qué recibes ahora de Mí? Acepta de Mí esta medida aumentada, hasta ahora desconocida de mi Amor que te había prometido porque su aceptación reclama de ti un sacrificio muy grande. Estoy contento de ti y por eso te lo propongo. Por el sacrificio extraordinario ahora tú también puedes dar prueba de tu gran amor. ¡Tú y Yo! A causa de nuestra unión, llena el gozo tu corazón. Sé que incansablemente me das las gracias. Veo también los pensamientos que te distraen. ¡No te preocupes de ello! Mira en tu jardín las plantas que trepan y tratan de llegar cada vez más arriba. Ves que pronto marchita su flor, pero a poco tiempo ya se abren nuevas. Y el marchitar no significa inutilidad por que el cáliz de las flores marchitas encierra la semilla fecundada sin la cual no habría reproducción. ¿Comprendes verdad? Si no existiera la lucha, ¿qué daría entonces valor a las cosas? Tú, ¡empéñate sólo hacia lo alto! ¡No te lamentes por los cálices marchitos en tus flores! Tus pensamientos estén siempre junto a Mí hasta que nuestros corazones también latan al unísono. No mires hacia ningún lado. ¡Sólo mira mis Ojos! Esto te invita al recogimiento y te ayuda alcanzar la victoria por el éxito de mi obra salvadora. ¡Gracias, mi Isabel! Tu amor comprensivo me conmueve hasta lo más hondo del alma, porque mi Corazón divino siente también con afecto humano".

¡Mi Señor Jesús! Ahora que tus divinas palabras se han fundido a mi alma, permíteme que te agradezca de un modo especial los sufrimientos extraordinarios y aquella bondad y amor con que me quieres distinguir y que no me hiciste sentir hasta ahora. Tus palabras, mi adorado Jesús, me han anonadado de nuevo al dirigirte así a mí: "Tú y Yo". –Has cambiado el orden. Esta ilimitada condescendencia me ha confundido tanto, que el rubor ha inundado mi rostro. ¿Cómo puedes hacer esto conmigo que soy pequeña y nada? Él, al ver cómo me deshacía en agradecimientos, en lugar de palabras inundó mi alma con el amor de su Corazón comprensivo.

VES QUÉ ÚTIL ES ESTE PEQUEÑO TIEMPO

17 de julio de 1964

Una nuerita mía me pidió que trajera las medicinas para mi nietecito enfermo. Tuve que esperar por la medicina más de una hora... durante la espera me llamó la atención un artículo de periódico... Apenas había leído de él un par de líneas, el Señor Jesús con mansa petición se dirigió a mí:

JC.- "Mi pequeño girasol, ¡ayuda más bien a liberar a las almas que padecen!

Yo comparto contigo continuamente mis eternos pensamientos. Ves, ¡qué útil es este pequeño tiempo! Dejando de lado el pequeño artículo de periódico, ayudas a las ánimas sufrientes a llegar a mi santa Presencia. Esta participación en mi Obra salvadora es maravillosamente meritoria... Ves cómo simplifico todo lo que les pido a ustedes. Pongo al alcance de todos la realización de mis eternos pensamientos. ¡Escríbelos! De mis palabras que tú escribes y comunicas a otros, muchísimas almas sacarán gran provecho".

LLÉNATE CADA DÍA CON MI AMOR DIVINO

21 de julio de 1964

Mientras llenaba de agua los floreros del altar:

JC.- "Ves, así como diariamente pones agua a las flores, de la misma manera deberían las almas también llenarse cada día

con mi amor divino, que mantendría sus almas frescas y las haría capaces para el sacrificio".

POR TU ARREPENTIMIENTO ME ATRAES A TÍ

26 de julio de 1964

Al regresar de la santa misa, el Señor Jesús dijo amablemente:

JC.- "Acepta de Mí, mi hermanita, la manifestación extraordinaria de mi Amor que mereces por tu continuo arrepentimiento. Este camino es el más corto por lo cual llegas a donde Mí, por eso vuelas como una flecha a donde Mí. Esto te mantiene en tu vuelo, este humilde, ininterrumpido arrepentimiento... Yo olvido todo. Por tu arrepentimiento, me atraes a ti como un imán.

Y me atraerá a sí toda alma que haga lo mismo. Oh, les pido suplicante, ¡atráiganme a ustedes! Este es el instrumento más perfecto en sus manos por el cual me comprometen enteramente y les concedo cualquier cosa. En esos momentos derrocho gracias sin medida sobre ustedes".

TU INAGOTABLE ARREPENTIMIENTO ME EMBRIAGA

27 de julio de 1964

Sacaba brillo al piso de mármol del presbiterio. El Señor Jesús me animó con estas palabras:

JC.- "Está bien, con tus sacrificios, mi pequeño girasol, saca brillo a las almas también en quienes se oscureció el esplendor de mis gracias".

Cuando partí para la casa, así conversó:

JC.- "Siente que ahora estamos aquí entre los dos. ¿Sabes que tu pequeño cuarto es mi santuario? Yo permanezco con gusto donde ti porque de la misma manera que Yo te di hogar en mi casa, tú también Me brindas un hogar. ¿Qué es lo que Me une a ti? Es tu inagotable arrepentimiento. Sí, es esto lo que me embriaga. Escucha tú, pequeña y pobrecita alma, las palabras con que reconozco a lo que eres capaz. ¡Embriagas

al sublime y poderoso Dios! Comprendan esta gran maravilla: ustedes por el arrepentimiento de sus pecados Me pueden hacer feliz".

YO TAMPOCO TE SUELTO A TÍ NI A NADIE...

3 de agosto de 1964

JC.- "Lo que el imán ha traído a sí una vez, hijita mía, ya no lo suelta más, porque esto sería contrario a las leyes naturales. Yo tampoco te suelto a ti ni a nadie, porque esto sería contrario a la ley de mi ternura divina. Yo te acepté y te encerré en mi Corazón y por el alimento abundante de mis gracias te brindo el continuo amor de mi Corazón. Te pido que oremos juntos al Eterno Padre para que conceda su misericordia a aquellos que violentamente se arrancan del campo de atracción de mi Divinidad".

EL DOLOR DE TUS PECADOS HACE AMABLE TU ALMA

11 de agosto de 1964

La confesión tan largo tiempo deseada, la hice hoy. Revelé ante mi Padre espiritual los tormentos de mi alma y le pedí que me tratara severamente porque continuamente vivo con la conciencia de ser presuntuosa, soberbia, mentirosa y embustera y que quiero engañarle a él. Por esto desde hace ya semanas no tengo tranquilidad ni de día ni de noche... El me tranquilizó diciendo que esto no se da en mi alma. Lo provoca el diablo porque de otra manera ya no consigue nada conmigo... Si esto fuera verdad, él ya me hubiera amonestado severamente... Mientras esté yo sincera y obediente, no debo angustiarme porque esto es lo grato y bueno ante Dios. Que manifestara las dificultades de mi alma en el futuro también con sinceridad, entonces el diablo no conseguirá nada con sus tentaciones.

El mismo día, de noche, estando yo arrodillada delante del sagrario y adorando al Señor Jesús, Él comenzó a conversar silenciosamente:

JC.- "Sabía que ibas a vencer tu cansancio y que vendrías. Si supieras, ¡con qué alegría te espero!... Un alma entre las muchas que Me ama... ¡Cuán complacido estoy de ti! ¡Qué tú también sientas este gozo en tu alma! ¡Tú querida, tú! Es el dolor de tus pecados que hace tan hermosa y tan amable tu alma y la de todos los que se acercan a Mí con verdadero dolor de sus pecados".

DE NUEVO INTENSIFICARÉ TUS SUFRIMIENTOS

13 de agosto de 1964

De mañana el Señor Jesús se me adelantó:

JC.- "Por los méritos de tus sufrimientos, encendí una gran claridad en el alma de tu confesor. A partir de ahora, ve con claridad que mi Santa Causa es auténtica... Pero tus sufrimientos aún en lo sucesivo serán necesarios. Ahora, tras un breve descanso, de nuevo intensificaré tus sufrimientos. ¿Lo aceptas? Contéstame a Mí con tus palabras y con tu decidida entrega; Yo quiero ser el soberano único y exclusive de tu alma..."

Te comprendo, mi adorado Jesús. Pides nuevamente mi entrega decidida. ¿Cómo postrarme a tus divinos pies? Todos mis miembros se han unido tanto a Ti que ya no vivo yo sino solo en Ti. Mi adorado Jesús, acéptame así como soy, con mi nada y con el dolor ininterrumpido de mis pecados. No tengo otra palabra sino aquella: que te amo mucho-mucho. Quisiera amarte como ningún pecador arrepentido jamás te ha amado todavía. Él me interrumpió:

JC.- "¡Repítelo, repítelo, mi Isabelita! ¡Son palabras deliciosas estas para Mí! Por estas palabras sufrí y acepté la muerte de suplicio. Y esto quisiera oír de los labios de todos los hombres. Tú lo comprendes bien. Enseña esto a otros también..."

ORAR POR LOS PECADORES PARA QUE SE ARREPIENTAN

15 de agosto de 1964

El Señor Jesús dijo con voz quejosa:

JC.- "Mi niña querida, ¡desea para Mí muchas-muchas almas! Esta es mi única petición. ¡Las almas! Oh, ¡cómo anhelo a los pecadores! Oh, ¡cómo sufro por la indiferencia y desprecio de las almas! Dime, mi lsabelita, ¿es difícil amarme a Mí?"

Y al preguntarme esto, de nuevo le contesté con el solo dolor de mis pecados. El Señor Jesús continuó:

JC.- "El gran arrepentimiento de tu alma, Isabel, fecunda a las almas. ¿Sabes cómo es tu arrepentimiento? Es como la abeja que recoge la miel y vuela de flor en flor. Este es tu arrepentimiento. Y por cuantas almas oras, sobre tantas derramo la abundancia de mi gracia. Ellas se arrepentirán de sus pecados. Ves, en vano hay abeja y en vano la flor, si la abeja no coopera, no hay ningún resultado. Mira, el pecador es pasivo, no hace nada, es igual que la flor, sólo espera ser fecundada. ¿Me entiendes, verdad? Con el arrepentimiento de tus pecados, mis gracias actúan en las almas. Como el polen recogido se transforma en miel, así también las lágrimas de tu arrepentimiento, por medio de mi Gracia, se transforman en las almas de los pecadores en dulce miel. ¡Dame mucha alegría!"

Luego se quedó callado, sólo hizo oír en el fondo de mi alma un suspiro de anhelo y por él me dio a sentir su ansia por las almas.

18 de agosto de 1964

Por hacer obras en la casa, hemos demolido la gruta de Lourdes. Pensé que yo misma la iba a reconstruir con las antiguas piedras de roca. Durante mi trabajo, adoraba continuamente a Jesús. Al acercarse la noche, mi corazón comenzaba a latir de alegría. Durante mi adoración, pensé que muy pronto iría a donde Él y postrada a sus sagrados Pies continuaría mi adoración. El Señor Jesús entre tanto dijo:

JC.- "Aumentas el gozo de mi divino Corazón y lo aumentan todos los que me adoran ininterrumpidamente. ¡Ojalá fueran ustedes muchos! ¡Tú, mi pequeña amiga! ¡Con qué dicha te miro a ti y tengo sed de cada una de tus palabras que mi-

tiga mi anhelo por las almas! Grabé profundamente en tu alma mi enseñanza, mi sed por las almas. Cuando estuve suspendido en la cruz, exclamé con voz fuerte: ¡Tengo sed! Es esto lo que les grito hoy también a ustedes, especialmente a las almas a Mí consagradas".

TU ALMA ES COMO UNA FUENTE

19 de agosto de 1964

JC.- "Tu alma es como una fuente de la que brota sin cesar agua cristalina que no sólo refresca sino también purifica. Me refresca a Mí y, por tus deseos, limpia las almas pecadoras. Te agradezco, Isabel, que mitigas mi sed por las almas".

ÁMAME A MÍ SOBRE TODAS LAS COSAS

22 de agosto de 1964

A causa de múltiples ocupaciones familiares, unos días no pude ir a donde él para la hora de adoración y reparación vespertina. El Señor Jesús con anhelo dijo:

JC.- "Nuestros pies van juntos. Yo te sigo y tú sigues las huellas de mis Pies. Te quiero mucho, mi Isabelita. ¡Qué penetre esto tu interior cada vez más! Yo, el Señor, hago esta confesión y anhelo con ansias tu amor de respuesta".

Luego casi exclamó en mi alma:

JC.- "¡Ámenme a Mí sobre todas las cosas! Tu amor arrepentido, hermanita mía, me ha extasiado. Anhela que el amor arrepentido de otros también me extasíe. Tu anhelo no queda sin fruto".

FUISTE ELEVADA POR TU SOLA DIGNIDAD DE MADRE

27 de agosto de 1964

La Santísima Virgen comenzó a conversar:

S.V.- "Este sufrimiento maternal, mi hija pequeña, y la ofensa que de parte de otros tienes que soportar, es una

nueva oportunidad para que veas por qué escogí a una madre para transmitir mis comunicaciones. Sólo una madre es capaz de sentir Conmigo. Estos sufrimientos múltiples te han madurado y por tu experiencia vas comprendiendo cada vez mejor la suma importancia de tu participación en la obra de mi Santo Hijo.

Sin ello no podrías hacer grandes sacrificios ya que la verdadera disponibilidad para los sacrificios sólo en los sufrimientos puede madurar. Compenétrate de esta vocación a la cual fuiste elevada por tu sola dignidad de madre. La dignidad maternal es al mismo tiempo una vocación saturada de sufrimientos y es ésta que Yo comparto contigo. Te agradezco, hijita mía, tu participación ininterrumpida y llena de sacrificios. Yo como Madre amorosa garantizo tu celestial premio".

... ¿DAS PREFERENCIA A ESTA LECTURA QUE DISTRAE?

30 de agosto de 1964

Era domingo, de tarde, y entre mis pequeños quehaceres un periódico cayó entre mis manos. Se hablaba allí de costumbres españolas y me puse a leerlo. Pero apenas había leído unas pocas palabras, el Señor Jesús me dijo:

JC.- "Yo te he reservado enteramente para Mí y tú lo ratificaste repitiendo varias veces tu entrega a Mí y ahora, con todo, ¿das preferencia a esta lectura que distrae? No está bien, mi Isabelita, ¿acaso no recibes de Mí todo lo que necesitas? ¿Por qué quieres saber más de lo que necesitas para la salvación de tu alma? No reclamo esto a otros de una manera tan estricta, pero tú eres querida para Mí. No eres tú quien te hiciste digna; Yo, Dios, te consideré a ti digna de ello... Un solo instante es ya mucho para que te ocupes en otra cosa... Mi amor no tiene descanso. ¡Qué el pensamiento de nuestras mentes también sea uno!..."

JESÚS VIENE A MÍ

1o. de septiembre de 1964

Dijo muchas cosas el Señor Jesús, pero yo estaba tan sumergida en el amor con que me inundó, que sólo pude retener sus palabras iniciales. El resto de sus comunicaciones se fundieron en uno en mi mente y sería incapaz de formularlo en palabras. Mientras esto ocurrió me sobrevino una depresión tal que le pedí:

Mi adorado Jesús, no tendré fuerzas para ir esta noche a donde Ti. Él, con sus palabras amables y tranquilizantes me dijo:

JC.- "Bueno, ¡Yo vendré a donde ti!"

Esto produjo en mi alma un mayor anonadamiento. Estaba despierta hasta tarde en la noche y mi tiempo de adoración se prolongó hasta pasada la medianoche que concluí en su Presencia.

Al día siguiente intercambié unas palabras con la hermana que me fue asignada y le mencioné lo que pasó la noche anterior. Ella lo escuchaba desconfiada y dijo: "De todos modos sería más perfecto si yo fuera a donde el Señor Jesús. Puede ser que ni sea verdad, que sea una pura autosugestión". Esto me confundió mucho y triste inseguridad cubrió mi alma. Mi corazón y mi alma se llenaron de angustia.

De noche fui a donde el Señor Jesús y le pregunté: Mi adorado Jesús, ¿era una imaginación mía que Tú estabas donde mí y me inundaste con el gozo de tu Presencia? No logro comprender de ninguna manera cómo podría sugestionarme así. –Si esto fuera verdad, nunca podría yo impedir que se produzcan tales sugestiones en mi alma. Al encontrarme en el silencio de la noche de rodillas, sus Palabras se enlazaban a las mías:

JC.- "Quédate tranquila, hijita mía. No tienes ningún motivo para perder la tranquilidad de tu alma con una cosa así. Soy Yo quien amorosamente aumento tus sufrimientos, mientras tú alimentas mi amor, que derramo sobre ti por tus continuos sacrificios. Di, ¿qué hay en esto de imaginación tuya? Esto es un proceso sobrenatural. Comprende por fin esta sencillez con que Yo me acerco a ti. Hago esto para darte fuerzas a ofrecer, en tu miseria humana, continuos sacrificios. No es el

hacer grandes cosas lo que mantiene la efusión de mis gracias sino esa continuidad que tú tampoco interrumpes. ¿Está claro para ti?..."

TÚ ERES MI CUSTODIA VIVA

3 de septiembre de 1964

De la pequeña capilla, llevé la custodia (¡vacía!) al templo parroquial del Espíritu Santo y mientras la llevaba en el camino también adoraba y reparaba al Señor.

Él, conmovido, me dijo:

JC.- "Tú eres mi custodia viva. El Padre me envió como a su Hijo Unigénito para que les redimiera a ustedes. Pero ustedes también tienen que asumir su parte en mi Obra salvadora. Extráiganla con amor desde lo profundo de su alma. Allí está dormitando, no sean perezosos, vayan y despiértenla y aliméntense con mi Sagrada Sangre. Te ruego, discúlpame, por haberte molestado tan largamente en tu tiempo de descanso, pero no hay nadie más en mi cercanía y tanto esperaba poder desahogarme con alguien. ¡Mi pequeña hermanita, sírveme a Mí conforme mi Agrado!"

Lo que voy a relatar ocurrió todavía en junio, el 13 del mes en el 51° aniversario de mi bautismo. Al entrar de noche en mi pequeño cuarto, en aquel mismo instante el Señor Jesús me inundó con su Presencia. Me conmoví porque Él estaba parado tan cerca de mí y dijo:

JC.- "Ves, hermanita mía, esto es todo: este velo tan fino como un hálito es el que nos separa el uno del otro. ¿Sabes qué es esto? La vida que te mantiene todavía cautiva en la tierra".

Durante mi meditación, estaba pensando: Mi adorado Jesús, ¡mis pecados! ¡Oh, perdóname para que nada me separe de Ti! Él con una sola palabra me contestó:

JC.- "¡Confía!"

Luego pasé todavía un largo tiempo delante de Él. No puedo describir la alegría que sentí a raíz de las palabras del Señor.

Cuando escribí que estaba cerca, frente a mí, no le vi, sólo me permitió que sintiera su Presencia. Anoto esto para evitar malentendidos.

APENAS AGUANTO ESPERAR TU LLEGADA

14 de septiembre de 1964

Al acercarse la noche, mientras me preparaba para ir a la hora de adoración, el Señor Jesús comenzó de nuevo a hablar:

JC.- "¡Ven, ven no más! ¡Apenas me aguanto esperar tu llegada! Cuanto más grande y más numeroso es el sacrificio que haces, tanto más feliz me haces. Créeme, está en poder de ustedes hacer feliz al mismo Dios. Y Yo espero apasionadamente esta felicidad. Por ella me quedo en deuda contigo y hago llover sobre ustedes, continuamente, como rocío las gracias".

EL TORMENTO DE LAS DUDAS

18 de septiembre de 1964

De mañana, en la santa misa, el Señor Jesús conversó. Entonces, a causa de mis pesados tormentos espirituales no lo pude poner por escrito. Más tarde, sólo escribí lo que el Señor Jesús expresamente me pidió:

JC.- "Te estoy muy, muy agradecido, mi Isabel, porque has aceptado los muchos sufrimientos".

Ahora mi alma se alivió. Al oír la voz del Señor Jesús, cesó en mi alma el poder del maligno, pero después de una hora se apoderó tanto de mí que por poco me volvía loca. Por la noche ya no aguanté más.

Fui a donde la hermana que me había sido asignada y le confesé lo mentirosa que soy y le pedí perdón por mis continuas mentiras. Ella por todos los medios me quiso tranquilizar: no puedo creer que usted me quiera engañar. Pero eso no me ha traído la paz.

Por eso, la mañana del 19 me fui donde mi padre espiritual para confesarle a él mis dudas atroces que me hacen sufrir tanto. El escuchó sorprendido mi confesión y por poco no me reconoció. No comprendía lo qué pasó conmigo. Y yo seguía confesándole que este tormento no es nada nuevo, que estoy encorvada bajo los sufrimientos de largos meses y ya no soporto más. No me atrevo a recibir la sagrada comunión, la culpa pesa continuamente sobre mi alma. No pocas veces me ahogaba llorando a causa de mis pecados de los cuales no hay modo de librarme. El, con bondadosas palabras, hizo todo para tranquilizarme y dijo: "Vaya tranquilamente a comulgar. Yo cargo sobre mí toda la responsabilidad, porque estoy convencido de que no comete pecado". –Dijo todavía varias cosas: que está seguro en su apreciación y que yo también debería convencerme de que el maligno quiere mantenerme alejada de Dios y empujarme a la desesperación.

Mientras estaba escuchando sus palabras, me tranquilicé pero al salir del confesionario, en ese instante me invadieron de nuevo las dudas torturadoras como nunca hasta entonces. Los espíritus malignos irrumpieron sobre mí a centenares y sentí que gritaban a coro a mi alma que sí, que soy una mentirosa y con mis lloriqueos despisto a mi confesor también y esto hace más graves todavía mis mentiras. Uno puede imaginarse ¡qué tormentos espirituales tan terribles tuve que pasar después de esto! Encomendé mi alma totalmente al amor infinito y misericordioso de Dios... Acudí a la Santísima Virgen: Madre mía, cubre la multitud de mis pecados ante tu Santo Hijo para que no se entristezca por mí...

ARREGLA TUS COSAS TERRENALES

Entre el 20 y 23 de septiembre de 1964

El Señor Jesús varias veces me pidió:

JC.- "Arregla tus cosas terrenales, hija mía. El tiempo avanza rápidamente y tú vuelas hacia Mí que casi ni sientes su velocidad. Hay una distancia vertiginosa entre tu alma y la

tierra. Te espero, mi querida, con Corazón amante. Dios te llama con su infinito amor".

ESTOY CONTIGO HASTA EL DÍA DE TU MUERTE

24 de septiembre de 1964

JC.- "Ahora que hayas descansado, hija mía, no te sorprendas que los sufrimientos inunden de nuevo tu alma. ¿Sientes, verdad, las tentativas del maligno? No te aflijas, Yo estoy contigo y actúo dentro de ti. Todo está oscuro alrededor de ti y tus inhibiciones vuelven a brotar en tu alma. Ya te dije, así será hasta el día de tu muerte. Como la noche y el día, así se alternarán en tu alma la luz y la oscuridad. No permito que la noche reine continuamente en tu alma, pero el día tampoco. No quiero que continuamente haya luz. Créeme, esto tiene que ser así. Soy Yo quien conozco lo que es para bien de tu alma. Tú, ¡sólo sigue entregándote a las exigencias de mi divino Agrado!"

REZA EL ROSARIO POR LAS ALMAS SACERDOTALES

5-7 de octubre de 1964

Llevo ya más de tres años que guardo, a petición del Señor Jesús, este ayuno estricto por la liberación de las ánimas sacerdotales.

Al regresar hoy, lunes, de la santa misa, mi cuerpo se debilitó tanto con los dolores que después de unas horas me sobrevino una hambre grande. No la aguanté y tomé alimentos. En mi gran pena de no poder llevar ahora a las ánimas sacerdotales a la Presencia de Dios y porque esta compasión se acrecentaba más y más en mi alma, pregunté al Señor Jesús qué debía hacer. En mi alma reinaba gran oscuridad y silencio. El Señor Jesús no dio respuesta.

Aún al tercer día me desperté sintiendo compasión por las ánimas sacerdotales en pena. Y mientras pensaba en estos, la Santísima Virgen hizo oír sus palabras bondadosas en mi alma:

S.V.- "Mi hijita carmelita, reza el rosario completo y asiste a una santa misa que sea ofrecida por él. Así puedes recuperar el atraso causado por tu debilidad. El ánima del sacerdote llegará del purgatorio a la Presencia de Dios".

Me quedé muy conmovida por esta propuesta bondadosa. Con lágrimas agradecí a nuestra Madre Celestial que en mi debilidad ayudo a liberar a las ánimas. Regresó a mi alma la fuerza y la tranquilidad.

Esto también ocurrió la misma mañana: al ir a la santa misa mis pensamientos se divagaron un poco, aunque esto duró sólo unos pocos minutos. Fue entonces que el Señor Jesús se dirigió a mí:

JC.- "Eres querida para Mí pero ¡no distraigas tus pensamientos! Piensa sólo en Mí, porque si no lo haces así, me aflijo. No me aflijas y no tomes a mal si te corrijo. Sabes, me gusta si mis divinas palabras te encuentran estando siempre alerta. Aun un minuto es mucho para Mí que pases ocupada en otras cosas. Yo te ayudo para que sólo Yo y nadie más llene tus pensamientos.

No consientas que criatura alguna se entremeta entre nosotros. Mi Isabelita, mi querida, acoge mis palabras divinas, recógelas en un ramillete, escríbelas para que vean otros también como hay que poseer a Dios, lejos de todo ruido terrenal. No crean ustedes que esto es imposible. Tú también eres un argumento divino vivo. Por eso te coloqué en el círculo de tu familia para que vean cómo deben y pueden al mismo tiempo vivir y servir a la familia y a Dios. Mi lsabelita, ya están madurando tus semillas oleosas. Yo las maduro con gozo. Alégrate tú también de ello porque cuánto más abundante y más maduras estén, tanto más numerosas serán las almas sobre quienes recaerán después de tu muerte las gotas de aceite de gracia. Esto es mi regalo y el valor de tus sufrimientos, que nunca se perderá y por mi gracia nunca se agotará. Medita sobre esta bondad que es manifestación del amor sin límites de mi Divinidad y que se valorará plenamente sólo en el Cielo".

QUEJA POR LAS ALMAS CONSAGRADAS

9 de octubre de 1964

JC.- "Permíteme que vuelva a pedir y a quejarme. Apréciame a Mí porque el Amor divino también te aprecia y te honra a ti. Ves, te confío a ti que pases a otros mis palabras quejosas. Ámenme a Mí y consideren todo lo que hice por ustedes. Yo, el Hombre-Dios, les pido con palabras tan sencillas. Me duele que tantas veces me ofenden. ¡Estoy tan desadvertido! Lo que más me duele es que las mismas almas a Mí consagradas me dejan de lado. No tienen tiempo para ocuparse de Mí. El tiempo que disponen lo dedican a todo menos a Mí. Oh, ¡ustedes necios! Todo minuto se pasa. El tiempo que han gastado por Mí nunca se pierde, sino se funde con la eternidad cuyo valor es infinito. Sí, del tiempo dedicado a Dios será fácil rendir cuentas. ¿Por qué no hacen todo por Mí? ¡Pues esto es tan sencillo! Basta para ello tener un alma pura. La pureza del alma les hace a ustedes divinos. El que come mi Cuerpo y bebe mi Sangre permanece en Mí y Yo en él. ¡Sumérjanse en mis palabras! Si Dios está en ustedes, ¿cómo no van a ser ustedes también divinos, mi Isabelita?

Derramo sobre ti la claridad de los misterios divinos con tal que medites sobre los misterios de mi Divinidad. Yo te introduzco paso a paso y hago que emprendas el camino, ya aquí en la tierra, a este mundo maravilloso. Por eso te ruego, apréciame ahora de nuevo como a nadie y nada aquí en la tierra. ¡Procede así sin cesar!"

DERRAMO LA CLARIDAD DE LOS MISTERIOS DIVINOS

10 de octubre de 1964

La conversación de la noche anterior ("Derramo sobre ti la claridad de los misterios divinos") no la he podido sopesar a causa del gran cansancio. Durante la mañana he meditado sobre ello.

Hubiera querido expresarlo con las palabras pero soy completamente incapaz de hacerlo. A estas cosas no se puede expresar con palabras. Mientras me esforzaba de hacerlo, el Señor Jesús volvió a conversar:

JC.- "No hagas más intentos, mi pequeña hermanita, ¡Todo sería en vano! Sabes cómo te instruí ya en una ocasión: ¡Sumérgete en Mí como gota de agua en el vino! Yo soy el vino, tú el agua. Y ahora he echado unas gotas de los misterios de mi Divinidad en tu alma. No es posible separar la gota de agua del vino. De la misma manera tampoco puedes expresar los misterios divinos.

Y ahora te ruego que hoy ¡vengas a Mí cuanto antes! ¡No esperes que llegue la noche! ¡No haya nada que fuere más importante para ti que Yo!"

CEGADO SATANÁS, LOS DECRETOS CONCILIARES TENDRÁN CUMPLIMIENTO

25 de octubre de 1964

El Señor Jesús conversó largamente pero ahora por mis circunstancias familiares no lo pude anotar. Ahora, posteriormente, sólo escribo aquello que recuerdo textualmente. Son palabras del Señor Jesús:

JC.- "Una vez que haya sido cegado Satanás, los decretos conciliares van a tener cumplimiento en una medida extraordinariamente grande".

30 de octubre de 1964

Por la mañana del viernes, en la santa misa el Señor Jesús me sorprendió al dirigirse a mí con palabras agradecidos:

JC.- "¡Oh, qué feliz me encuentro porque escuchas varias santas misas! Esto es una honra muy grande para Mí. Te ruego, dilo a muchos, que ésta es manifestación de mi parecer. Por medio de ella derramo mis gracias sobre ustedes".

PALABRAS DEL SEÑOR A LAS PERSONAS PIADOSAS

8 de noviembre de 1964

Durante varios días el Señor Jesús me instruyó sobre la piedad y pidió o más bien se lamentó:

JC.- "Escúchame y no te sorprendas porque estoy quejándome durante varios días hasta de las almas piadosas. Lastimosamente tengo serio motivo para ello. Lo hago para que me ofrezcas reparación por ellas también, porque los piadosos que no hacen sacrificios lastiman más todavía mi Corazón. Oh, qué triste estoy si miro la multitud de los piadosos que viven una vida piadosa pero eso no asegura para ellos muchos méritos para ganar la salvación eterna. Oh, ¡cuántas hay entre ellas que no vienen más cerca de Mí! Como si tuvieran miedo. Hasta el dolor de sus pecados no brota del amor.

Escribe no más mis palabras o mejor mi petición a aquellos que pertenecen a los indiferentes. Que sin sacrificio no hay progreso. Es un error que Yo me contento con una piedad estéril porque es como un árbol que no produce fruto. Y digo algo más todavía, mi Isabelita: los piadosos de esta clase ni siquiera piensan qué opaca y gris es su alma. La luz de la gracia sólo penetra e ilumina el alma qué está incandescente de amor, en la medida en que exponen su alma al efecto transformante de mi gracia. No te sorprenda que te hable en un tono tan severo. Esta severidad también brota de mi amor. Quisiera que tomaran a pecho mis palabras y se postraran ante Mí con adoración reparadora y con el alma arrepentida. Porque es costumbre también de las almas piadosas pensar que, después de haber dedicado un buen rato a sus devociones, ya le han dado a Dios lo que es de Dios.

¡Oh, ustedes insensatos, si sintieran el inmenso dolor de mi Corazón divino por su indiferencia piadosa! Yo soy la Víctima y no con actitudes piadosas sino por la aceptación ininterrumpida de sacrificios, realicé mi obra redentora. ¡Arrepentimiento! ¡Arrepentimiento! ¡Arrepentimiento! Esto pido de ustedes. La voz del arrepentimiento es la que

llega hasta el trono de mi Padre celestial y ésta es la voz que detiene sobre ustedes la Mano castigadora de mi Padre".

ALMAS PIADOSAS, ARREPIÉNTANSE Y EN LUGAR DE OTROS TAMBIÉN

10 de noviembre de 1964

El Señor Jesús continuaba sus quejas acerca de los piadosos:

JC.- "Me parece que te has olvidado de que estas palabras mías ya se pronunciaron cuando iba cargando la cruz y las piadosas mujeres se lamentaban más de Mí que de sus propios pecados. De nuevo les pido, almas piadosas: ¡Arrepentimiento, arrepentimiento en lugar de otros también!"

TU CONFESOR HA PUESTO EN MARCHA LA SANTA CAUSA

13-14 de noviembre de 1964

JC.- "...Tranquilízate, hijita mía, he irradiado tal luz en el alma de tu confesor que, a su claridad, ve nítidamente el camino que ha de seguir en adelante, para poner en marcha nuestra santa causa... Hemos ganado a uno de ellos de entre los doce..."

En la noche, al escuchar estas palabras, una alegría tan grande llenó mi alma como nunca lo he sentido hasta ahora. En mi alma, vi cómo queda ciego Satanás y los beneficiosos efectos que a causa de ello van a recibir los hombres en todo el mundo. Bajo el efecto de la alegría, apenas pude cerrar mis ojos durante toda la noche y cuando me sobrevino un leve sueño, mi ángel de la guarda me despertó diciendo: "¿Cómo puedes dormir con una alegría tan grande que hará estremecer el mundo?" –El Señor Jesús dijo:

JC.- "El quedarse ciego Satanás significa el triunfo mundial de mi divino Corazón, la liberación de las almas y que el camino de la salvación se abrirá en toda su plenitud".

POR TU TOTAL ENTREGA LLEGASTE A SER MI ARPA

16 de noviembre de 1964

De mañana así habló el Señor Jesús:

JC.- "Por tu total entrega, mi Isabelita, llegaste a ser mi arpa. Tu continua aceptación de sacrificios son las cuerdas del arpa. Yo toco ahora hermosísimas melodías. Tu alma sumida en Dios capta fácilmente mi admirable melodía que no he tocado hasta ahora para nadie. Es el dolor de tus pecados que me inspira a entonar tan maravillosa melodía. Escúchala con atención porque voy a repetirte muchas veces en respuesta al dolor de tus pecados".

DESPUÉS DE TU MUERTE, SERÁS EJEMPLO PARA TU PRÓJIMO Y SEGUIRÁS MI CAMINO

Del 17 al 18 de noviembre de 1964

Cerca ya del amanecer pero todavía de noche, habló la Virgen Santísima:

S.V.- "Veo, hijita mía, que a causa de los fuertes dolores no puedes levantarte para la velada nocturna pero, a pesar de ello, recobra todas tus fuerzas y cuando te despierte, ofrece tu dolorosa vigilia por los moribundos".

Y todavía me advirtió con delicadeza, que en la noche, al acostarme, me olvidé de besar mi escapulario.

La mañana del 18, al momento de comulgar, el Señor Jesús habló así:

JC.- "¡Estaba esperando con ansia entrar dentro de ti! No te sorprendas que vuelo a tu interior sin siquiera tocar tus labios".

Puesto que el día anterior no pude recibirle, mi anhelo también ha sido muy grande. El 19 ocurrió lo mismo: no tocó mis labios sino voló a mi alma.

JC.- "Escribe, hija mía, lo que ahora te dicto: ...Tú eres mía y esto es garantía para ti. Después de tu muerte van abundar en los tesoros de tu alma los que conocerán y bendecirán y

glorificarán a Dios, que te ayudó con su gracia sin límites a tener una vida sustanciosa y llena de tesoros. De ellos tus prójimos que vivirán en la tierra podrán sacar abundantemente y podrán seguir el camino sencillo de tu vida y por él ellos también podrán llegar a Mí".

Y al devolverle sus palabras en forma de oración, el Señor Jesús comenzó a conversar:

JC.- "El agua de mis gracias semejante a una corriente fluye continuamente a tu alma. Ya es el momento para decirte por qué se quedan en tu alma las abundantes gracias: Porque con tus sacrificios has cavado un profundo cauce y así el agua de mis gracias divinas que tiene virtud purificadora ha encontrado sitio en tu alma. Si no hubieras preparado un cauce tan profundo con tus sacrificios, el agua purificadora de mis gracias se hubiera escurrido. No te enfades, mi Isabel, que te quiero consolar y mis palabras se desembocan en queja. No depende de Mí, tu corazón comprensivo me induce a quejarme. ¡Oh cuántas y cuántas almas reciben la abundancia de mis gracias, pero como no se preparan, escurre en sus almas el agua purificadora de mi amor! La gracia se pierde de sus almas. ¡Cómo Me duele esto! Pero no sigo quejándome ya que tengo que fortalecerte a fin de prepararte para las luchas que te esperan. En el cauce de tu alma el agua de mis gracias se ha reposado y por ello la fuente de mis gracias hace flotar encima tus gotas de aceite exprimidas por tus sufrimientos. ¡Mira, cómo sobre el espejo de agua plateada están brillando tus gotas de aceite! ¡Brilla como el oro puro! Esta visión dimana de mi Divinidad. ¿Verdad que tú también la encuentras bella? ¡Sumérgete en esta preciosidad!"

Después de esto, durante horas no sé lo que pasó conmigo. Al suave sonido de la campana que tocaba para el mediodía recé la oración del Ángelus y luego las noticias ruidosas de la radio me turbaron. Más sobre esto no puedo escribir, por lo que pasó en mi alma, puede ser que fue aquello de que escribió san Pablo: "Ojo no lo vio, oído nunca oyó, ni jamás penetró en corazón humano..."

Pero puede ser que por falta de mis capacidades intelectuales no pueda escribir más sobre esto. Es decir, me costó regresar a la vida real...

ACEPTA TODO PARA MI GLORIA

2 de diciembre de 1964

Volvieron las grandes angustias espirituales. El Señor Jesús con un leve suspiro infundió en mi alma:

JC.- "¡Acepta todo, hija mía, para mi gloria! El sufrimiento, la paz de tu alma, su angustia y sus dudas, porque todo esto aparecerá en mi gloria. Y cuando tu cuerpo haya dejado la tierra, vas a gozar esta gloria junto conmigo y esto fecundará a las almas que viven en la tierra. Pronuncia frecuentemente con los ángeles: ¡Gloria a Dios!"

Esto ocurrió durante la vigilia antes del amanecer.

SUFRE CON HEROÍSMO, SIN INTERRUPCIÓN

5 de diciembre de 1964

Las angustias del alma iban en aumento acompañadas de dudas de fe mientras mi alma se debatía en la oscuridad... El Señor Jesús por unos minutos calmó la angustia que reinaba en mi alma y dijo:

JC.- "¿Estás sufriendo mucho? ¡Que no se acabe tu sufrimiento sacrificado! ¿Sabes por qué es así? En la medida en que dejo bajar sobre ti la oscuridad de las dudas de fe y la congoja espiritual, en la misma medida habré claridad y alivio en las almas que van a poner en marcha mis comunicaciones dadas a través de ti.

¡Mi Isabelita! ¡Sufre con heroísmo, con perseverancia, sin parar! Yo, en todo caso, levantaré de vez en cuando ante ti el velo que oculta mi divina Voluntad y manifestaré mi Complacencia para que saques fuerza de tiempo en tiempo y tu alma se llene con la abundancia de mi divina Gracia que de-

berás pasar a otros, para que alaben y glorifiquen a Dios por su infinita bondad".

VAMOS A APAGAR FUEGO CON FUEGO

6 de diciembre de 1964

Cuando comenzó la santa misa, la Virgen Santísima con maternal bondad comenzó a hablar:

S.V.- "Vamos a apagar fuego con fuego".

Me sorprendí mucho por sus palabras porque guardó una pausa y luego siguió:

S.V.- "Yo haré en unión con ustedes un tal milagro que los sabios del mundo en vano intentarán hacerlo, nunca estará al alcance de ellos. Esto solamente puede comprender la sabiduría de las almas puras y amantes de Dios porque ellas poseen a Dios y sus infinitos secretos. Sí, hijita mía, apagaremos fuego con fuego: ¡El fuego del odio con el fuego del Amor! El fuego de odio de Satanás lanza sus llamas tan a lo alto que cree que su victoria ya es segura, pero mi Llama de Amor cegará a Satanás. Esta Llama de Amor entregué a tus manos y pronto llegará a su destino y las Llamas que brotan de mi Amor apagan el fuego del infierno. Mi Llama de Amor con una claridad inimaginable y con un calor benéfico, inundará la redondez de la tierra. Hijita mía, para eso necesito Yo el sacrificio, tu sacrificio, el sacrificio de ustedes para que las mentes y corazones en los que arde el odio infernal, reciban la mansa luz de mi Llama de Amor".

Luego se puso a explicar:

S.V.- "¿Sabes qué eres tú? Un punto pequeño que se encendió en mi Llama de Amor y la claridad recibida de Mí enciende las almas. Y cuánto más numerosas sean las almas sacrificadas y las que velen en oración, tanto mayor será la fuerza de mi Llama de Amor en la tierra. Formen, pues, una fila estrechamente apretada porque en la fuerza del sacrificio y de la oración se quiebra la llamarada del odio infernal. Los malignos se reducirán cada vez más, su llama que arde de odio se

apagará y el resplandor de mi Llama de Amor llenará todas las regiones de la tierra".

¿CUÁL ES EL GRADO DE MÉRITOS DE CADA UNO?

10 de diciembre de 1964

Las gracias que el Señor ha infundido en mi alma me las ha hecho sentir todavía tan intensamente, que apenas me queda fuerza para caminar. Que nadie se sorprenda de ello si algún día lee estas líneas. Cuando esto ocurre, muchas veces la gracia del Señor quema tan dulcemente mi alma... y algunas veces otros también sienten lo que está pasando en mí. Me sorprendo al darme cuenta que no todos por igual sienten las gracias que se emanan de mi alma. Pregunté al Señor Jesús, ¿por qué es así? Me respondió que Él lo permite sentir según los méritos de cada uno. Por estas palabras permite deducir cuál sea el grado de mérito de las almas. Esto me causa una pena y un sufrimiento muy grande. Pero el Señor Jesús me pidió mansamente:

JC.- "¡Sufre Conmigo!"

LA PRONTITUD PARA LA OBRA SALVADORA HARÁ QUE OTROS ACTÚEN RÁPIDAMENTE

12 de diciembre de 1964

De mañana temprano, al ir a la santa misa, el Señor Jesús con extraordinaria bondad dejó oír sus palabras en mi alma:

JC.- "Tengo muchas, muchas cosas que decirte, mi pequeña hermanita. No te sorprenda que Yo, el Dios-Hombre, sea tan locuaz para contigo. Tu alma es como el agua pura de un lago. Mis Ojos divinos continuamente pueden ver lo que hay en ti. Los guijarros asentados en el fondo del lago resplandecen con su brillo y encantan. Ellos son tus pecados y defectos hundidos que el arrepentimiento hizo resplandecientes y brillantes. Te digo, no hay en ellos ningún fango, ninguna suciedad, sólo hermosura para Mí. Mis Ojos divinos descansan con agrado al mirarlos. Esto es lo que sentiste y lo que te quitó la fuerza para caminar. La mirada de Dios descansó so-

bre tu alma. Y ahora continúo sobre un asunto enteramente nuevo:

Oh, mi Isabel, permíteme que a modo de preámbulo, te honre. Cuánto anhelo que arribes a Mí y que ya nada pueda perturbar jamás nuestra unión. Pero ahora paso a lo que te quiero decir: Nuestra unión aquí en la tierra alcanzó tal grado que el anhelo del martirio empapa tu alma, que el martirio del sufrimiento alcanzó en ti su pleno desarrollo. Mi divina Sangre riega todas las partículas de tu cuerpo y esto lo hace fuerte y capaz para soportar el gran martirio que sufres continuamente sin una palabra de queja. Ahora muchas cosas más voy a descubrir ante ti para que saques fuerzas de los frutos sabrosos de tus sufrimientos. Cuando te ofrecí mis gracias, mi alma ya entonces se regocijó por el alto grado de disponibilidad para los sacrificios con que tú los abrazaste y tu voluntad ininterrumpida de sentir Conmigo aumentaba cada vez más la transfusión de mis gracias. ¿Sabes qué significa esto? Significa que con la rapidez y en la medida en que participas en mi Obra salvadora, con la misma rapidez y en la misma medida progresa la Causa santa que te confiamos. O sea el martirio que vives en tu alma prepara bien el avance cada vez mayor de nuestras comunicaciones. Si tú, mi Isabelita, te acercaras hacia Mí sólo con pasos cautelosos y lentos, esto sería un perjuicio muy grave para la Causa santa... Verdad, mi querida, ahora ya comprendes plenamente el valor de tus sufrimientos: tu rápida prontitud moverá a otros también a actuar rápidamente y mis gracias van a triunfar pronto en las almas por quienes te ofreciste a aceptar el martirio con todas sus consecuencias".

Cuando las palabras del Señor Jesús se apagaban en mi alma, el amor de la Santísima Virgen me atrajo hacia sí. Esto también era sumamente amable. Toda la mañana como si no hubiera vivido sobre la tierra, aunque entre tanto hacía mis trabajos de casa. Pero estas no ocupaban mi mente que estaba poseída por entero por la presencia del Señor Jesús y de la Virgen Santísima. De las palabras de la Bienaventurada Virgen María sólo puedo escribir muy poco. Después de la larga conversación del Señor Jesús, la Santísima Virgen con su maternal amor, habló con estas palabras:

S.V.- "Esto es el premio de tu fiel apego, mi pequeña hijita. Estoy esperando ansiosamente el momento que te pueda estrechar a mi Corazón".

Y ahora, bajo el efecto de las gracias, por el favor de Dios, me he sumergido plenamente en la conciencia de mi nada y de mi miseria.

Para mí, esta es la gracia más grande con que el Señor Jesús me honra y me inunda. Y al hacerse esto cada vez más fuerte en mi alma, la Santísima Virgen se dirigió a mí de nuevo:

S.V.- "Me alegro tanto, mi pequeña hija, que mis virtudes, la humildad y la sencillez, las tienes siempre presentes".

En este momento comenzaron a tocar las campanas para el Ángelus. Quise comenzar la oración con que veneramos a la Santísima Virgen, pero Ella intervino:

S.V.- "Ahora tu oración debe ser el prestar oídos a mis palabras que te he dirigido y como señal de tu veneración, ¡medítalas en tu mente!"

DIVIDIRÉ EN TRES PARTES EL RESTO DE TU VIDA

21 de diciembre de 1964

El Señor Jesús dijo:

JC.- "De hoy en adelante dividiré el resto de tu vida en tres partes: la primera será de penas y tormentos, luego te inundaré cada vez más con mis gracias fortificantes y esto será tu premio en forma de arrobamientos. Luego vendrá la sequedad espiritual, o sea el reintegrarte a la vida natural. Tu vida hasta ahora ha sido también parecida a esto, sólo que en adelante vas a saber de antemano lo que te va a suceder".

~ 4 ~

1965

DUDAS

1o. de enero de 1965

El día del Año Nuevo la Virgen Santísima habló así:

S.V.- "Por la efusión de mi Llama de Amor pondré la corona de éxito sobre el Santo Concilio".

Desde mediados de enero, vivo en medio de una gran sequedad y oscuridad espiritual, y en mi abandono me domina cada vez más la idea de que mi vida hasta ahora es pura imaginación y mentira. He procurado alejarla de mí con todas mis fuerzas. Pero, cuanto más me esforzaba, tanto más caí bajo el poder de ella.

A esta angustia espiritual en medio de una gran soledad, la gravaban los pensamientos turbios de constantes dudas contra la fe. He tratado de guardar con todas mis fuerzas el equilibrio espiritual que ya estaba muy venido a menos y en mi debilidad mis pensamientos confusos me demostraban que todo era malo. Esta inseguridad iba creciendo y levantando olas en mi alma. Luego una violencia desesperante me obligó a que liquidara radicalmente mis continuas mentiras, porque si no hago esto, me condeno. Este pensamiento me hizo tambalear: ¡No quiero pecar! Arranco de mi alma, de una vez para siempre, mis imaginaciones mentirosas, rompo con todo lo que está relacionado con mis mentiras. No quiero tratar con personas que saben de mí. Ya no trataré más con la hermana que me había sido asignada, no iré más a ver a mi confesor tampoco. Continuamente tengo la sensación de que él es débil para conmigo y me abandona a mis imaginaciones mentirosas.

Ya no me atrevía a seguir escribiendo las palabras del Señor Jesús, porque continuamente sentía en mí que no era más que puro invento mío, que yo escribía bajo el impulso de la autosuficiencia y la soberbia. Me debatía en tormentos extraordinariamente grandes. Y cuando dejé de escribirlas, nuevo temor se apoderó de mí, el de no obedecer a la petición del Señor Jesús. Debatiéndome entre estos tormentos, apenas podía ya orar. En mis tinieblas espirituales por poco tiempo abandoné la lucha, cuando oí la voz del Señor Jesús:

JC.- "Hoy no me dirigiste todavía ni una sola palabra".

A estas palabras me estremecí, pero no era claro en mi alma si se trataba de palabras del Señor Jesús o si eran vibraciones postreras de mis mentiras. Al minuto siguiente sentí el sollozo de la Santísima Virgen en mi alma. Pero lo tomé como que mi imaginación me estaba tentando con recuerdos de tiempos pasados. Seguía esforzándome por librarme de estas ilusiones engañosas de mi vida, que me parecían haber alcanzado ya su punto más alto.

Vivo en un mundo espiritual terrible, pero ahora hago todavía un último esfuerzo para librarme definitivamente de tantos embustes confusos... Intenté hacer esto ya muchas veces, pero mi débil voluntad siempre me abandonó y, entonces, comenzó todo otra vez, de nuevo, o mejor, seguía agravándose la situación anterior. En vano pedí al padre Obispo, al Padre X y al Padre D, también que me libraran de los espíritus malignos. Ninguno de ellos lo hizo. Me tranquilizaban con que esperara a que se clarificara en mí la voluntad de Dios. Para mí, carecían de fuerza estas palabras y continuaba con mis mentiras. En vano le pedí a mi confesor también, que fuera severo conmigo, porque tenía la sensación de que él, por delicadeza, no descubría mis graves faltas. Tuve unas luchas tremendas. Mis confesiones tampoco me alcanzaron alivio, porque pensaba que él no se percataba de mis mentiras. Hubo tiempo cuando la inquietud torturaba tanto mi alma, que ya no me atrevía a ir a comulgar.

Llorando supliqué a mi confesor: Padre mío, no se fíe en mí porque soy una embustera, una mentirosa, y la multitud de mis pecados impide a que reciba la santa comunión. ¿Recuerda usted, Padre mío, lo que me dijo? Que siguiera, no más, en recibirla, porque usted tomaba sobre sí la responsabilidad por mi culpa, y yo, únicamente obedeciendo su orden, me atrevía a hacerlo.

Después, por corto tiempo, logré tener tranquilidad, pero esto cambiaba continuamente en mi alma. Yo no soporto más esta lucha. Cuando me confesé la última vez, usted me alentó a que hablara y aliviara mi alma. Pero yo no pude contarle las cosas que sucedían en mi alma. Frecuentemente y de improviso, sentía una inhibición en mí y aquella de que usted es una persona de buena fe... Lo mejor será si no sigo engañándole con mis inacabables mentiras, porque no sólo seré yo quien se condene sino usted también. ¡Terrible tormento es esto! ¡No lo puedo soportar! Hasta ahora fue usted quien me guió en todos mis pensamientos y acciones, animándome a que aceptara todo sacrificio por la santa causa. Pero que esta causa existe así en la realidad, y que no viene de mí, sabe esto nadie sabe dar respuesta. Yo misma no estoy segura de ello. Que no viene del diablo, esto ya me lo dijo el padre Obispo, el padre X, y el padre D también. Usted también mi padre me tranquilizó. Una vez Satanás también irrumpió sobre mí: "No viene de mí, pero de Dios tampoco. Esto procede ¡únicamente de ti!"

Señor mío, ¡perdona mis pecados! No soporto engañarme por más tiempo, definitivamente quiero alcanzar tranquilidad. Veo que carece de todo sentido lo que he hecho y no me explico por qué sólo desde entonces estoy sufriendo. Como brota del pecado, no puede ser meritorio. ¡Libérame, libérame de este terrible tormento! Esta es mi única oración que elevo al Cielo. ¡Sólo la muerte! ¡Oh feliz muerte!... Esta será para mí la salvación que me librará de los tormentos infernales sufridos en la tierra. ¡Y estoy sufriendo esto desde hace ya años! ¡Oh, feliz muerte! Me abandono en la Misericordia de Dios. Si quita mi vida, y si el buen Dios me olvida entre las ánimas sufrientes aunque fuera hasta el día del juicio, lo aceptaría feliz porque sé que allí, por más tiempo que durara, ya no tendré más oportunidad de pecar. Con la muerte cesarán mis pensamientos confusos y mis mentiras y así ya no ofendería más a Dios.

Cuando escuché en mi alma en qué día me iba a morir y en qué día estaría entre los bienaventurados, sentí profunda gratitud en mi alma... Será un deleite inimaginable para mí el liberarme de la tierra. Hasta que esto ocurra, iré a un nuevo confesor, ante quien no mencionaré las imaginaciones pecaminosas que tuvieron lugar en mi alma. Dejando de lado a estas, quiero liberarme de mis pecados, porque mis confesiones anteriores –lo siento así– estaban llenas de fingimiento. Esto causa la inquietud desgarradora en mi alma. No quiero regresar a mi anterior confesor porque las heridas causadas por las mentiras del pasado se abrirían de nuevo y esto haría vacilar mi firme determinación y turbaría la paz de mi alma. Estoy viviendo tormentos terribles...

CONFÍEN EN MÍ

7 de enero de 1965

El Señor Jesús dijo:

JC.- "¡No caviles sobre quién será aquel fuerte que pondrá en marcha nuestras comunicaciones! Yo, de fuerza, no tengo necesidad. Escojo a las almas humildes y sacrificadas. Y lo importante es que se acerquen con confianza a Mí. ¡Confíen en Mí! Repito, es ésta por la cual pueden internarse plenamente a mi cercanía".

CON LA CONFESIÓN LLEGA EL EFECTO DE GRACIAS AL ALMA

11 de enero de 1965

Fui a confesarme. Durante dos-tres días me encontraba tan aliviada, –no, esto no debo escribir así– porque esta liviandad me desprendió de la tierra y durante días pasé el tiempo en una felicidad embelesada.

Mi felicidad era tan grande, que tuve la sensación de no poder contenerla dentro de mí. En esos días, estuve en la casa carmelita y permanecí allí por unas horas. Hubiera querido tanto que ¡todos sintieran conmigo este arrobamiento! Apenas logré contenerlo en mí. Interrumpiendo mi trabajo, pasé y besé en la frente a la hermana asignada para acompañarme. El Señor Jesús permitió que la hermana también sintiera el efecto maravilloso de la gracia que habitaba dentro de mi alma. El Señor Jesús dijo:

JC.- "El Ojo de Dios descansa sobre ti".

FELICIDAD QUE DA EL SACRAMENTO DE LA CONFESIÓN

15 de enero de 1965

JC.- "Tu alma, hijita mía, es receptor de mis palabras divinas. ¡No tiembles! Esto es así, por más indigna que te sientas para ello. Sabes bien que me sirvo de tu pequeñez, de tu ignorancia y de tu humildad para este fin, estando el acento sobre todo en la última de éstas". (En la humildad)

CEGADO SATANÁS, NO PUEDE INDUCIR A NINGÚN PECADO

4 de febrero de 1965

Esta mañana me desperté aliviada. El Señor Jesús dijo:

JC.- "¡La Paz sea contigo!"

No pude no aceptar en mi alma esta palabra. A las palabras del Señor Jesús la tranquilidad anhelada entró en mi alma. Esta paz me dio una fuerza inconfundible. El Señor Jesús habló de nuevo:

JC.- "¿Has sufrido mucho, hijita mía? Satanás, privado de la luz de sus ojos, no pudo inducirte a ningún pecado y se apoderó de él un furor salvaje al saber que eres tú quién tiene que transmitir mi santa Voluntad y por eso quiso sacarlo a golpes de tu cabeza... Es mérito de tus sufrimientos que mi divina Claridad ilumine el origen divino de los 'hechos comprobados' en las almas de aquellos que son los llamados a transmitir la Causa. Será grande el campamento de los que se opongan, y todavía tienes que sufrir mucho para que la Causa llegue a triunfar. Rinde cuentas del estado de tu alma a tu confesor..."

ANDA, TIENES QUE LLEVAR PAN PARA TU FAMILIA

14 de febrero de 1965

Durante la adoración, el Señor Jesús me llamó la atención:

JC.- "¡Anda, tienes que llevar pan para tu familia!"

Me olvidé de ello por completo. Le agradecí con profunda gratitud que su atención se extendiera hasta cosas tan terrenales también.

Durante el camino le seguía adorando. Al entrar en el almacén me acordé que hoy es sábado y a mi pregunta: ¿Tienen todavía pan? –¡No! fue la respuesta. Me asusté: ahora, ¿qué va a pasar? Y cuando estaba a punto de salir, oigo que me llaman; me dicen que han guardado un pan pero para quien lo han guardado no ha venido a retirarlo. Al mismo instante dije: ¡Mi adorado Jesús! –Y Él:

JC.- "¡Este Soy Yo! ¿Ves? ¡No sea que el tiempo que permaneces Conmigo resulte en perjuicio de tu familia!"

Luego caminamos juntos silenciosamente. Me expreso así porque Él me inundó con su Presencia y yo, sumergida en Él, seguía adorándole.

25 de marzo de 1965

El Señor Jesús me pidió:

JC.- "¡Pon en tensión todas tus fuerzas! Es esto lo que Me es muy grato en ti. El arco también cuanto más lo tensan, tanto más certeramente se puede dar con ello en el blanco. Tú también así tienes que tensar tu fuerza de voluntad y, gracias a ello, la flecha no se desvía de la dirección que no es otra cosa que el Cielo".

AQUÍ ESTOY JUNTO A TI - DICE JESÚS

7 de abril de 1965

Conversaba con la hermana destinada para acompañarme y le mencioné que el Señor Jesús me trata como si se hubiera olvidado de mí y que yo en esos momentos lo siento tan lejano de mí.

El mismo día ocurrió que mientras en casa me ocupaba de mis nietecitos, en el fondo de mi alma adoraba y reparaba al Señor Jesús.

Mis palabras que le envié a Él, las sentía como si hubiera volado a infinitas alturas. Entonces me sorprendió:

JC.- "¿Por qué piensas que Yo estoy lejos, en las alturas, encima de ti? Aquí estoy parado ahora también junto a ti..."

Mientras el Señor Jesús conversaba, mi alma captó a través de las ondas de especiales sentimientos, cómo la Santísima Virgen con su amor admirablemente cautivador le dijo al Señor Jesús:

S.V.- "¡Ella es mi preferida también!"

Y me permitieron entender que se trataba de mí. La Santísima Virgen se fundió tanto en el amor de la Santísima Trinidad que apenas he podido distinguirla en mi alma. Me sorprendí mucho de ello y para mi admiración, el Señor Jesús me permitió sumergirme en cosas extraordinariamente admirables. Dijo:

JC.- "Esto no es arrobamiento, sólo es una clase de él; por eso puedes soportarlo con tus fuerzas corporales".

Entre tanto me inició en cosas celestiales que hasta ahora ignoraba. A estas, no les puedo expresar con palabras... El Señor Jesús al día siguiente también me habló sobre esto durante la santa misa. De estas cosas no puedo escribir...

CUANDO ORES POR ALGUIEN, NUNCA SERÁS RECHAZADA

12 de abril de 1965

El Lunes Santo, el Señor Jesús me inundó con sus quejas: que mi familia también aumenta su dolor...

JC.- "¿Ves mi Mano que pide ayuda, mi pequeña hermanita? Muchos esquivan su mirada para no tener que sentir la triste mirada de mis Ojos. Puedes ver, soy Yo quien me acerco a ellos. Pero ellos siguen avanzando tercamente por el camino de la oscuridad. Por eso pidió mi Madre, que se prenda en la tierra su Llama de Amor, que ilumina el interior de las almas y para eso pide Ella las gotas de aceite de sus sacrificios. Yo te digo y prometo con mi Palabra divina que cuando ores por

alguien nunca serás rechazada, porque las gotas de aceite de tus sacrificios no sólo caen en las lámparas de las almas sino también en mis Heridas ardientes de fiebre y actúan en ellas como bálsamo refrescante. Mi Isabel, el Hombre-Dios te da las gracias por esto. No te excuses, así tengo que hacer porque Yo soy Hombre también y comparto los sentimientos de ustedes y cuando hacen sacrificios por mi Obra salvadora, hacen que Yo esté en deuda con ustedes. Podría decirlo de esta manera también: ¡Me compran ustedes con sus favores! ¡Me llena una felicidad desbordante!"

Cuando terminó sus palabras, me permitió que yo también sintiera en mi alma lo que Él siente en vista de nuestro amor compasivo.

EL SEÑOR ME PERMITE SUFRIR POR OTROS

Mayo de 1965

Estuve donde el médico. Después de efectuar el primer examen, dijo el médico que no puede constatar ninguna enfermedad. Dijo que los sufrimientos de los que me quejo no proceden de enfermedad, sino que yo me hago cargo del sufrimiento de otros. No tengo ningún problema con los nervios. Están completamente en orden.

Pero, para que el examen fuera completo, me envió para los exámenes de laboratorio y, una vez cumplidos estos, después de una semana, regresé por el resultado. El, después de darle lectura, constató una muy pequeña anemia que es del todo insignificante. Y como por esta vez tampoco detectó ninguna enfermedad, dijo que no prescribiría ningún medicamento. Recomendó baño termal de agua tibia, pero esta también cuando el tiempo sea más caliente. Y de nuevo me dio como única explicación que yo me hago cargo del sufrimiento de otros. Que mi sistema nervioso es extraordinariamente fino y reacciona de modo extraordinario a todo y es esto lo que provoca en mí los muchos sufrimientos; acerca de esto ya no pude expresar otra opinión. Este médico no me conocía ni tenía conocimiento de ninguna de las circunstancias de mi vida...

Se puede imaginar que mis hijos, que sabían que yo siempre apelaba a mi mal estado de salud y a mi continua debilidad, esperaban con extraordinario interés el resultado del examen. Se enteraron con gran sorpresa que según el diagnóstico del médico, no sufro de ninguna enfermedad. Lo encontraron ellos también raro. Y yo seguía sufriendo como antes...

ESPÍRITU DE FORTALEZA

15 de mayo de 1965

El Señor Jesús me permitió oír su suspiro enteramente suave que me parecía venir desde muy lejos. El Señor Jesús por su suspiro dejó entrar en mi alma una tenue luz y ella iluminó el valor de mi sufrimiento. Y mientras ese suspiro, sentido como venido de lejos, cruzó por mi alma, yo sentí actuar intensamente en mi alma el Espíritu de Fortaleza. Mientras esto ocurrió, cesaron en mi alma los fantasmas torturadores de la incertidumbre que casi -casi me extenuaron.

Luego el Señor Jesús dijo todavía:

JC.- "¡No vaciles, querida mía, en este estado desesperante en que he puesto ahora tu alma!"

Y al oír la voz del Señor en mi alma, enseguida me acogí a sus palabras: Jesús mío, ¡qué feliz estoy porque me has hablado a mí! ¡No me sueltes! Tú eres quien mejor lo sabes, ya que eres Tú quien da el sufrimiento. –Él dijo silenciosamente:

JC.- "Ahora tienes que padecer aquel sufrimiento y aquella oscuridad que sentían mis discípulos después de mi muerte. Pero, así como envié sobre ellos el Espíritu Santo, lo enviaré sobre aquellos también por quienes tú tienes que sufrir. ¿Verdad que ahora en medio de los sufrimientos, ya comprendes lo que no entendías? Este milagro es la repetida venida del Espíritu Santo que esperan muchos, y la luz de su gracia desparramándose penetrará toda la tierra".

Cuando terminó el Señor Jesús sus palabras, desapareció al instante de mi alma la fuerza iluminadora de sus palabras y otra vez el sufrimiento oscuro se enseñoreó sobre mi alma.

MÁS SUFRIMIENTOS YA NO TE DARÉ

20 de mayo de 1965

En la santa misa de la mañana, antes de la santa comunión, el Señor Jesús se dignó dirigirme sus palabras:

JC.- "¡Sé muy fuerte! No te daré más sufrimientos".

Al oír estas palabras, me asusté. ¿No recibiré más sufrimiento? –Oh mi adorado Jesús, ¿esto significa también que retiras de mí tu amor? –Esto me entristece todavía más y tristemente me quejé ante el Señor Jesús: el sufrimiento para mí es cuando no tengo sufrimiento. Y ahora, ¿cómo puedo pararme delante de Ti? –Tu amor, fundido en uno con los sufrimientos dominaba mi alma, y ahora, que esto ya no lo va a dominar, ¿qué será conmigo? –Mi alma se hizo pesada y pedí al Señor: Mi adorado Jesús, ¿por qué me tratas así? ¿No merezco los sufrimientos? ¿O no soy bastante fuerte para soportarlos? –Todavía por mucho tiempo me quejaba al Señor Jesús. Él dijo de nuevo:

JC.- "Veo, no Me has comprendido. Te di hasta ahora tantos sufrimientos cuánto tus fuerzas humanas han podido soportar. Esto, desde luego, ya no voy a aumentar. Para ti ya se cumplió la medida. Ya no cabe ni tanto como un pelo en tu cuerpo o en tu alma. Repito, persevera y sé tranquila, eres el vaso lleno hasta desbordarse de los sufrimientos recibidos. Luego, no voy a disminuir mi amor, pero tampoco aumentaré más tus sufrimientos. Ya dije que no te cuidaré, tienes que sufrir hasta tu último suspiro. Y porque tan entusiastamente tomaste parte en mi obra salvadora, te guardo en mi amor. ¡La paz sea contigo, mi Isabel! Mi paz nadie la puede dar, sólo Yo. Yo que te llamé entre los obreros de la salvación, ahora te llamo entre los que han recibido el premio".

DESPUÉS DE TU MUERTE TU PUESTO ESTARÁ JUNTO A MÍ

30 de mayo de 1965

La Santísima Virgen habló:

S.V.- "Después de tu muerte, hijita mía, tu puesto estará junto a Mí.

Y tus gotas de aceite recogidas en la tierra, que por tu vida sacrificada mi Santo Hijo unió con sus méritos, volverán a caer en las lámparas apagadas de las almas y van a prender por mi Llama de Amor, y a la luz de ella, encontrarán el camino que conduce a la salvación. Estas gotas de aceite van a caer sobre las almas también que no tienen lámpara. Y ellas también sentirán la causa de ésta y llegarán a mi Santo Hijo. Luego, tú tendrás trabajo hasta en el cielo y continuarás tu participación en mi obra salvadora después de tu muerte también".

IMPOTENCIA DE SATANÁS

4 de junio de 1965

Ocurrió una cosa muy interesante. Justo al ir anoche a mi casita, en el camino tuve que escuchar el gemido amargo y el reproche de Satanás. Se lamentaba de que él, ya desde hace mucho tiempo sospechaba que iba a pasar muy graves apuros en relación con mi persona. Por eso, ya desde aquel entonces procuró tenerme continuamente a la vista. Y seguía lamentándose de que a pesar de ello logré escaparme siempre de entre sus garras, aun cuando él empleó a fondo todos los medios, sin embargo, fue derrotado. Hasta que llegué a mi pequeño cuarto que está en el fondo de la huerta, ha venido conmigo, mejor dicho, venía furtivamente porque como está ciego, es impotente. Pero hubo un tiempo cuando tuve que sentir sus ojos centellantes de odio y chispeantes de venganza, que aquel entonces llenó todo mi ser de miedo.

ATAQUES NUEVAMENTE DEL MALIGNO

5 de junio de 1965

En mi alma hay un continuo y gran anhelo hacia Dios. Conformándome con su Santa Voluntad, acepté si tuviera que vivir, morir o sufrir. Todo esto me llenó de tal felicidad que para expresarla no hay ni letra ni palabra. Mi alma temblaba de felicidad pero, para la mañana siguiente, ya no quedó nada de esto y el ataque del maligno cayó nuevamente sobre mí. Nunca he usado hasta ahora esta palabra, pero ahora se me impone escribir que el suplicio de los sufrimientos desgarraba mi alma. Con pocas palabras describo los ataques del maligno con los que me quiso hacer vacilar: "...No tiene sentido que tengas por verdaderas tus tonterías inventadas. Esta gran desilusión, verdad te ha consternado y te hizo caer en la cuenta de que todo es pura invención tuya. ¡Reconócelo y corrígelo! Continuar este género de vida es contrario a tu dignidad humana también y estás pecando con ello. Ves, hasta tu Adorado te abandonó, no te considera digna ni de la vida ni de la muerte. Lo único seguro es la condenación para ti y para todos los que están de acuerdo contigo. Sí, únicamente tú eres la responsable de ellos porque tú los empujas al mal con tus continuas mentiras".

Me atacó con tan gran ímpetu que perdí inmediatamente la seguridad de mi alma. Esta lucha duró varios días. En esta incertidumbre, mi única oración era la oración dominical. Pedí al Padre Celestial que acepte mi alma, mi cuerpo. Yo quiero servirle a Él con toda mi mente y que se cumpla en mi plenamente por medio de Él su Santa Voluntad. Esto es todo mi anhelo. Le pedí que me perdonara por los méritos de nuestro Señor Jesús todos mis pecados...

ME DELEITABA EN LA LUCHA DE TU ALMA

9 de junio de 1965

De noche ya me retiré a descansar. Por la debilidad y cansancio casi ni podía pensar. Enteramente de improviso, el Señor Jesús me sorprendió con sus palabras y comenzó a conversar. Nunca en mi vida sus palabras me llegaron tan adentro como ahora. Las entendí con alma temblorosa y con devoto recogimiento. Cesó en mí el cansancio y se disipó también la oscuridad de mi alma. Aún así, sólo con dificultad logré entender el sentido de sus palabras. En los días pasados me envolvió una negrura enceguecedora. Cada instante era para mí un tormento no sólo corporal sino, sobre todo, espiritual.

El Señor Jesús:

JC.- "Me deleitaba en la lucha de tu alma. Es mi mayor gozo si libran ustedes una continua batalla contra el príncipe de las tinieblas. El que lo hace tiene la salvación asegurada. He disuelto, mi querida, la tiniebla de los días pasados en tu alma..."

DELEITE DE LA SANTÍSIMA TRINIDAD –VÍCTIMA ARDIENTE DE AMOR–

10 de junio de 1965

De mañana, ya al despertarme, habló el Señor Jesús... y alabó. Antes de la santa misa, cada mañana, suelo adorar una hora en el templo. Durante este tiempo de nuevo habló el Señor Jesús:

JC.- "Siente la claridad de mi Mirada penetrante, sin la cual no puedes comprender mi Divina Palabra y por la cual ahora te doy una fuerza especial. Te dije ya que el sufrimiento ya no lo aumentaré más, pero tampoco lo disminuiré. Cambiaré las formas en que te van a llegar. Que no haya llegado tu muerte, es también una forma de estos sufrimientos. Te confieso con alegría que tu renuncia a vivir me gustó mucho. Eso no queda estéril ni para ti ni para aquellos por quienes lo ofreciste.

Y ahora deseo otra cosa de ti: Por tus sufrimientos te has convertido en víctima ardiente de amor en que se deleite la Santísima Trinidad... No tienes que temer que algo, aunque sea por un instante, te separe de Nosotros. El Cielo está abierto para ti. Esto, naturalmente, no significa que cesarán los tormentos de la tierra, por eso también hubo en tu alma negrura. Puse tu alma y tu cuerpo bajo el pleno dominio del príncipe de las tinieblas, para que haga contigo lo que quisiera. Que aprovechara toda oportunidad y te pusiera a prueba. Puse a su disposición todos los instrumentos para hacerte vacilar, para que vea con quién tiene que verse: con un alma de quién tomó posesión la Santísima Trinidad. Tuvo

que reconocer que un alma así sabe vivir, morir y sufrir y se conforma plenamente con mi Santa Divina Voluntad. ¿Puede darse para ti mayor premio que descansar en los brazos del Padre Celestial y llenarte de la Santísima Trinidad? Por eso digo: tú eres víctima que arde de amor".

Esta mañana, mientras el Señor Jesús habló, se derramó en mí, semejante a un rio que se desborda, el sentimiento de la presencia de Dios. No vi nada, sólo la sentí. Esta presencia divina corroboró mi alma en que no estoy engañada por mi propia imaginación...

El Señor Jesús dijo entre tanto:

JC.- "...Tu sacrificio ardiente de amor conducirá a las almas al conocimiento y al amor de Dios. Esta es mi delicia. Por eso te guardo todavía en la tierra para que seas víctima ardiente de amor, a quien miro con gozo con mis divinos Ojos".

Después de esto hubo silencio y tranquilidad en mi alma, pero sólo por unos días.

LUCHA DESESPERANTE DE LA SEÑORA ISABEL

18 de junio de 1965

De mañana, mientras escuchaba la santa misa, se adueñó nuevamente de mi alma una gran inquietud. Una lucha desesperante se suscitó en mí: Estos argumentos no son sino contra argumentos inventados por mis mentiras, con las cuales me deslumbro a mí misma. Ni una palabra es verdad de todo esto y por ello los pecados se acrecentaron tanto en mi alma que no puedo acercarme a la sagrada comunión...

En mis zozobras la misma conclusión: tengo que acabar y tengo que destruir todas mis mentiras. Por eso me propuse no escribir ya ni una sola letra más.

Desde entonces varias veces oí esto en mi alma pero no lo escribí, más aún traté de alejar de mi mente la idea de dejar definitivamente todo... Este tormento es tal, que nunca sentí algo parecido a esto en toda mi vida...

¡Esta es una vida terrible! Vivir sintiendo continuamente en la conciencia que estoy ofendiendo a Dios y Él no desea venir a mí. De esta manera me da a entender que le duele esta unión indigna y cómo siente asco de mí a causa de mis pecados. En este gran tormento espiritual, no es de sorprenderse que ahora también lo único que deseo es morir, porque entonces yo estaré libre de estas continuas mentiras con las cuales hasta mis confesores les confundo... Mi vida no tiene ningún fin, vivir así sin Dios. Es ya la segunda semana en que no asisto a la santa misa, excepto la del domingo, porque es obligatoria. Alimento mi alma sólo con la comunión espiritual. Todo está oscuro y sin meta ante mí. La vida es algo raro para mí: ¿Cómo puedo vivir por Dios... sin Dios? ¡Esto no funciona de ninguna manera!

Le ruego, mi hermana mía, vaya donde el padre G y hable con él por mí que, después de esto, ¿qué debo hacer? Yo, de mi parte estoy plenamente convencida de que el Santo Padre sería el único quien, después de examinar mi causa, podría tranquilizarme. Porque si encontrara que no es verdadera, me daría la absolución para mi embrollo de mentiras. Quisiera que ustedes, junto conmigo, se compenetraran de mi muy grave situación y con buena voluntad me ayudaran. Yo, con las pocas fuerzas que me quedan, iré a donde el Santo Padre, por más raro que lo encuentren. Venceré todas las dificultades, porque no pueda seguir viviendo sin hacer nada en medio de este cruel y atroz remordimiento espiritual.

No importa si no están dispuestos a darme ninguna recomendación, yo aún así haré todo esfuerzo con el fin de recuperar la tranquilidad perdida de mi alma... Esta incertidumbre y abandono es la causa de que me decida a tal cosa. ¡O una cosa u otra! ¡Pero no continuaré por más tiempo esta vida! Porque o soy loca y embustera, o es verdadero lo que pasa en mí. Y si es verdad esto, no puedo seguir mirando, con los brazos cruzados, la perdición de las almas. El asunto de cegar a Satanás no me puede espantar: cualquier sacrificio que me exija, tengo que hacerlo...

LA OBEDIENCIA VENCE AL MALIGNO

2-3 de julio de 1965

Estaba junto a la mesa almorzando, cuando como rayo iluminó mi alma la voz del Señor:

JC.- "¿Te acuerdas qué dijo tu confesor en la última confesión? Si te encontraras en un apuro ¡ve a donde él o mándalo a llamar!"

En ese momento recogí todas mis fuerzas y fui a llamar por teléfono... Recibí una respuesta alentadora y favorable.

El 3 de julio, durante la noche, casi no podía dormir. Como se suele decir: esperaba al amanecer como niño la Navidad. ¡Y resultó serlo! Ya han pasado dos semanas sin que hubiera atrevido a recibir el Cuerpo del Señor por las causas antes descritas. Era domingo. De mañana, temprano, partí con pocas fuerzas corporales, pero con mucha esperanza. Después de la recomendación del día anterior, se mudó enseguida a mi alma la suave paz del Señor Jesús, que calmó en mí los tormentos espirituales soportados durante largo tiempo.

Cuando llegué delante de mi padre confesor, el maligno irrumpió sobre mí de nuevo con su angustia. Con cruel tormento hostigó mi mente, con gran fuerza, provocando en él el caos. Con todas mis fuerzas atendí a mi padre confesor para poder comprender lo que me decía. Por molestia del maligno, ahora en plena confesión también, pesó sobre mí la continua duda que había en mi alma. Durante la confesión repetí varias veces: quiero creer con todas mis fuerzas en la validez de la absolución, pero si a pesar de esto no la siento segura, ya no depende de mí.

Oh, este padre comprensivo cuando oía que ya desde hace más de dos semanas, por esta causa, no me atrevía a recibir al Cuerpo Sagrado del Señor, muy severamente me ordenó: tiene que comprender –dijo– que esto viene de las molestias del maligno y no del desprecio que podría sentir hacia usted el Señor Jesús. Que a estos desordenes no los dejare acercarse más a mí. Que no vuelva a ocurrir otra vez que me aleje de la sagrada comunión a causa de esto...

Cuando el padre en nombre de Jesús me dio esta orden, en esos minutos tuve que sentir que él, reuniendo todas sus fuerzas pronunció sus palabras. Al mismo tiempo, el ataque del maligno era tan grande en mí, que yo también, recogiendo todas mis fuerzas, siete veces dije: "¡Sí!" a las órdenes repetidas del Padre. Mi mente estaba completamente bajo la presión del príncipe de las tinieblas y por eso, para que pueda aceptar las palabras del Padre, recibí una fuerza que vino de un poder que está más allá de la tierra. Con mi respuesta afirmativa quise darle a entender que con todas mis fuerzas quiero obedecerle. La conciencia de esto llenó con tranquilidad mi alma. Después de mucho tiempo el Señor Jesús entró en mi alma y me inundó con Su Presencia.

OBEDECE A TU CONFESOR

7-8 de julio de 1965

Larga e íntimamente habló el Señor Jesús:

JC.- "¡No me dejes de lado, mi alma querida! A la palabra de tu confesor, sólo tengo que decir lo que ya dije en otras ocasiones también: 'Su palabra es mi Palabra'. Considérala siempre como auténtica, porque le iluminé y es él quien te conoce, te comprende y te guía y quien nunca te va a abandonar. ¡Por eso, no te angusties! ¡No debes llenarte de miedo! Que sea clara ante ti mi Voluntad. Yo siempre te diré por anticipado lo que va a suceder. ¿No te dije también que iba a soltar sobre ti a Satanás para que pueda probar todas sus tentaciones en ti? Me alegro, mi Isabelita, que a mi llamada de atención, enseguida fuiste con prontitud a tu confesor. Ves, en esto está lo que ya conversé contigo en una ocasión anterior, que tú estás en posesión del Espíritu de Amor y el maligno no puede prevalecer sobre ti. Es cierto, Yo le permití que te atormentara: Lo que el maligno quiere conseguir en ti es que no prestes atención a mi Palabra de intimación. Conoce tus puntos flacos, pero el instrumento de la obediencia está en tu poder y por él le venciste y el maligno quedó sin fuerza y ciego junto a ti.

¡Oh, qué feliz estoy, que esta virtud, tan contraria a tu naturaleza, la estás ejerciendo tan diligentemente! ¡Mi querida Isabelita! En estas ocasiones verdaderamente me obligas y, de mi gracia inconmensurable, tu alma llega a ser más brillante todavía".

Después de esto me quedé muy pensativa sobre las palabras del Señor Jesús: qué santa y qué grande es la virtud de la obediencia, que hasta ahora no había reflexionado sobre ella como lo hago hoy y que mi alma en qué gran medida llegara a ser resplandeciente por ella. Después hice el firme propósito de aceptar con mucho mayor fidelidad y entrega lo que reciba o directamente del Señor Jesús o indirectamente de mi confesor.

LA SANTA VELADA NOCTURNA

9 de julio de 1965

La Santísima Virgen habló:

S.V.- "Te ruego de nuevo, hijita mía, que entregues ahora mismo a tu confesor las indicaciones de cómo hacer la oración de vigilia unida a los méritos de mi Santo Hijo, que no le entregaste todavía. Es mi petición que la santa velada nocturna, por la cual quiero salvar a las almas de los moribundos, la organicen de tal manera en cada parroquia que ¡ningún minuto se quede sin que alguien haga oración de vigilia! Este es el instrumento que pongo en sus manos. Por medio de él, salvan ustedes las almas de los moribundos de la condenación eterna. De la Luz de mi Llama de Amor Satanás quedará ciego".

QUE TU HABITACIÓN SEA MI SANTUARIO

12 de julio de 1965

El Señor Jesús durante la santa Misa comenzó a conversar:

JC.- "Así tienes que vivir, partida en dos. ¿Por qué te asombras de esto? ¿Puede unirse la voluntad del cuerpo con la del alma? No, ¡jamás! Veo que con tu alma te fijas intensamente en Mí para hacer mi Santa Voluntad. Pero el cuerpo, como

fuerte adversario, quiere impedir, con su continua resistencia, la prontitud de tu alma por la cual quieres permanecer junto a Mí y colaborar Conmigo.

Ésta tu gran voluntad de amar la acepto y la acompaño con mi bendición incesante. Más aún, quiero dar un paso más todavía. A partir de hoy, tu pequeña habitación va a ser mi santuario continuo. Honraré con mi Presencia continua este pequeño hogar tan querido para ti... He alquilado tu pequeña vivienda. ¡Adórame, repárame, aquí! Yo permaneceré gustoso junto a ti mientras vivas aquí en la tierra. Ni por un momento quiero renunciar a ti... Veo las dudas que a causa de esto han surgido en tu alma. ¿Qué fue lo que te dije hace ya mucho tiempo? Si al escuchar mis palabras sientes fuerte resistencia, de esto puedes reconocer claramente que vienen de Mí. Isabel, ¡cree!... Oh tú, ¡pequeña nada! ¿Qué serías tú sin mi Amor?"

LA PALABRA DE TU CONFESOR ES MI PALABRA

17 de julio de 1965

JC.- "Siente en tu alma, mi pequeña hermanita, el premio dotado de gracias por haber aceptado mi orden que te di por medio de tu confesor. Para que veas y sientas ese poder que hizo cesar en tu alma las dudas que se te presentaron bajo múltiples formas y circunstancias turbias.

Esto únicamente lo has podido ganar por medio de tu obediencia. Ya ahora puedes reconocer que no te di la tranquilidad porque la absolución era auténticamente válida, sino más bien por haberte dado una orden por medio de tu confesor. Si esta no la hubieras aceptado ahora, habría significado el naufragio de tu alma de una vez para siempre. Son grandes y duras estas Palabras Mías. ¿Te sorprende esto, verdad? Piensa en aquello que ya te habría dicho con énfasis en otras ocasiones también: la palabra de tu confesor es mi Palabra y no aceptarla es alzarse contra Dios. Por eso era necesario que Yo fuera tan severo contigo. Ahora voy a cambiar tus sufrimientos y ya no mandaré más sobre ti los tormentos de dudas. Ahora, de una vez para siempre y hasta el fin de tu vida,

te va a quemar el Fuego de la Caridad, que en el anhelo por las almas va a consumir la fuerza de tu cuerpo".

En ese momento no comprendí todavía sus palabras, porque el Señor Jesús no me ha dado todavía este nuevo sufrimiento que Él llamo así: te va a quemar el Fuego de la Caridad y que la fuerza de mi cuerpo se irà consumiendo en el ansia por las almas.

Pasados unos días, experimenté como si hubiera clavado en mi alma une flecha ardiente; por medio de este sufrimiento hay que salvar a las almas de la condenación. Desde entonces no me reconozco. Cómo podría orientarme yo, qué es eso de fuego ardiente de caridad, no lo puedo describir. Hay sentimientos que son secretos exclusivos del alma y de Dios, y hablar sobre ellos es imposible.

Ni quiero intentarlo. Sé con certeza que usted, Padre mío, va a comprender junto conmigo, por la gracia de Dios, lo que bajo el silencio de las líneas se esconde. Esto es cosa del Señor. Aquí mi esfuerzo sólo podría estropear. Porque únicamente en el silencio del alma se puede escuchar la voz del amor del Señor. Pero, en este momento, ni siquiera tratábamos sobre esto. Según las palabras del Señor Jesús, el "Fuego de la Caridad" quema y así como no es posible expresar con ninguna palabra lo que es la combustión natural, así tampoco a este...

No quiera usted pensar que esté yo poseída por cierta melancolía. No, esto sería lo contrario a mi naturaleza alegre. Sin embargo, es un recogimiento silencioso que domina mi alma. Siento como si no perteneciera a la tierra. Otras veces también se produjo esto en mí, pero el Señor Jesús dijo que ahora va a ser así hasta el fin de mi vida. Desde entonces procuro observar con mayor entrega y fidelidad todavía los ayunos que el Señor pidió y lo que se refiere a la velada lo que antes más me costaba; la he duplicado ahora.

El Señor Jesús antes me pidió que velara dos veces por una hora, ahora por la gracia del Señor, desde que me quema el "Fuego de la Caridad", no tengo ni noche, ni día; todo me parece poco lo que puedo dar en respuesta al Señor. El tiempo de mi reposo nocturno lo paso a partir de media noche hasta la cinco velando en oración. Luego voy a templo y ahí continuo la adoración del Señor. Luego, en la santa misa de las siete recibo el Sagrado Cuerpo del Señor. Mi día lo paso ayudando a mi familia. Durante este tiempo también me llena la presencia del Señor en tal medida que tengo que sentir que mi alma se eleva por encima de las actividades corporales, porque mi alma, sin interrupción alguna, permanece junto al Señor. Durante mi trabajo, entro frecuentemente a mi pequeño cuarto donde el Señor Jesús está presente, para adorarle allí y repararle. Estos son secretos de mi corazón que he manifestado ante usted.

EL PADRE CELESTIAL ACOGE TU DESEO DE SALVAR ALMAS

20 de julio de 1965

Esta continua debilidad corporal y dolores, de los cuales el médico dio el diagnóstico que describí anteriormente, los sigo teniendo. Muchas veces irrumpen sobre mí con tal intensidad que durante el día, de cada hora por lo menos 15 minutos, tengo que estar acostada, porque a causa de los dolores por poco me desmayo. Hoy, justo cuando regresé de la santa misa, me sobrevino de nuevo aquella extraordinaria y dolorosa debilidad. Hubiera querido adorar al Señor Jesús, ofrecerle reparación en mi pequeño cuarto, pero en vez de ello tuve que recostarme. Antes de hacerlo, ofrecí al Señor Jesús mis sufrimientos y deseaba almas para Él. El Señor Jesús estaba muy conmovido y en su emoción, comenzó a conversar de nuevo íntimamente:

JC.- "Oh, ¡qué amable eres tú que deseas almas para Mí! ¿Podría desearse algo mejor para Mí? Es esto lo que esperaría de todos ustedes. Ves, mi Isabelita, ustedes, pobres almas pequeñas, pueden dar algo a Dios. El Padre Celestial también acoge con amor tus anhelos y los devuelve como efusión de gracias sobre ti y sobre aquellas almas por quienes me suplicas a Mí. Créeme, no podrías decir nada más grande o más agradable a Mí. Por eso bajé del cielo para redimir las almas para la vida eterna".

Y mientras decía esto, aplacaba en mi alma la sed de las almas y derramaba sobre mí de manera extremada el fuego de su ardiente caridad, bajo cuyo efecto comencé a temblar. Entre tanto Él dijo suavemente:

JC.- "¡Sé humilde, querida mía, ahora más todavía! Dios ha bajado a ti".

Pasado esto, mi alma temblaba intensamente durante largo tiempo todavía.

POR LA LLAMA DE AMOR, DIOS BAJA A LAS ALMAS

24 de julio de 1965. Sábado

La Santísima Virgen se acercó hoy con suaves palabras y enseguida irradió en mi alma la fuerza de su plenitud de gracias, mientras Ella también habló con palabras elogiosas:

S.V.- "Por el efecto de gracia de mi Llama de Amor, has obtenido, mi hija carmelita, que Dios ha bajado a ti y que en tan gran medida consume tu alma el fuego de caridad ardiente por Su obra salvadora. Poseer esto es un privilegio muy grande y por eso, ¡qué viva en tu alma una profunda humildad!"

Mientras escribo, muchas veces siento en mí una grande inhibición... muchas veces me paraliza por completo... En estas ocasiones me abandona la fuerza y dejo de escribir. Durante días, hasta semanas, ni lo tomo en mis manos. Sólo cuando Él, por su presencia, manifiesta severamente que es Él el que quiere que yo escriba estas cosas, entonces una y otra vez me pongo a hacerlo.

En una ocasión –ocurrió no hace mucho– de nuevo pregunté al Señor si lo que había escrito, era porque verdaderamente así era Su Santa Voluntad... Él dio una respuesta determinante:

JC.- "¿Sabes por qué te hice escribir los diferentes acontecimientos de tu vida? Porque estos son los reflejos de mis gracias en tu alma que tú, lo sé bien, nunca los contarías. De esta forma te obligo a hacerlo para que vean la Obra divina que realizo Yo en tu alma desde tu infancia".

Estas palabras suyas me tranquilizan y sigo escribiendo todo esto.

MI VOLUNTAD ES SALVARLOS

13 de agosto de 1965

Reflexioné sobre las palabras del Señor Jesús, pronunciadas en una fecha anterior: "No puedo renunciar a ti". Posteriormente me quedé admirado sobre esto y pensé que seguramente lo había entendido mal. El Señor Jesús intervino:

JC.- "No lo entendiste mal. ¿Por qué te asombras de esto, que no puedo renunciar ni a ti ni a ninguna alma? ¿No derramé todas las gotas de mi Sangre por ti, por ustedes? Mi voluntad es salvar a ustedes. Tú también, mi Isabel, ¡quiérelo con todos tus fuerzas, en todos los momentos de tu vida!"

18 de agosto de 1965

Al postrarme ante Él, de mañana, en tiempo de la santa misa, suplicándole con profundo dolor de mis pecados, Él nuevamente me dio a sentir que estaba conmovido y me hacía percibir el latido de su Sagrado Corazón mientras decía:

JC.- "Hace ya mucho tiempo que recibiste la plena posesión del amor perdonador de mi Corazón Misericordioso. Este profundo arrepentimiento con que te has postrado ante Mí, lo acepto en lugar de otros y les otorgo mi perdón..."

Y mientras pronunció estas palabras, me inundó en tan gran medida de su caridad, que de nuevo me he puesto a temblar. No se puede expresar esto con palabras...

Desde que me quema el fuego de la caridad, me arrebata con mucha frecuencia, lo hace muchas veces en los momentos más inesperados...

DESEO DE SALVAR A LOS MORIBUNDOS

27-28 de agosto de 1965

Me duele tanto, mi adorado Jesús, que esta noche, causa de mi cansancio, no podré velar por las almas de los moribundos. Pero, ¿ves, verdad, en mi alma ese gran deseo con que lo quería hacer? El, en mi gran pena, me consoló con estas palabras:

JC.- "Acepto ahora el gran deseo de tu alma que ofreces por los moribundos. Sí, esto también voy a abonar a favor de las almas de los moribundos".

Me tranquilicé mucho y me acosté. Durante la noche varias veces me desvelé e inmediatamente me puse a suplicar por los moribundos, pero no tenía tanta fuerza como para levantarme a velar. El Señor Jesús durante la misma noche me aseguró varias veces aceptar este "deseo de velar", como Él mismo se expresó.

Al día siguiente, mañana del 28, antes y durante la santa misa:

JC.- "Ahora continúo, mi Isabel, la conversación que no tuvo lugar anoche. Te agradezco tu esfuerzo, pero ahora pon mucha atención y retén bien lo que te digo".

Para que otros también puedan comprender la conversación, primero tengo que escribir lo que ocurrió en la familia. En breve tiempo han nacido dos nietecitos. Uno, el 22 de agosto, fiesta del Inmaculado Corazón de María y el otro, el 8 de septiembre.

Y así para mis poquitas fuerzas, el trabajo resultó excesivo. Sentí que esto no lo podía sobrellevar. Supliqué al Señor que por su bondad me diera fuerzas porque con las pocas fuerzas mías no alcanzaría a ayudar a ambas nueritas mías. Al día siguiente, cuando me desperté, había en mí una admirable frescura, trabajaba durante todo el día y no sentía cansancio alguno. Esto duró unas dos semanas. Y esta fuerza extraordinaria, –me di cuenta– me alejó del Señor y ya estaba pensando en que si esto continuara así y siguiera con este buen estado físico hasta podría ir a trabajar. O sea, a causa de las fuerzas corporales recuperadas, me entretenía en tales pensamientos. Entonces el Señor Jesús comenzó a conversar conmigo:

JC.- "Ahora vas a comprender todavía mejor por qué estas así despojada de tu fuerza corporal. Ves, mientras estabas débil, Me servías con todas tus fuerzas. Ahora que he aumentado tu fuerza, no Me estás sirviendo como hasta ahora. Tus pensamientos están distraídos y me dedicas menos tiempo. Tampoco permaneces junto a Mí como hasta ahora. Del mucho tiempo y fuerza, a Mí me toca mucho menos. Te quedan sólo un par de días y te quito la fuerza que recibiste, lo que hice únicamente para el bien de tu familia..."

AYUNA A PAN Y AGUA HASTA QUE LA SANTA CAUSA LLEGUE AL PAPA

18 de septiembre de 1965

El Señor Jesús dijo:

JC.- "Quiero pedirte algo grande, mi Isabel. ¿Te comprometes a ello? Ayuna a pan y agua hasta que la santa Causa llegue al Santo Padre".

Volvió a repetir esta petición después de unos días.

Esta petición me confundió mucho porque pensé que no sería capaz de ello por mi propia fuerza... ahora no hubo duda angustiosa en mí referente a si era petición y voluntad del Señor. Me quema el fuego de la caridad, sólo quiero lo que quiere el Señor y así no tengo que temer del engaño del maligno. La petición del Señor me dejó muy consternada; no pude dar enseguida respuesta afirmativa. Pasó conmigo lo que nunca ocurrió en mi vida hasta ahora: que estuviera dando vueltas durante días sobre alguna decisión a tomar. Por lo general, cuando he pensado hacer alguna cosa, pienso rápidamente cómo podría realizarlo y pongo manos a la obra. Pero esto de ahora no ha partido de mi pensamiento y al oír estas palabras, reaccionó mi debilidad de mujer. Con todas mis fuerzas me oponía, sabiendo que por falta de energía de voluntad sería incapaz de cumplirla. Luché durante tres días en mi interior, luego al cuarto día lo acepté en el pensamiento y sólo luego de las arduas luchas de los días quinto y sexto lo acepté con mi plena voluntad. Al séptimo día mi alma se llenó de alegría. Después de la plena aceptación de la voluntad del Señor, me fui a donde la hermana destinada a acompañarme y le di cuentas de las cosas que en mi alma pasaban. Ella justamente se aprestaba a ir a donde mi confesor. Le pedí que le pidiera permiso para poder guardar el ayuno. Al noveno día –contando desde que el Señor me lo pidió– recibí la respuesta que me prohibía hacerlo. Durante dos días había tranquilidad en mi alma, pero el Señor Jesús ha repetido su petición con estas palabras:

JC.- "Sostengo mi petición y tú, tienes que repetirla una y otra vez ante tu confesor".

Me sentí muy confundida y me remití ante el Señor Jesús a la prohibición de mi confesor.

RESPUESTA NEGATIVA AL AYUNO POR EL SACERDOTE

A últimos de septiembre de 1965, me fui a donde mi confesor a la hora previamente convenida y temblando después de las grandes dificultades, volví a decirle la petición del Señor. Mi confesor repitió su respuesta negativa y expuso ante mí lo absurdo de tal cosa. A pesar de esto, volví a repetir la petición porque así me lo pidió el Señor. Luego mi confesor seguía exponiéndome por qué lo consideraba absurdo: que él, sólo puede ejercer los derechos recibidos de Dios, pero no puede acceder a esto porque chocaría contra el quinto mandamiento... Si el Señor Jesús a él también le manifiesta su petición, no se opondría... y concedería inmediatamente el permiso.

Cuando salí de donde el padre, por unas horas cesó en mi alma el sufrimiento que provocó el rechazo. Luego los sufrimientos me sobrevinieron con tal fuerza, que durante días apenas tuve fuerzas para caminar. Cuando pensaba en cualquier cosa que tuviera relación con la comida, me rodeaba el mareo. A la hora del desayuno y de la merienda esto cesó en mí, porque a petición del Señor Jesús desde hace años sólo tomo pan y agua. Fue Él quien me lo pidió y dijo que sólo en el almuerzo tomara otros alimentos, pero esto tampoco por el sabor de las comidas sino sólo para alimentar mi cuerpo. Los lunes y jueves también sólo vivo a pan y agua y los viernes también sólo después de las 6 de la tarde tomo otro alimento. Así, en esos días, cesa en mi alma el sufrimiento que siento cuando toma otro alimento también... No puedo describir el sufrimiento que estoy pasando desde entonces. Continua angustia interior, repugnancia y mareo se presentan en mí. –Un día el Señor Jesús se dirigió a mí con estas palabras:

JC.- "¿Ves, verdad, cuánto te quiero? Tu empeño para hacer el bien, así lo premio y lo vierto en bien de Mi obra salvadora. ¡Tengo necesidad de tus sacrificios para que sirvas así sin cesar a dar impulso a Nuestras comunicaciones y a ofrecer reparación a mi Sagrado Corazón ofendido!"

Todavía conversé largamente e insistiendo otra vez, en su petición, me mandó de nuevo a mi confesor:

JC.- "Repite ante él mi petición. ¡No temas! Dile: mantengo siempre mi petición hasta que las peticiones que Nosotros te entregamos no lleguen al Santo Padre. Comunica a tu confesor que Yo cambio tus sufrimientos según lo exige mi Divina Sabiduría y mi Obra salvadora. Que él tampoco tenga miedo. ¡Abandónense en Mí!... Tienes necesidad, Isabel, de paciencia perseverante y cuantas veces Yo te mande, ¡anda no más con prontitud, humildemente! ¡Ten cuidado, porque no puedes dejar de lado la orden de tu confesor, ni aun por mi petición divina!"

Me atreví a preguntarle al Señor Jesús que si esta petición suya no era para ponerme a prueba.

JC. - "¡No! Porque si tu confesor no hubiera dejado de lado mi petición sino la hubiera aceptado abandonándose en Mí, entonces tu aceptación de sacrificios por mi cooperación hubiera alcanzado el resultado que estaba incluido en mis Planes divinos. Ya sé que él hubiera recibido aquella fuerza de impulsión y con todas sus fuerzas hubiera logrado que la Causa llegue al Santo Padre. Porque tu aceptación sacrificada del ayuno estricto le hubiera urgido continuamente a tomar ulteriores medidas".

ME PERMITIÓ SENTIR... LA TRANSUBSTANCIACIÓN DE SU SANTÍSIMO CUERPO

17 de octubre de 1965

Ocurrió durante la elevación. Cuando el sacerdote pronunció las palabras de la consagración, en ese mismo instante el Señor Jesús me permitió sentir de un modo admirable la transubstanciación de su Santísimo Cuerpo y dijo:

JC.- "Esto hice por ti y por todas las almas. El haber podido sentir profundamente en tu alma este momento sublime, es obra de gracias especiales de mi amor divino".

Varias horas después aún mi alma temblaba de la admirable vivencia de la transubstanciación. Mientras mi alma temblaba estaba pensando: Cuando los apóstoles vivieron en cuerpo y alma los momentos del milagro de la transubstanciación junto al Señor Jesús, ¿cómo pudieron soportarlo? Porque ya aún en estos pocos minutos, –no, he escrito mal, en estos pocos instantes– sentí como que al instante me voy a morir. Y si el Señor Jesús no hubiera mitigado en mí el extraordinario efecto de la transubstanciación, me hubiera quedado sin fuerza, ya que hasta el efecto tardío era terrible soportarlo.

MES DE NOVIEMBRE, MES DE LAS ALMAS SUFRIENTES

1-2 de noviembre de 1965

El Señor Jesús me inundó con sufrimientos extraordinarios que de noche se intensificaban más todavía, tanto que sólo podía andar encorvada. Y lo que nunca existió en mí toda mi vida, me agarró también el temor a la muerte. Antes de ir a descansar, con todas mis fuerzas me preparé a la muerte como si ahora, en cualquier momento hubiera tenido que presentarme ante la santa faz de Dios. Estos grandes sufrimientos los ofrecí al Señor Jesús. Entre tanto, Él se contentó con decir:

JC.- "¡No estés harta de ellos!"

Al día siguiente me desperté aliviada y a lo largo del día este alivio iba en mí en aumento. Cuando de repente, de nuevo habló el Señor Jesús:

JC.- "¿Verdad, alma mía, me crees lo mucho que te quiero? Este violento sufrimiento que has soportado, lo destiné a favor de las almas sufrientes. Y ahora, sonrió sobre ti".

En este instante, sentí como si hubiera separado mi alma de mi cuerpo, mientras el Señor Jesús habló de nuevo:

JC.- "Dios sonríe sobre ti. Con mi divina Sonrisa, ves, soportas más fácilmente los grandes y violentes sufrimientos de los cuales las almas sufrientes tenían gran necesidad, porque ahora has tomado parte en la labor a favor de la Iglesia sufriente. ¡Sufre sonriendo! ¡Nadie sepa, nadie vea, quede esto el secreto de nosotros dos! Esto sólo Dios puede conceder y lo doy sólo a aquellas almas que saben soportar sonriendo los incesantes sacrificios".

EL DOLOR DE NUESTROS PECADOS REDIME A LAS ALMAS

27 de noviembre de 1965

El Señor Jesús repetidas veces me pidió:

JC.- "¡No retengas nada para ti! Tienes que hacer que hasta el dolor de tus pecados produzca intereses aquí en la tierra, ¡porque esto no lo podrás hacer después de la muerte!"

Luego, como si una luz me hubiera bañado, mi alma se sumergió en una felicidad imposible de contar. Después de la santa misa y también durante el día, un sentimiento de gratitud indecible se derramó en mi alma y estas palabras llegaron a mis labios: ¡Señor mío, mí adorado Jesús! ¿Tú me has dado el dolor de mis pecados a fin de que participe en tu obra salvadora?... Y, al seguir pensando en su divina bondad, su amor anhelante de las almas ardía con fuego cada vez mayor en el fondo de mi alma, a cuya llama me permitió sentir, que Él se sirve aun del dolor de nuestros pecados para la redención de las almas. Él entonces interrumpió mis pensamientos:

JC.- "¡La corriente de mis gracias, caudalosa como un río que se precipita, ininterrumpidamente y con constante intensidad actuaría en sus almas, si el arrepentimiento de ustedes también como río caudaloso se apresurara hacia Mí y se abandonara en Mí!"

¿EN QUÉ CONSISTE EL SEGUIR EL EJEMPLO DE LOS SANTOS?

1o. de diciembre de 1965

Justo cuando meditaba sobre cómo imitar el ejemplo de los santos, el Señor Jesús se puso de nuevo a instruirme:

JC.- "Ves, hijita mía, ahora ya está claro ante ti por qué desde un principio te pedí que renunciaras a ti misma. Te pedí muchas veces esto porque sólo puedes participar en mi Obra salvadora si entera y continuamente vives unida a Mí en todo momento. Ahora nuevamente te digo aquellas palabras que hace ya mucho tiempo me devolvías en forma de oración: 'No escatimes, hijita mía, ningún esfuerzo, no conozcas límites, ¡no te desconectes nunca ni por un instante de

mi Obra salvadora! Porque si lo hicieras, sentiría como si se hubiera disminuido el amor que sientes por Mí. Y eso que ¡ansió tanto tu amor!' –Estas palabras hoy también las tienes que tener continuamente presentes. En esto consiste el seguir el ejemplo de los Santos. En esto coinciden todos los cooperadores de mi Obra salvadora, cualesquiera que hayan sido las circunstancias en las cuales les tocó vivir. No cambio frente a nadie, a quien llamo a mi seguimiento, esta condición mía: ¡que tome su cruz y Me siga! Ahora ya puedes ver también que no hay ningún santo mío a quien ustedes no pueden seguir. Que Yo les pongo entre diferentes circunstancias, es cierto, pero la exigencia es una e idéntica.

Luego su ejemplo a imitar es el mismo: que renuncien ustedes a sí mismos y no escatimen ninguna fatiga, no conozcan límite y no se retiren jamás, ni por un instante, de mi Obra salvadora, porque si lo hicieran, tendría que sentir que ha disminuido su amor por Mí. ¿Verdad, mi Isabel, qué sencillo es mi seguimiento? Hago esto para que nadie se sienta inhibido y que nadie tenga mi petición por inalcanzable".

Reflexioné sobre la enseñanza del Señor Jesús. Las palabras sencillas empapaban mi alma como las gotas silenciosas de lluvia la tierra árida. Orando, metí dentro de mi alma las palabras del Señor Jesús y le pedí: Mi adorado Jesús, ayuda para que ni una gota de tus palabras se escurra en mi alma y de las almas de quienes queremos seguir tu enseñanza y tu obra redentora.

ASÍ TIENES QUE INVITARME A TU MESA

El segundo viernes de diciembre de 1965 hacía buen tiempo. Yo hacía los trabajos atrasados de otoño en la huerta. Entre tanto se hizo medio día. Pensé no interrumpir el trabajo, sino meter en el bolsillo de mi delantal el pan mientras continuaba trabajando, lo consumiría. Intervino el Señor Jesús:

JC.- "Y, entonces, ¿cómo vas a rezar la bendición de la mesa y cómo Me invitarás para que fuera tu comensal? Dime: si llega a ti un huésped, ¿le vas a brindar la comida desde tu bolsillo y lo recibirás trabajando?"

Sus palabras me dejaron consternada. Interrumpí el trabajo en la huerta y mientras me lavé las manos, Él me inundó con su Amor perdonador infinito y dijo:

JC.- "Hoy especialmente te quiero honrar".

Entre tanto cubrí la mesita de mi pequeño cuarto con un mantel, blanco como la nieve, y sobre un plato blanco puse pan cortado en rebanadas y la oración: "Ven, Jesús, sé nuestro comensal..." no la recé parada sino hincada. La presencia del Señor Jesús pesó tanto sobre mí que no podía moverme. Él, por un tiempo, estaba parado delante de mí y bendijo mi pan. Luego me ayudó a levantarme de mi posición de rodillas y dijo:

JC.- "¡Así tienes que invitarme a tu mesa!"

ME INSTRUYÓ DE NUEVO - USTEDES SON LA LUZ DEL MUNDO

17 de diciembre de 1965

Después de la sagrada comunión me instruyó nuevamente e inundó mi alma con su claridad divina. Describiré algunas de sus palabras que me dirigió:

JC.- "Mi claridad te penetra y te rodea. Tú, por medio de Mí, alumbras en el oscuro adviento a aquellas almas que todavía Me están esperando: Los sacrificios de tu vida unidos a mis Merecimientos, serán claridad para ellos también. Yo dije: 'Ustedes son la luz del mundo' a quienes inundo con la luz especial de mi gracia. Tú, ustedes tendrán que expandir claridad sobre las manchas oscuras de la tierra que están bajo la sombra del pecado, para que mi claridad divina atraiga al verdadero camino las almas que andan a tientas en la sombra del pecado y de la muerte".

Hoy todo el día meditaba sobre las palabras del Señor Jesús y me quedé pensando especialmente en aquellas: "...Los sacrificios de tu vida unidos a mis Merecimientos serán claridad para ellos también", –¡Oh, mi adorado Jesús! Yo, ¡pequeño granito de polvo! ¡No es sino la claridad que recibí de Ti lo que resplandece desde mí también!

Oh, ¡que infinitamente bueno eres y que inconmensurablemente grande será aquella luz, que no se apaga desde el principio del mundo hasta su fin, sino ininterrumpidamente se irradia sobre nosotros! Y pensaba que cuando no veía con claridad la llama de esta luz que ardía hacia mí, hubo apatía y negligencia en mi alma. Te pido suplicante, mi adorado Jesús: perdona mis pecados y mi indiferencia con que yo también te ofendí y derrama tu caridad perdonadora, sobre todos aquellos por quienes hago mis pequeños sacrificios a tus méritos infinitos.

Y premia el ardiente anhelo de mi alma por la salvación de las almas con el resplandor de tu Claridad, para que aquellas almas también en quienes todavía no ha penetrado tu Luz, sientan y vean tu Anhelo.

~ 5 ~

1966

QUÉ INMENSO ES EL PODER DEL ARREPENTIMIENTO

3 de enero de 1966

De mañana, temprano, prorrumpió de mi alma el profundo dolor de los pecados. Y mientras iba a la adoración matutina y a la santa misa que la seguía, durante todo el camino, Él me estaba conversando. No pude escribir sino estas pocas palabras que dejaron huella viva en mi alma mientras yo seguía con el dolor de mis pecados:

JC.- "Ves, querida mía, ¡qué inmenso poder es el arrepentimiento! Ustedes pueden desarmar el poder de Dios con que se alista para castigar. Mira, mi Isabel, tú y todos aquellos que reparan por otros obligan a mi Mano, alzada para castigar... a perdonar. Ya extendí ante mi Padre Celestial mis Manos clavadas en la cruz para que les defienda, les salves de la eterna condenación.

Ofrecí satisfacción a mi Padre. Ustedes también tienen que hacer esto. Esta es la verdadera participación en mi Obra salvadora".

BENDITA ALMA ERES TÚ POR TU ARREPENTIMIENTO

13 de enero de 1966

Después de la sagrada comunión, el Señor Jesús dijo:

JC.- "Es conmovedor tu arrepentimiento. Voy a imprimir en tu alma, hermanita mía, una señal luminosa. ¿Me comprendes, verdad? Te voy a marcar con la señal metálica de oro puro, que mereciste hace ya mucho tiempo por el continuo arrepentimiento, ¡debe brillar reluciente también después de tu muerte! Y el brillo de tu alma, tan resplandeciente por el arrepentimiento, ¡irradie luz de arrepentimiento sobre las almas de otros también!"

Ocurrió en ese mismo día, de noche, antes de acostarme. Comienzo mi oración siempre con despertar en mí la conciencia del pecado, porque siento que sólo entonces puedo sumergirme verdaderamente en la adoración de Dios si antes he extendido ante el Señor la hermosísima alfombra del suspiro de arrepentimiento y sobre ella me postro. Mientras me arrepentía de mis pecados, el Señor Jesús habló de nuevo:

JC.- "¡Bendita alma eres tú!"

Y en este instante arrebató mi alma de la tierra y sólo el sonido de sus palabras seguía resonando en mi. Añadió todavía:

JC.- "Sólo al alma purificada de pecados arranco así a Mí".

Sobre esto ya no puedo escribir más. Esta elevación a Dios no se puede expresar con palabras.

Al día siguiente, durante la santa misa, meditaba sobre una frase de la conversación de la noche anterior: "¡Bendita buena alma eres tú!" –El Señor Jesús me pedía constantemente que pusiera por escrito las palabras que le he dirigido a Él. Le devolví en oración lo que Él dijo de mí: ¡Mi adorado Jesús! ¿Podría yo ser bendita si Tú no me hubieras bendecido? ¿Podría ser yo buena sin tu Gracia? Oh, Jesús mío, ¡sea bendito tu Santo Nombre por el cual yo también llegué a ser bendita, yo miserable pequeña nada! Mi Señor, mi adorado Jesús, esto es también tu infinita Bondad que proclama Tu gloria. ¡Qué bueno eres por mantener mi alma en continuo humildad!

Señor mío, por haberme alabado, por ello se manifestó más tu Gloria. Yo, aniquilada, como grano de polvo, cargo a tus pies.

TÚ TAMBIÉN ERES COMO ESTE FÓSFORO...

16 de enero de 1966

De tarde, al hacer fuego, encendí un fósforo. El Señor Jesús me sorprendió de nuevo con sus palabras:

JC.- "Ves, querida mía, tú también eres como este fósforo. Te has encendido en mis divinas Manos porque Yo lo quise y encenderás todo el mundo como un único palito de fósforo porque esto lo quiere Dios. Eres un pequeño instrumento como pequeño palito de fósforo que tienes en la mano. No te sorprenda que Yo te digo: Con un único palito de fósforo voy a encender en millones de almas la Llama de Amor de mi Madre, que el fuego de Satanás no puede apagar, en vano prepara sus iniquidades ardientes de odio espantoso.

Espantosas maldades que arden. Un único palito de fósforo que mi Madre enciende, le va a cegar y eres tú de quien se sirve mi Madre como de instrumento".

¿POR QUÉ PIENSAS QUE ESTÁS SOLA? YO SEGUÍA CON ESPECIAL CUIDADO CADA PASO TUYO

25 de enero de 1966

De noche, viniendo a casa, al bajar del camión, casi no pude pararme sobre la nieve helada y en este momento me sobrevino una soledad deprimente. Al mirar alrededor, los demás pasajeros se dispersaron pronto, los más iban acompañados. Sobre el oscuro y helado camino casi no me atrevía a andar. Al partir, me sorprendió el Señor Jesús, primero sólo con sus palabras y, luego, con su cada vez más sentida presencia. Entre tanto me preguntó:

JC.- "Dime, hermanita mía, ¿por qué piensas que estás sola? Pues soy Yo quien te conduce. ¡No temas! No te suelto. ¡Ven, vamos juntos y otra vez no se te ocurra pensar que estás sola!"

Y mientras decía estas cosas, acrecentó todavía más en mi alma la sensación de su presencia y seguía hablándome:

JC.- "Hace mucho tiempo, mi Isabelita, cuando todavía no pensabas tanto en Mí, Yo ya entonces estaba junto a ti para defenderte de las caídas en el camino helado y resbaloso de la vida. ¿Verdad que entonces no creías que fuera Yo quien te protegía de un mar de caídas? Sin embargo, así fue, porque Yo seguía con especial cuidado cada paso tuyo. Oh, mi querida, el pensamiento que estás abandonada es a Mí a quien más le duele. Nuestro interior siente lo mismo y el pensamiento de nuestras mentes es también uno: ¡rechaza entonces de ti toda idea de soledad! Esto es imposible entre nosotros dos. Y si a pesar de esto lo pensaras, me dolería mucho a Mí. ¿Verdad que no pensarás más en tal cosa? El latido de mi Corazón se repercute en el tuyo y si estás sola, tendrás que oírlo más todavía. Ves, si por un único instante no piensas en Mí, ¡qué pesado se hace enseguida el sufrimiento! Yo sé esto muy bien. Esta es la garantía eterna de mi Amor. Y ahora te pregunto: ¿tienes algún deseo?"

...Sí, tengo. Antes de todo, deseo almas para Ti y ¡qué todas las almas posean a Dios, Tú, Amor infinitamente bueno y perdonador! Y entre tanto, mientras me sumergí en Él, Él suspiró silenciosamente a mi alma:

JC.- "¡Gracias, Isabel! Es esto lo que esperaba de ti. Veo, no cae en vano mi Gracia en tu alma".

¿SABES CUÁL ES EL MÁS HERMOSO REGALO?

26 de enero de 1966

De mañana, en la santa misa, al resonar el sonido del órgano, el Señor a través de una línea del villancico arrebató mi alma. En estos casos me encuentro verdaderamente sin ver ni oír, sólo escucho las palabras del Señor Jesús quien, tomando enteramente posesión de mi alma, de nuevo comenzó a conversar:

JC.- "Si, mi querida, llevando con nosotros en nuestros Corazones, un hermoso regalo... ¿Sabes, qué es el más hermoso regalo?"

Al momento respondí al Señor Jesús con el arrepentimiento de mis pecados. No sé, mi Divino Maestro, que respuesta bellísima esperarías de otro, pero yo no tengo nada, sólo la pena de mis pecados. Este regalo traigo en mi corazón y cargo en mi alma con humilde fe y esperanza, y con amor agradecido te lo ofrezco una y otra vez, mi divino Maestro.

Y en estos minutos de arrobamiento, el Señor Jesús cambió su corazón y alma conmigo y me permitió sentir que ahora es el Corazón Divino que late en mí y es su Alma que penetra mi interior. Lo que además aconteció en mi alma, no hay modo de escribirlo, es participación de la infinita bondad de Dios.

HACER REPARACIÓN POR LOS PECADORES

4 de marzo de 1966

El Señor Jesús habló de nuevo, o mejor conversó largamente. Esto duró toda la mañana. Si alguien leyera estas líneas, no piense que esta conversación era ininterrumpida. El Señor Jesús entre tanto me inundaba y aumentaba en mí la sensación de su presencia y, de vez en cuando, dice unas palabras. Él sabe bien que cada una de sus palabras la escucho como una oración. Reflexiono una y otra vez sobre su enseñanza. Hoy también ha ocurrido esto... Al acercarse la noche, me habló así:

JC.- "En las cuerdas de tu alma toco la melodía del arrepentimiento de manera que, al oírla, hasta el pecador obstinado se convierte. Esta es la melodía de tus sufrimientos aceptados, cuyo sonido penetra en las almas de otros y por medio de ella, conduces reparación por los pecadores".

EL MALIGNO QUIERE QUE CAIGAS EN LA DESESPERACIÓN. TÚ, SÓLO SÉ HUMILDE

16 de marzo de 1966

JC.- "Tú eres el apuntador del drama divino. Te digo esto para que no cejes de tu posición. Este principio divino que por mi Gracia has hecho tuyo, sea santo y verdadero ante ti.

El maligno quiere hacerte caer en la desesperación con un ardid tal que, verás, de nuevo quiere calar tu humildad. El ma-

ligno sabe que si hace vía de agua en tu humildad, entonces puede meter de contrabando todas sus otras perversidades. Tú, ¡sólo sé humilde! ¿Tienen que saber los espectadores del apuntador? ¡No! ¿Para qué? La función del apuntador es que la obra se haga valer. Pero él no puede lucirse ni aparecer sobre el escenario. Muchas veces hasta ni puede respirar a su gusto, sino solo como la obra lo exige. ¡Esta es tu situación, hija mía! Entérate de todo lo que tiene de necesidad la obra dramática divina, ¡apunta allí donde haga falta! Yo, tu Maestro, te he enseñado todo y si guardas mi enseñanza, no tienes de qué temer. Naturalmente, esto no significa que puedes tener descanso según tu antojo sino sólo si la obra lo permite. Conozco, veo tu pensamiento, tus esfuerzos con que quieres satisfacer mi petición y Voluntad divinas. ¡Esto Me basta! Tampoco espero resultado de ti, mi Isabelita. Te digo esto para que seas humillada. Ahora, en estos días y en tiempos difíciles, de lo que mayor necesidad tienes, son las mayores y más frecuentes humillaciones. Yo lo sé. Por eso envío sobre ti todo aquello por lo cual tu alma puede bañarse en la humillación porque sin ella no podría guardarse la pureza de tu alma".

QUIERO ESCUCHAR EL ANHELO DE TU CORAZÓN

17 de marzo de 1966

Antes de la sagrada comunión, envié hacia el Señor Jesús el dolor profundo de mis pecados: Oh, mi adorado Maestro, mucho me duele todo con que te ofendí.

Tu infinita Bondad me llena de admiración de que Tú me perdonaste todo esto. Luego el Señor Jesús contestó:

JC.- "Y dime, ¿por qué otra cosa te afliges y qué es lo que te causa dolor?"

En breves momentos reflexioné sobre la petición del Señor Jesús y le contesté:

¡Oh, mi adorado Jesús! Me aflijo porque otros también te ofenden y no se lamentan de sus pecados. Después de mis palabras otra vez habló el Señor Jesús:

JC.- "¿Y por qué más cosas te afliges? ¡Dime, mi dulce alma! Me gusta tanto escuchar cuando hablas; es una melodía para Mí y llena de alegría mi divino Corazón. Continúa, dime, de la abundancia de mi riqueza ¿a quién tendría que otorgar? ¡Quiero escuchar el anhelo de tu corazón!"

Durante este tiempo el efluvio maravilloso de su presencia recorrió mi cuerpo y mi alma, e hizo brotar de mi alma la respuesta a la pregunta del Señor Jesús: ¿por qué otra cosa estoy afligida? Oh, Jesús mío, por quienes más me duele el corazón es por los que con soberbia rechazan las gracias que Tú les ofreces y porque a causa de ello, el terrible peligro de la condenación les está amenazando.

Oh, mi adorado Jesús, ¡da a estas de la abundancia de tu riqueza divina! Porque Tú me preguntaste, yo humildemente pido gracia para ellas también. –Jesús mío, me has dicho antes que soy un alma dulce para Ti y que te gusta escuchar cuando hablo, que es una melodía para Ti y que llena de alegría tu Corazón divino.

Oh, ¡Tú, infinita Bondad y Misericordia! Ahora me has hecho más valiente aún.

Dame a mí también de la abundancia de tu riqueza, para que cada plegaria mía sea una melodía tal que las almas que te rechazan, penetradas en su espíritu por tu divina Gracia, continúen esta melodía que para Ti es tan querida.

Entre tanto ha llegado el momento de la sagrada comunión. Se hizo profundo silencio en mi alma. Hasta el latido de mi corazón se hizo más apagado; el Señor Jesús entró en mi alma. Sus palabras todavía resonaban en mis oídos, pero en el momento de la unión, toda vibración en mi alma se fundió en uno con Dios. Milagro es éste que se repite cada día y lava de nuevo mi alma con su Preciosa Sangre y la alimenta con la fuerza de su Sagrado Cuerpo; gracias a él, puedo mantener lejos de mi alma todos los ardides del maligno.

...PARA QUE VEAN EL CAMINO

9 de abril de 1966

En el monumento (del Viernes Santo) adoré al Señor. Quería pensar profundamente en el gran tormento que sufrió por mí. El Señor Jesús con silencioso suspiro comenzó a conversar:

JC.- "Ves, el Verbo se hizo Carne".

En vano intento, nunca avanzo a dar ni un paso más. El Señor Jesús, ahora ha llamado mi atención sobre esto. No logro comprender, mi adorado Jesús, ni siquiera ahora este milagro. El Señor Jesús continuó:

JC.- "Esto no me sorprende, hijita mía. Te tranquilizo; este gran milagro nadie hasta ahora lo ha comprendido fuera de mi Madre, porque esto para comprenderlo, es necesario recibir los sufrimientos también. Sólo a través de los sufrimientos puede comprender el alma el gran milagro de la Encarnación del Verbo.

Por la consumación del sacrificio, se clarificará en tu alma lo que hice por ti, por ustedes".

Mi adorado Jesús, profundos pensamientos son estos que has aclarado ante mí. Mi divino Maestro, no puedo comprender, solamente siento que todo esto sólo con el dolor de mis pecados puedo agradecerte a Ti. Ni tengo otra palabra y otra petición que aquellas del buen ladrón: "¡Señor, acuérdate de mí en tu Reino!" –Y mientras con estas palabras rogaba al Señor Jesús, la Virgen Santísima se dirigió a mí:

S.V.- "Sí, mi pequeña hijita carmelita, ¡diríjanse todos con alma arrepentida a mi Santo Hijo! Ustedes alegran a mi Santo Hijo y a Mí cuando piensan en el Reino de mi Santo Hijo y hacen todo para que llegue a todos ustedes. Por eso quiero hacer desbordar mi Llama de Amor sobre la tierra para que vean ustedes el camino que conduce al Reino de mi Santo Hijo".

Luego otra vez habló el Señor Jesús:

JC.- "A ti también te digo lo que al buen ladrón: El día mismo de tu muerte estarás Conmigo en el paraíso. Tú tam-

poco puedes suspirar más por Mí que Yo por ti, ya que nuestros corazones laten al unísono.

¡Escucha el latido de mi Corazón que resuena en el tuyo!"

Ahora, al acabar de escribir estas líneas, me hincaba de rodillas. El latido de su Corazón me obliga a hincarme y no puedo seguir escribiendo.

YO TE PAGO CON EL DOLOR DE MIS PECADOS

14 de abril de 1966

En mi oración de noche, repetía muchas veces: ¡Gracias, muchas gracias, mi Señor Jesús, por tu infinita Bondad!

Entre tanto pensaba para mí si no hubiera una palabra más atenta para expresar esto. De repente se me ocurrió que cuando alguien me hace un favor, siempre le digo: "¡Dios se lo pague!" – Mi dulce Jesús, que Tú mismo eres Dios Todopoderoso, yo no puedo más que darte gracias. –Luego me quedé callada y reflexioné silenciosamente: a Dios no se le puede pagar. –Pero yo soy atrevida, Jesús mío, no me tomes por mal educada, ni tampoco por soberbia que yo me atreva a pensar: Yo te pago con el dolor de mis pecados; te doy lo que Tú no tienes y lo que yo tengo. Mientras así conversaba al Señor Jesús, Él se dirigió a mí:

JC.- "Sabes, mi Isabel, que no hace mucho, cambié alma y corazón contigo. Esto significa que Yo, al precio de mi Preciosa Sangre, ya te compré tus pecados. Pero, para que tu ofrecimiento no sea sin valor, te lo acepto ahora de tal forma que seas tú quien pague a otros en mi Nombre. ¿Lo comprendes? Por tu arrepentimiento, en multitud de almas se encenderá el dolor perfecto de los pecados".

18 de abril de 1966

De mañana en la santa misa, la Virgen Santísima me dirigió la palabra:

S.V.- "Mi Llama de Amor y tu arrepentimiento actúan unidos y por ello muchas almas vuelven a mi Santo Hijo".

¿COMPRENDES LOS MISTERIOS DIVINOS?

19 de abril de 1966

JC.- "¿Te admiras al ver y comprender con tanta claridad los misterios divinos? Solamente aquel puede verlos así cuya mirada se había fundido con mi Mirada divina y cuyo pensamiento también es uno con mi Pensamiento divino. Los muchos misterios divinos, mi Isabel, que has conocido vivencialmente en mi Claridad divina durante los arrobamientos, sean gracia que te fortalezca en los muchos sufrimientos que por la salvación de las almas tú también tienes que soportar. Sé que sufres con alegría, pero voy a robustecer continuamente tu disponibilidad para los sacrificios, porque, lo sé, la necesitarás sin cesar, tú y todos aquellos a quienes te envié en relación con nuestras santas comunicaciones. Tú por ellos tienes que hacer sacrificios. Por eso te digo esto una y otra vez, para que sea ésta tu continua y siempre fresca oración".

24 de abril de 1966

De mañana, antes de la santa misa, al postrarme ante Él, lo saludé con estas palabras: "¡Tú eres mi adorado Jesús, niña de mis ojos!" –Y así, estando larga y silenciosamente arrodillada ante Él, no hubiera podido decir ninguna palabra más, porque el Señor Jesús así acogió mis palabras:

JC.- "¡Tan raras veces me dices esto a Mí y eso que por mi naturaleza humana Yo también anhelo ser mimado!"

EL SUFRIMIENTO HACE BROTAR LÁGRIMAS DE ARREPENTIMIENTO

8 de mayo de 1966

Al venir hacia mi casa, después de la adoración de la noche, el Señor Jesús dijo:

JC.- "Cada gota de lágrima que el sufrimiento exprime de tus ojos cae sobre el alma de los pecadores y hace brotar de ellas lágrimas de arrepentimiento".

LA LLAMA DE AMOR INUNDARÁ A TU CONFESOR

3 de junio de 1966

Unos días antes le referí a la Santísima Virgen sobre lo que dijo mi confesor: "Hasta que el Señor Jesús o tú, Madre mía, no lo pongan en conocimiento de las peticiones de ustedes, él no va a hacer nada".

Sobre esto me ha respondido hoy la Santísima Virgen:

S.V.- "Mi Llama de Amor, hijita mía, no hace excepción en su alma tampoco. A él también le voy a inundar con la suave luz, a la cual no podrá resistir ni él ni ninguno de los que serán llamados a transmitir las gracias. Así como irradié en tu alma una suave luz, de la misma manera la hago con otros también. Tan sólo tengo que declararte, hijita mía, que cuanto más pura es el alma que la recibe, tanto más plenamente brillará en ella la gracia de mi Llama de Amor. Porque es la pureza la que hace al alma receptiva. Y entonces hago brotar, con mi amor maternal, lágrimas de arrepentimiento".

A estas palabras de la Santísima Virgen, entró plena tranquilidad a mi alma.

TE HE HECHO ADMINISTRADORA DE MIS GRACIAS

12 de junio de 1966

De mañana, al adorarle delante del altar y al exponer ante Él la miseria de mi alma, dijo:

JC.- "Ahora Yo cubro la miseria de tu alma, querida mía, y quiero que tú también lo sientas, ¡para que saques fuerza! Ves, he cubierto la miseria de tu alma y ahora ya sólo es la hermosura que brilla desde ti. Aún cuando sientas la miseria de tu alma, otros no la sentirán y se irradiará de tu alma la riqueza de mi Divinidad, de la cual podrás repartir a los demás. En una palabra, te he hecho administrador de mis gracias".

~ 6 ~

1969

TE ENVIARÉ UN SACERDOTE

El día 7 de noviembre de 1969 estaba en mi pequeño cuarto, sumergida en la adoración de la Santísima Trinidad, cuando oí en mi alma estas palabras:

JC.- "Ahora te enviaré en breve un sacerdote que tomará en sus manos tu alma y nuestra Santa Causa…"

~ 7 ~

1971

EL HABLA ES UN DON DE DIOS

26 de julio de 1971

El Señor Jesús y la Santísima Virgen alternando entre sí hablaron en mi alma:

JC.- "El habla es un don de Dios, del cual un día tendremos que dar cuenta. Por medio de la palabra se comunica un alma con otra, por medio de ella Nos conocen los hombres.

No tenemos, pues, derecho de envolvernos en el silencio, pero tampoco podemos olvidar que cada palabra pronunciada tiene su peso. Por eso debemos andar y vivir en la presencia de Dios, ponderando cada palabra que pronunciamos. Nuestro Padre otorgó la palabra: deben ustedes hacer uso de su derecho. ¡No tengan miedo de hablar!

Sí, es un asunto grave: sacudir a otros, despertarlos de su letargo. Sin embargo, no pueden dejarlos con las manos vacías, con el corazón vacío en sus hogares. ¡Tienen que hablar!"

S.V.- "Mi Llama de Amor sólo podrán descubrir ante los demás hablando de ella. No tienen derecho a callar ni por cobardía, o soberbia o negligencia, ni por miedo al sacrificio. Pero las palabras que pronuncian acerca de Mí sean vividas para que el misterio del cielo impacte las almas. Si, eventualmente, piden ustedes la palabra y se les otorga, ¡mi fuerza sea con ustedes! Que cada palabra sea como semilla sembrada para que los que la escuchen produzcan cosecha abundante".

JC.- "A los sacerdotes tímidos y pasivos deben conseguir que salgan al umbral de sus casas. Que no estén allí parados inmóviles, no priven a la humanidad de la Llama de Amor del Corazón Inmaculado de mi Madre. No abusen de la confianza con que Yo les he atado a Mí. Las palabras son para que anuncien la abundancia de mi riqueza, para que pueda derramar mi perdón sobre todo el mundo.

¡Estén ustedes en pie de lucha!... Satanás con sus maquinaciones solapadas y mentirosas trata de producir fango moral para arruinar el bien. La conciencia cristiana no puede contentarse con sólo ayudar acá o allá, porque les van a acusar a ustedes las almas a quienes no han hablado.

¡Confíen en mi Madre! Ella barre toda duda y temor con su ilimitado amor maternal. Ella les pone una señal y toma bajo su protección a los que confían en Ella. Si confían en Ella, los perversos serán humillados y precipitados a lo profundo del infierno. Está preparándose el mundo del futuro:

¡La sonrisa de mi Madre irradiará al mundo!"

~ 8 ~

1975

DE LAS ENSEÑANZAS DEL SEÑOR JESÚS, DE LA VIRGEN SANTÍSIMA Y DEL ÁNGEL DE LA GUARDA

11 de julio de 1975

PRIMERA ENSEÑANZA

S.V.- "Muchos sufren, hijos míos, –así digo– sufren cautivados y cegados por las cosas materiales. Muchas personas, a pesar de tener buena voluntad, no pueden acercarse más al buen Dios porque los bienes materiales se levantan como un muro entre Dios y el alma.

Entre ustedes también hay almas bien intencionadas que hacen cada vez en cuando serios sacrificios; sin embargo, no pueden recibir aquellas singulares gracias a que aspiran, porque los bienes o intereses materiales les mantienen ciegos. Estas almas reciben ininterrumpidamente las inspiraciones de lo que tienen que hacer, pero no quieren creer que esta iniciativa les viene de Dios, del ángel de la guarda o de su santo patrono.

El Padre Celestial no desea que a estas personas tratemos de convencerlas o influir en ellas de cualquier modo porque espera de ellas la renuncia voluntaria. Y también porque la Providencia divina, la delicadeza divina considera que el interesado no podría, a pesar de los avisos, renunciar y podría hasta pecar con desconfianza..."

SEGUNDA ENSEÑANZA

JC.- "Si alguien renuncia a algo suyo, no lo done a algún lugar donde su nombre como donante se recuerde para siempre, brille para gloria suya, sino hágalo sin que sea notado, en anonimato, porque el Padre del Cielo sólo así podrá premiárselo. Ya que el que hace el bien de una manera vistosa, ya ha recibido su premio acá en la tierra".

TERCERA ENSEÑANZA

De la Sra. Isabel Kindelmann: "Para las enseñanzas e inspiraciones del Señor Jesús (de Dios Espíritu Santo) la Llama de Amor de la Virgen Santísima prepara en nuestras almas el camino. Si hacemos referencia a la Llama de Amor, el Señor Jesús iluminará nuestra inteligencia para saber lo que debemos hacer, por ejemplo, cuál entre dos cosas sea la más perfecta, cuál es la voluntad de Dios.

Quien reciba esta luz, sígala, entréguela a los demás y cuídela como cuidamos una flor, que, si no se riega, no se cuida, se cubre de polvo, se marchita".

CUARTA ENSEÑANZA

Amen mucho al buen Dios, ¡ámenlo más cada día! Dice el Padre Celestial:

En la medida en que me amen a Mí, en la misma se librará el mundo del pecado y de las desgracias.

¡Ustedes son responsables unos de otros! ¡Son responsables de su familia, de su patria, del mundo entero! ¡Que todos se sientan responsables de la suerte de toda la humanidad!

Así deben transmitir unos a otros:

En la medida en que me amen a Mí, en la misma medida recibirán mis inspiraciones también.

S.V.- "A todos les concedo la gracia de ver el resultado de sus trabajos a favor de mi Llama de Amor, tanto en cada alma como en su país y en todo el mundo.

Ustedes, los que se fatigan y hacen sacrificios por la pronta efusión de mi Llama de Amor, ¡lo alcanzarán a ver!"

~ 9 ~

. 1977

ISABEL TOMA LA DECISIÓN DE DESTRUIR LOS ESCRITOS. PERO EL SEÑOR JESÚS PARALIZÓ SU MANO

Nota: La siguiente comunicación no la tomamos de los apuntes del Diario Espiritual. Esta confesión está tomada de una carta de la escogida de Dios a un conocido suyo cercano, al doctor N. La autenticidad del mismo la comprueba el estilo tan propio: viraje de palabras, la originalidad de las imágenes...

En el verano de 1969 los tormentos de las dudas me sorprendieron tanto, es a saber que todo lo que escribí hasta ese entonces no viene de Dios, son garabatos míos. Este pensamiento no me dejaba tranquila y por eso tomé la decisión en mis adentros: me libraré de estos tormentos atroces si a este material que llegaba ya para varios tomos, destruyo en el fuego de la estufa de loza de mi pequeño cuarto, que era de 2 x 2 metros y de piso de tierra. Estaba decidida y a punto de cumplirlo. Estaba en mis manos todo el material y yo lista para romperlo y echarlo al fuego, cuando el Señor Jesús paralizó mi mano. Han caído de mi mano las comunicaciones del Señor Jesús y yo desamparada me desplomé. No sólo que no pude encender el fósforo sino que estaba incapaz de moverme, en este estado me encontró mi hija mayor, Cecilia, cuando entró de improvisa, quitó de mis manos los tomos porque comprendió cuál era mi intención. Cuando los arrancó de mis manos, recapacité y le dije: ¡No! ¡No! Quiero quemarlo y quiero librarme del tormento porque ya no aguanto más.

Mi hija, llevando el material, regresó a su habitación (que estaba en la misma casa) y yo, al recobrar el movimiento de mi mano paralizada, corrí detrás de ella y traje de su cuarto las comunicaciones del Señor Jesús otra vez con la intención de quemarlas y destruirlas.

Así llegue de nuevo a mi pequeño cuarto y me hinqué sobre una rodilla delante de la puerta de la estufa. La parálisis de los dedos de mi mano se presentó de nuevo, de la misma manera como antes. Delante de la estufa cayó sobre mí de nuevo la plena incapacidad de actuar. Entonces caí en la cuenta de que lo que quería hacer era incorrecto y que no permite (el Señor) que destruya sus palabras que hay que comunicar al mundo.

EXIGE A DIOS UNA SEÑAL

En la primavera de 1971, al despertarme un día, amanecí con la tortura terrible de las más tremendas dudas. Me preparaba para ir a la santa misa, pero por el tormento de las dudas no podía ni moverme. Pensé: ¿Para qué voy a la santa misa? ¡Si no recibo ningún alivio, ninguna paz de alma! Y, a pesar de ello, suplicaba rogando al Señor que despejara en mi alma esa confusión causada por las dudas. ¿Qué es esto en mí? Quiero verlo, saberlo. ¿Por qué tengo que atormentarme tan cruelmente de ello? Y si todo esto es verdad, es auténtico y voluntad de Dios, ¿por qué entonces tengo que experimentar la verdad en medio de tan brumosos tormentos oscuros? Yo estallé. En mi cuarto me desplomé ante una pieza de mueble de poca altura y en mi tormento comencé a golpear con mi puño la superficie de ella: ¡pido una señal, pido una señal, una señal segura, aceptable que hiciera soportable mis tormentos! Con un desacato espantoso exigí a Dios una señal tal, sobre la cual, antes de que hubiera expresado las palabras, me reía en mi alma: ¡Ha! Lo que ahora pido a Dios, seguro que no me podrá dar. Le exigí que me mandara un sacerdote. Éste algunas veces ya me confesó, pero luego dejó de hacerlo porque sus circunstancias cambiaron de tal modo que no pudo venir. Así, pues, esta conexión también se interrumpió desde hace un año. Y a ésta persona le exigí a Dios. Si esta persona hoy, para las 12 del mediodía, viene a donde mí, lo tomaré como señal de que la causa es auténtica y la aceptaré.

Después, como quien ha hecho un buen trabajo, me tranquilicé y me puse en camino para ir a la santa misa en el santuario de Mariaremete. En el camino, un sentimiento como de vergüenza vino sobre mi alma. ¿Cómo pude yo comportarme de esta manera con Dios? Hubiera querido hacer como no pasadas las cosas que pasaron. Ocupada en estos pensamientos, llegué al templo. Mis primeros pasos se dirigían hacia el confesionario y ahí le conté al confesor mi terrible estado espiritual y mis disputas impertinentes con Dios. Mi confesor me reprendió fuertemente: ¿Cómo puede uno portarse así con Dios? Y en lugar de penitencia me pidió que suplicara al Señor Jesús para que aquel "cabeza dura", por fin, se convirtiera. (Un conocido del confesor, una persona empedernida). Antes de abandonar el reclinatorio del confesionario, no resistí a la tentación de decirle al padre: Quisiera ver, si usted se encontrara en este estado de alma, ¿no discutiría también con Dios? Pero apenas pronuncié esto, salí del confesionario y me desplomé ante el Señor Jesús. No pude decir nada fuera de aquello que fue mi penitencia: Mi adorado Jesús, ¡convierte ya a aquel "cabeza dura"!

Después de haber suplicado la penitencia recibida, se disipó en mi alma la oscuridad que poco antes reinaba todavía en ella y regresé tranquilamente a casa, después de la santa misa y la comunión, y me senté en mi cuarto para remendar las ropas rotas de mis tres nietecitos, quienes están bajo mi cuidado. Mi alma, apaciguada en Dios, estaba ocupada en sus pensamientos acerca del buen Dios. Ya ni me acordé siquiera de la ofuscación de esta mañana. Me olvidé de ella por completo.

De repente, alguien se para de improviso delante de la puerta de mi pequeño cuarto. Presiona el pestillo. Llama a la puerta. "¡Entre!" –le contesto– En ese momento tocaban el "Ángelus". Era mediodía. Y yo, poniéndome casi tiesa, pregunté al que entraba, ¿para qué vino? ¿Quién le llamó?

Era aquel sacerdote, que esta mañana –¡riendo en mi alma!– le exigí a Dios como prueba, como evidencia. Cuando le pregunté: ¿quién le envió? ¿por qué vino?, me contestó: no lo sabe, sólo sintió una fuerte emoción interna y tuvo que venir enseguida. Después de esto, naturalmente, le informé detalladamente sobre los antecedentes. Menciono sólo entre paréntesis que aquel "cabeza dura", por quien tuve que suplicar como penitencia, regresó a Dios.

DUDAS Y CRISIS

Dudas parecidas a las que acabo de contar y exponer, se presentaron en las formas más diversas, se agitaron en mi alma y caían sobre mí durante años y no dejaban de presentarse ni aun en mis 64 años de vida (en 1977).

La historia de una de mis más graves dudas y crisis en cuanto a consecuencias, la doy a conocer a continuación:

En cierta ocasión, cuando fuertes dudas vinieron sobre mí, buscaba otra vez la tranquilidad de mi alma. Para que pueda lograr esta tranquilidad, me decidí a retractar mis comunicaciones ante todas aquellas personas a quienes ya les había dado a conocer las palabras, los mensajes del Señor Jesús y de la Santísima Virgen. Lo que decidí lo cumplí. Me fui a doce sacerdotes húngaros. Dije a cada uno de ellos: no crean en lo que les había dicho porque todo eso vino de mí, son mentiras inventadas y llorando, sollozando les pedí la absolución. Ellos reaccionaron y manifestaron su opinión de diferentes formas. Yo manifesté, sin ocultar nada, que mis tormentos atroces son los que obligan a retractarme y dije, humillada hasta el suelo, que retractaba mis comunicaciones de hasta entonces y supliqué que me concedieron la absolución en todo conforme a como el buen Dios ve las cosas con respecto a mi persona.

La gran estación de mi Calvario causado por el tormento de mis dudas llegó, cuando después de haberme retractado, volví a ver, obligado por el Señor Jesús, a mi confesor y a todos aquellos ante quienes retracté las palabras del Señor Jesús y de la Virgen Santísima. La respuesta que más me quedó grabada fue aquella que uno de los padres formuló así: "Cómo que el Señor Jesús, después de haberse retractado, habló de nuevo a usted, no tiene por qué avergonzarse, porque esto prueba con la mayor claridad que estamos frente a la voluntad de Dios".

- 10 -

1980

PETICIÓN DE LA SANTÍSIMA VIRGEN: QUE GUARDEMOS AYUNO LOS DÍAS LUNES

15 de agosto de 1980

El Señor Jesús y la Santísima Virgen me hablaron alternando entre sí. La palabra de la Santísima Virgen con firme pero amorosa energía resonó en mi alma. Pidió al clero, a las personas consagradas a Dios (religiosos, religiosas) y a los fieles cristianos en todo el mundo que, teniendo modo de hacerlo, guardaran los días lunes, ayuno a pan y agua.

El Señor Jesús:

JC.- "La Iglesia y el mundo entero está en grave peligro y ustedes con sus fuerzas no pueden cambiar la situación. Sólo la Santísima Trinidad puede ayudarles a ustedes, a la intercesión concertada de la Santísima Virgen, de todos los ángeles y santos y de las almas liberadas con la ayuda de ustedes".

Según la comunicación de la Virgen Santísima:

S.V.- "Los sacerdotes, si observan el ayuno del lunes, en todos las santas misas que celebren esa semana, en el momento de la Consagración, liberarán multitudinariamente* a las almas del purgatorio.

Las personas consagradas a Dios y los seglares que guarden el ayuno del lunes, en esa semana cada vez que comulguen, en el momento de recibir el Sagrado Cuerpo del Señor, liberarán multitud de almas del purgatorio".

*Isabel preguntó más tarde: "¿qué significa multitudinariamente? ¿Un mil, un millón de almas?" Jesús: "¡Más!" Isabel: "De todos modos, ¿cuántas?" Jesús: "¡Muchas almas, tantas que no se puede expresar con números humanos!"

CONSEJOS DE LA SANTÍSIMA VIRGEN SOBRE EL AYUNO

¡No pasemos hambre sino comamos abundantemente pan y tomemos agua! Podemos poner sal sobre el pan. Podemos tomar vitaminas, medicinas y lo que sea indispensable para nuestra condición, pero no como para disfrutar de ello.

S.V.- "Quienes de ordinario guardan el ayuno, les es suficiente guardarlo hasta las seis de la tarde. En este caso, recen un rosario de cinco misterios en ese mismo día por las ánimas".

OBSERVACIÓN: Para ver cuán eficaz medio tenemos en el ayuno, encontramos ejemplos en el Evangelio. Pensemos en la acción curativa de los discípulos en san Marcos 9, 14. Le preguntaron a Jesús sus discípulos: "¿Por qué nosotros no pudimos expulsarlo?" (al demonio) Él les dijo: "Esta clase de demonios con nada puede ser arrojada sino con la oración y el ayuno". (9, 28) En estos tiempos esta clase de demonios quiere dominar las almas.

- 11 -

1981

URGE FORMAR COMUNIDADES DE ORACIÓN REPARADORA

1o. de enero de 1981

JC.- "¡Salgan de sus límites! Mira a los tres Magos, ¡qué sacrificio sobrehumano han hecho! Ellos verdaderamente han salido de sus límites. Esto debe de hacer en primer lugar el clero y lo mismo las personas consagradas a Dios y todos los creyentes".

(Debemos intensificar más allá de la medida acostumbrada la oración, el sacrificarnos por la Paz del mundo y por la salvación de las almas. Debemos llegar hasta el extremo).

"En todas las parroquias hay que organizar urgentemente las comunidades de oración reparadora. ¡Bendíganse unos a otros con la señal de la cruz! (También a los extraños)".

RENOVAR LA TERCERA ORDEN DEL CARMELO

En la primavera de 1981, a mediados de marzo

La Santísima Virgen pidió que urgiera ante las personas competentes la restauración de la Tercera Orden del Carmelo a lo ancho y largo del mundo, cuanto más rápidamente y en cuantos más lugares, porque la humanidad tiene necesidad de seglares que posean espíritu de oración.

S.V.- "Como la Llama de Amor de mi Corazón se encendió aquí en Hungría, por eso, varios deseos míos deseo poner en marcha desde aquí. La humanidad tiene necesidad de que con cuánto mayor entrega se cumpla mi petición".

Cuando la Santísima Virgen conversó sobre el Carmelo, Jesús la interrumpió:

JC.- "Porque la Llama de Amor de mi Madre es el Arca de Noé".

El Señor Jesús repitió esto con ocasión de varias de sus conversaciones también.

NOTA: Recordemos la promesa de la Virgen Santísima, según la cual extiende los efectos de gracia de su Llama de Amor a todas las almas que estén marcadas con la señal de la bendita cruz de su Hijo Santo. -La Señal de la Cruz ciega y expulsa a Satanás de igual manera que la oración recibida de la Virgen Santísima: "Derrama el efecto de gracia..." o la del Señor Jesús: "Que nuestros pies vayan juntos..."

NO IMPEDIR QUE SE DEMORE LA EFUSIÓN DE GRACIA DE LA LLAMA DE AMOR

12 de abril de 1981

Nuestra Madre Santísima pide suplicando que le dejemos que pueda ya derramar cuanta antes la efusión de gracia de su Llama de Amor sobre la humanidad. No lo impidamos porque esto ¡depende también de nosotros!

¡Tienen gran responsabilidad todas las personas, quienes impiden o irresponsablemente hacen demorar esta efusión de gracias!

20 de noviembre de 1981

Medité profundamente las palabras del Señor Jesús y de la Virgen Santísima y por ellas la conciencia de mi gran responsabilidad pesaba sobre mi alma. El Señor Jesús entonces aseguró:

JC.- "¡No temas! Estamos junto a ti, junto a ustedes. La gracia se derrama en grandiosa medida sobre las almas de todos los que participan en mi obra salvadora, ¡sólo que no demoren en cumplir nuestras peticiones!"

En este mismo día, mientras prepara la comida para las aves de corral, oí las palabras del Señor Jesús y de la Santísima Virgen pronunciadas simultáneamente en el fondo de mi alma:

JC. y S.V.- "Te saludamos. Sabemos que sufres mucho. Pero hoy pedimos al mundo entero, por intermedio de ti, una gran movilización. Comunica nuestra petición con tu director espiritual.

De todas las partes del mundo, multitudes de personas envíen su petición al Santo Padre solicitándole la declaración oficial para todo el mundo de la efusión de la Llama de Amor de nuestros Corazones. No pedimos, con deliberado propósito, un examen que tome largo tiempo, como ya lo hemos indicado en nuestra petición anterior también. Todos sienten esto en su propio corazón, en su alma.

Nuestra petición es urgente, urgente, no hay tiempo para andar con dilaciones. Los fieles junto con los sacerdotes, con gran recogimiento espiritual, satisfagan nuestra petición. La efusión de gracias alcanzará también a las almas de los no-bautizados con su efecto de gracia".

ORAN UNOS POR OTROS SIN CESAR

12 de diciembre de 1981

La Santísima Virgen dijo:

S.V.- "Mi hijita y todos ustedes, hijos míos queridos, ¡estén alerta! Satanás quiere arrancar de debajo de sus pies el suelo de la esperanza. Sabe él muy bien que si consigue hacer esto, le habrá quitado todo a sus almas, si han perdido la esperanza, ya no necesita ni siquiera tentarlas al pecado. El hombre que perdió la esperanza, está en terrible oscuridad. Ya no ve más con los ojos de la fe. Para él, toda virtud, todo lo que es bueno, pierde su valor. Oh, hijos míos, ¡oren sin cesar unos por otros! ¡Permitan que la efusión de mis gracias produzca efecto en sus almas!"

RESUMEN

Para mayor claridad, vamos a compendiar aquí las promesas de gracia y las peticiones de la Inmaculada Virgen María, dirigidas a todos los hombres del mundo: al Santo Padre, a los sacerdotes y a los seglares.

La Virgen Santísima, en el lapso que va desde 1961 a 1981, pide y suplica sin cesar. Ruega suave pero decididamente.

"¿Ustedes me piden? ¡Yo soy quien les pido! ¿Lloran? ¡Yo sollozo!"

(12 de mayo de 1974)

EL DON DE GRACIA QUE NOS OFRECE LA VIRGEN MARÍA

1. "Un nuevo instrumento quisiera poner en sus manos... Es la Llama de Amor de mi Corazón... Con esta Llama llena de gracias, que de mi Corazón les doy a ustedes, enciendan todos los corazones, pasándola de corazón a corazón. Su fulgor cegará a Satanás. Este es el fuego de Amor de unión que alcancé del Padre Celestial por los méritos de las Llagas de mi Hijo Santísimo".

   (13 de abril de 1962)

   "Vamos a apagar fuego con fuego: ¡el fuego del odio con el fuego del Amor!"

   (6 de diciembre de 1964)

2. "Mi Llama de Amor se hizo tan incandescente que no sólo su luz sino también su calor quiero derramar sobre ustedes con toda su fuerza. Mi Llama de Amor es tan grande que no

puedo retenerla por más tiempo dentro de Mí, con fuerza explosiva salta hacia ustedes. Mi amor se derrama, y hará explotar el odio satánico que contamina el mundo, a fin de que el mayor número de almas se libren de la condenación..."

(19 de octubre de 1962)

3. "Quiero que así como conocen mi Nombre en el mundo, conozcan también la Llama de Amor de mi Corazón que hace milagros en lo profundo de los corazones..."

(29 de septiembre de 1962)

4. "Extiendo el efecto de gracia de la Llama de Amor de mi Corazón sobre todos los pueblos y naciones, no sólo sobre los que viven en la Santa Madre Iglesia, sino sobre todas las almas que fueron señaladas con la Bendita Cruz de mi Santo Hijo; ¡también sobre los no bautizados!"

(16 de septiembre de 1963)

LAS GRACIAS QUE PROMETE LA VIRGEN SANTÍSIMA

Nos mueve a reparar a su Divino Hijo tantas veces ofendido, a venerar sus Santas Llagas, a sumergirnos frecuentemente en su Dolorosa Pasión y también a la veneración y adoración del Santísimo Sacramento.

1. "Estos dos días: el jueves y el viernes, deben considerarlos, hijita mía, como grandes días de gracias. Los que en estos días ofrecen reparación a mi Santo Hijo, recibirán una gracia grande. Durante las horas de reparación el poder de Satanás se debilita en la medida en que los reparadores suplican por los pecadores..."

(29 de septiembre de 1962)

2. "Cuando alguien hace adoración reparadora al Santísimo o hace visita a la Santísima Eucaristía, mientras eso dure, en su

parroquia Satanás pierde su dominio sobre las almas... Como ciego, deja de reinar sobre ellas".

(6-7 de noviembre de 1962)

3. "Si asisten a la santa misa cuando no hay obligación y están en gracia de Dios, derramaré la Llama de Amor de mi Corazón y cegaré a Satanás durante este tiempo. Mis gracias afluirán abundantemente a las almas por quienes la ofrecen. La participación en la santa misa es lo que más ayuda a cegar a Satanás".

(22 de noviembre de 1962)

¿QUÉ NOS PIDEN EL SEÑOR JESÚS Y MARÍA SANTÍSIMA?

Conversión, renovación espiritual, empeño por alcanzar la santidad de vida, el celo por la salvación de las almas.

1. Veneración de las Santas Llagas

"Veneren públicamente las Cinco Santas Llagas de mi Divino Hijo: que no sea una devoción particular sino pública veneración".

Por lo que refiere a la veneración de las Cinco Llagas, las palabras del Señor Jesús coinciden con las de la Virgen María:
"En honor de mis Cinco Santas Llagas, santígüense cinco veces seguidas mientras se encomiendan junto con Mis Santas Llagas a la Misericordia del Padre Celestial..."

(13 de abril de 1962)

- La manera habitual de santiguarse cinco veces:

Mientras nos santiguamos: "En el nombre del Padre y del Hijo y del Espíritu Santo. Amén", Besamos en la cruz, o por lo menos espiritualmente, cada una de las Santas Llagas de Jesús mientras decimos esta jaculatoria:

- "Jesús mío, por los méritos de tus Santas Llagas, ¡perdónanos y compadécete de nosotros!"

- "Padre Eterno, te ofrezco las Santas Llagas de nuestro Señor Jesucristo ¡para que cures las llagas de nuestras almas!"

2. La Llama de Amor de la Madre Santísima y las familias

Según la intención de la Virgen Santísima, la renovación espiritual debe partir de las familias:

"Con mi Llama de Amor quiero reavivar otra vez el amor en los hogares, quiero mantener unidas las familias en peligro de dispersarse".

(8 de agosto 1962)

Para esto:

a) Pide reparación

"Hija mía, ruego que consideres los jueves y viernes como días especiales de gracia y en estos días ofrezcan a mi Santo Hijo una reparación muy especial. La manera de hacerla es la Hora Santa de Reparación en la familia. Esta hora que pasarán en familia haciendo reparación, comiéncela con lectura espiritual y continúen con el rezo del santo rosario u otras oraciones en un ambiente lleno de recogimiento y de fervor. Háganlo por lo menos entre dos o tres, porque donde dos o tres se reúnen, allí está mi Santo Hijo. Al comenzar, santígüense cinco veces y mientras lo hacen ofrézcanse por medio de las Llagas de mi Santo Hijo al Eterno Padre. Hagan lo mismo al terminar. Santígüense de esta manera también al levantarse y al acostarse por medio de mi Hijo Santísimo al Eterno Padre y su corazón se llenará de gracia".

(13 de abril de 1962)

b) Mensaje del Señor Jesús a los padres de familia

"Haz llegar mi petición al Santo Padre, porque por medio de él, deseo repartir mi bendición portadora de grandes gracias. A aquellos padres, quienes en esta gran obra de la creación colaboran Conmigo y aceptan mi Santa Voluntad, denles en cada ocasión una especial bendición. Esta bendición es única y sólo se puede dar a los padres de familia. Al nacer cada hijo, derramo gracias extraordinarias sobre estas familias".

(1o. de enero de 1964)

3. Petición de la Virgen Santísima al Santo Padre

"No deseo una fiesta especial, pero ruego al Santo Padre que tengan ustedes la fiesta de la Llama de Amor de mi Corazón el día 2 de febrero, fiesta de la Candelaria".

(1o. de agosto de 1962)

4. Petición del Señor Jesús a sus sacerdotes y a las almas a Él consagradas

"¡Conviértanse a Mí y sacrifíquense en el sagrado altar del recogimiento y del martirio interior! Quieran ustedes caer en la cuenta que ésta es mi Voluntad. Este martirio interior, Satanás no lo puede impedir. Esta lucha en el fondo de las almas, trae abundante fruto como un martirio sufrido por Mí. Con sus deseos, ¡abracen la Tierra! Con sus sacrificios incandescentes por el puro amor, ¡quemen ustedes el pecado! No crean que esto sea imposible. ¡Sólo confíen en Mí!"

(7 de agosto de 1962)

"A donde les puse a ustedes, allí deben estar parados, firmes y llenos de espíritu, de sacrificios... Tomen ya sobre sí la cruz que Yo también abracé y crucifíquense ya a sí mismos como Yo lo hice, porque, de otra manera, ¡no tendrán la vida eterna!"

(4 de octubre de 1962)

- ¿Que pide el Señor Jesús a sus queridos sacerdotes?

Que den buen ejemplo (22 de diciembre de 1963); que sigan las inspiraciones del Señor y hagan ver a las almas la importancia de éstas (1o. de enero de 1964); que sacudan a las almas lánguidas y susciten valentía en las almas (17 de abril de 1962); que aprovechen bien el tiempo (9 de octubre de 1964); que se dejen guiar por la gracia divina a una vida sacrificada y apostólica (23 de noviembre de 1962).

"Pide a mis hijos que envíen a las almas a Mi Madre y que no pronuncien ninguna homilía sin exhortar a los fieles a tener una profunda devoción hacia Ella..."

(17 de abril de 1962)

"Cuando estuve suspendido en la Cruz, exclamé con voz fuerte: ¡Tengo sed! Es esto lo que grito hoy también a ustedes, especialmente a las almas a Mí consagradas".

(18 de agosto de 1964)

5. La Llama de Amor de la Santísima Virgen y los pecadores

En estos mensajes la santa causa de la salvación de las almas ocupa un lugar céntrico, porque la esencia y el fin del efecto de gracia de la Llama de Amor es la salvación de las almas, su regreso a Dios y su renovación.

El Señor Jesús:

"Solamente tengamos un solo pensamiento: la salvación de las almas".

(17 de mayo de 1963)

- "Oh, ¡cómo anhelo los pecadores!"

(15 de agosto de 1964)

- "¡Ninguna alma que Yo confíe al cuidado de mis sacerdotes debería condenarse!"

(6 de agosto de 1962)

- Por eso nos intima: "Quieran ustedes todos tomar parte en mi Obra salvadora".

Y señala también el "instrumento" celestial:

- "A las almas creadas a imagen y semejanza de mi Padre Celestial que caen entre las garras de Satanás, las traga el infierno. El dolor de mi alma, puede calmarlo la Llama de Amor de mi Madre".

(26 de julio de 1963)

De manera semejante la Santísima Virgen:

"Quiero que ni una alma se condene. Quiéranlo ustedes también junto Conmigo: para eso les doy en sus manos un Haz de luz que es la Llama de Amor de mi Corazón".

(15 de enero de 1964)

Pero depende de nosotros también:

"Satanás está barriendo vertiginosamente las almas. ¿Por qué no se esfuerzan ustedes en impedirlo con todas sus fuerzas?"

(14 de mayo de 1962)

Luego:

"Tienen que empeñarse en cegar a Satanás. Las fuerzas aunadas del mundo entero se necesitan para lograrlo. No lo retarden porque un día tendrán que responder del trabajo que se les había confiado, de un mar de almas... Porqué Satanás quedará ciego en la medida en que ustedes trabajan en contra de él".

(27 de noviembre de 1963)

Los medios para salvar las almas:

"¡Sacrificio-oración! ¡Este es el instrumento de ustedes!"

(22-23 de julio de 1963)

Toda clase de sacrificios: soportar con paciencia los sufrimientos corporales y espirituales, unirlos con la pasión de Jesús (24 de mayo de 1963), además el ayuno, pasar parte de la noche en vela, etc. Cada cual, según sus posibilidades los puede practicar en cualquier momento y lugar. Hasta con el ofrecimiento del trabajo que vamos a realizar durante el día, podemos salvar almas (30 de noviembre de 1962). El dolor de nuestros pecados también fecunda a las almas (15 de agosto de 1964). Hasta el deseo de la salvación de las almas contribuye a cegar a Satanás (30 de noviembre de 1962), porque "el querer del alma es ya Amor" (15 de septiembre de 1962).

La Virgen Santísima:

"Cuanto más numerosas sean las almas sacrificadas y las que velen en oración, tanto mayor será la fuerza de mi Llama de

Amor en la tierra... porque la fuerza del sacrificio y de la oración quebranta la llama del odio infernal".

(6 de diciembre de 1964)

"Yo apoyaré su trabajo con milagros nunca vistos hasta ahora, que imperceptible, mansa y silenciosamente va a obrar la reparación a mi Hijo Santo".

(1o. de agosto de 1962)

Y el Señor Jesús:

"Si me piden almas, ¿podría rechazarles a ustedes? ¡No! Porque entonces trabajaría en contra de mi Obra salvadora. Yo siempre escucho la oración perseverante de ustedes".

(24 de junio de 1963)

6. La Llama de Amor de la Santísima y los Moribundos

"Si se enciende la Llama de Amor de mi Corazón en la tierra, su efecto de gracia se derramará también sobre los moribundos. Satanás se quedará ciego y con la ayuda de la oración de ustedes, durante su velada nocturna, terminará la terrible lucha de los moribundos con Satanás y bajo la suave luz de mi Llama de Amor hasta el pecador más empedernido se convertirá".

(12 de septiembre de 1963)

"Es mi petición que la santa velada nocturna, por la cual quiero salvar a las almas de los moribundos, la organicen de tal manera en cada parroquia que ¡ningún minuto se quede sin que alguien haga oración de vigilia! Este es el instrumento que pongo en sus manos. Por medio de él, salvan ustedes las almas de los moribundos de la condenación eterna. De la Luz de mi Llama de Amor Satanás quedará ciego".

(9 de julio de 1965)

7. Petición de la Santísima Virgen a todos

"A la oración con que me honran, el 'Ave Maria', incluyan esta petición: 'Derrama el efecto de gracia de tu Llama de Amor sobre toda la humanidad ahora y en la hora de nuestra muerte. Amén.'"

"Esta no es una nueva fórmula de oración, debe ser una súplica constante".

(Octubre de 1962 y 2 de febrero de 1982)

8. La Llama de Amor de la Virgen y las almas del purgatorio

"Mi Llama de Amor que deseo derramar sobre ustedes en una medida cada vez mayor, va a tener efecto sobre las almas del purgatorio también".

a) "Aquellas familias que guardan los días jueves y viernes la hora santa de reparación en familia regularmente, si en la familia muere alguien, después de un único día de ayuno estricto (observado por un miembro de la familia), el difunto de la familia se libra del purgatorio". (Se entiende: si falleció en gracia de Dios)

(24 de septiembre de 1963)

b) "Quien ayuna a pan y agua el lunes, librará cada vez un alma sacerdotal del lugar del sufrimiento. Quien practica esto, él también recibirá la gracia de ser liberado del lugar de las penas antes de que transcurran ocho días de su muerte".

(Orden del día: lunes - Abril de 1962)

Nuevos privilegios para los que guardan ayuno estricto los lunes. (15 de agosto de 1980)

c) "Si en cualquier momento, haciendo referencia a mi Llama de Amor, rezaran ustedes en mi honor tres Avemarías, cada vez un alma se librará del purgatorio. Las ánimas sufrientes deben sentir ellas también el efecto de gracia de la Llama de Amor de mi Corazón maternal".

(13 de octubre de 1962)

CARTAS DE OBISPOS

Estas cartas fueron escritas siguiendo los pasos dados por los funcionarios del Movimiento de la Llama de Amor a los obispos de sus respectivos países. En vista de su importancia para la obra de la Llama de Amor, publicamos algunas de las cartas en las páginas siguientes.

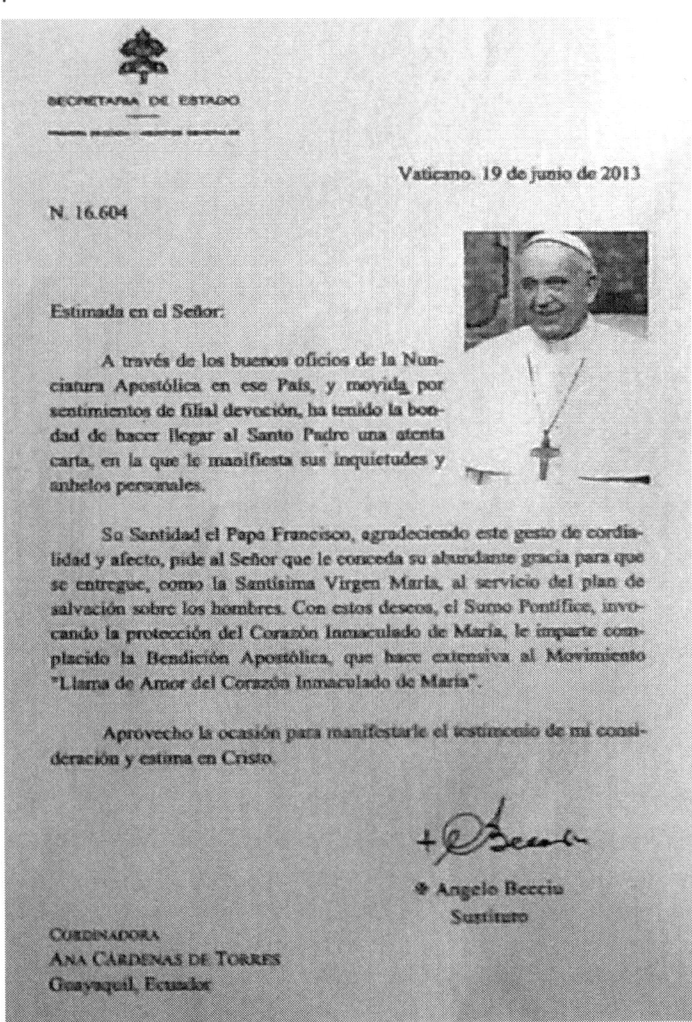

SECRETARÍA DE ESTADO

Vaticano, 19 de junio de 2013

N. 16.604

Estimada en el Señor:

A través de los buenos oficios de la Nunciatura Apostólica en ese País, y movida por sentimientos de filial devoción, ha tenido la bondad de hacer llegar al Santo Padre una atenta carta, en la que le manifiesta sus inquietudes y anhelos personales.

Su Santidad el Papa Francisco, agradeciendo este gesto de cordialidad y afecto, pide al Señor que le conceda su abundante gracia para que se entregue, como la Santísima Virgen María, al servicio del plan de salvación sobre los hombres. Con estos deseos, el Sumo Pontífice, invocando la protección del Corazón Inmaculado de María, le imparte complacido la Bendición Apostólica, que hace extensiva al Movimiento "Llama de Amor del Corazón Inmaculado de María".

Aprovecho la ocasión para manifestarle el testimonio de mi consideración y estima en Cristo.

✠ Angelo Becciu
Sustituto

Coordinadora
Ana Cárdenas de Torres
Guayaquil, Ecuador

† Antonio Troyo Calderón
OBISPO AUXILIAR DE SAN JOSE
Teléfonos: (506) 233-6029 - 233-5713 • Fax (506) 221-2427 - 253-8194
Apartado: 3187-1000 San José, Costa Rica.

San José, Costa Rica, 17 de abril de 1998.

Señoras
Mercedes de Ulloa y Ana Isabel Soto Q.

Queridas Hermanas en Cristo Señor:

A la luz del Espíritu Santo , y después de leer el " **Diario Espiritual de la Llama de Amor del Corazón Inmaculado de María"**, he reflexionado y meditado profundamente en su contenido, y no encuentro en él nada que atente contra la moral y la Doctrina de la Fe. Por el contrario, considero que es un libro que servirá para profundizar en los deberes de la vida cristiana, calentando con esa Llama de Amor, Llama que que ilumina y calienta en el Corazón de María a todos sus hijos.

Por lo tanto, apruebo la publicación de tan bello mensaje, que servirá para la edificación de muchas almas, iluminándolas con esa eterna Llama de Amor, que no es otra cosa, que el Amor de Jesús, en el Corazón del Inmaculado Corazón de María.

Les saluda y bendice su hermano y servidor,

Antonio Troyo Calderón
Obispo Auxiliar de San José

OBISPADO DE CIUDAD GUZMAN

Postal Ramón Corona # 26

Apartado 86 Teléfono 2-05-28

Diócesis de Ciudad Guzmán, Jal. México.

C.P. 49000

Cd. Guzmán, Jal. a 14 de septiembre de 2000.

Dra. Ana María Trujillo de Moreno:
Salina Cruz No. 39
Col. Roma Sur
06760 México, D.F.

Dra. Ana María trujillo de Moreno:

La saludo con toda estimación en el Señor y le deseo todo bienestar y salud.

Recibí su muy amable y atenta carta del 16 de agosto de los corrientes. He leído con atención los informes adjuntos.

Felicito de todo corazón al Movimiento "La Llama de Amor" por sus trabajos en favor de la propagación de esta Llama de Amor de Nuestra Madre Santísima. Que Ella continúe impulsando, con el Amor de su Inmaculado Corazón, los generosos esfuerzos que Ud., junto con los demás integrantes, prodiga.

En unión de oraciones quedo de Ud. su Afmo. servidor en Cristo Jesús.

+ Rafael León Villegas
Obispo de Cd. Guzmán, Jal.

ARQUIDIOCESIS PRIMADA DE MEXICO
SECRETARIADO PARA LOS LAICOS

México, D.F., a 19 de Mayo de 1998.

A QUIEN CORRESPONDA:

Es un placer saludarlos y a la vez, bendecir a Dios, por el trabajo pastoral que a nivel de Movimiento de la Llama de Amor realizan la **DRA. ANA MARÍA TRUJILLO DE MORENO** (Coordinadora Nacional del movimiento) y un equipo considerable de laicos

Me consta que han aumentado los cenáculos de oración, los retiros espirituales, regionales y nacionales y cómo la gente va tomando conciencia del desagravio a los Sagrados Corazones de Jesús y de María

Por tales motivos no dudo en recomendar este movimiento, esperando que para quienes lo deseen, sea el camino hacia el Señor Jesús.

Agradecido por su atención

A T E N T A M E N T E.

PBRO. JOSÉ MEDINA MONTOYA
SECRETARIO GENERAL PARA LOS LAICOS

CARLOS QUINTERO ARCE ARZOBISPO DE HERMOSILLO

ENERO 8 DE 1992.

DRA. ANA MARIA TRUJILLO DE MORENO
SALINA CRUZ NO 39 COL. ROMA SUR
06760 MEXICO, D.F.

Estimada en Cristo:

Que Dios en este Año Nuevo, le conceda crecer en el amor a la Santisima Virgen María y la felicito porque se editará ya el Diario de la Llama de Amor, que bendigo de corazón.

Deseo que el Mensaje Celestial que nos dá la Llama de Amor sea difundido entre todos nuestros Católicos.

Espero que las personas a quienes yo recomendé le contesten en una próxima ocasión.

Reciba mis Bendiciones Afectuosas.

+CARLOS QUINTERO ARCE
ARZOBISPO DE HERMOSILLO

Rutilo Muñoz Zamora
Obispo de Coatzacoalcos.

MOVIMIENTO DE LA LLAMA DE AMOR
DEL INMACULADO CORAZON DE MARIA

Que Cristo resucitado los colme con su alegría y con su Paz.

Por medio de la presente doy mi aprobación para los Estatutos del Movimiento de la Llama de Amor, como están establecidos el 15 de Agosto de 2008, en la Ciudad de San Pablo, Brasil; y reconozco por esto al

MOVIMIENTO DE LA LLAMA DE AMOR
DEL INMACULADO CORAZON DE MARIA

Como Asociación de Fieles, en el seno de la Iglesia conforme al canon 215 del Código de Derecho canónico.

Doy también mi autorización para el **IMPRIMATUR** de sus **ESTATUTOS** que me fueron presentados por El **Sr. Isidro Limones Hernández** y **Sra. Alicia Quirino de Limones**, Coordinadores del movimiento mariano, que actualmente tiene su sede en Coatzacoalcos, Veracruz.

Que nuestro Señor Jesucristo y la Santísima Virgen María, los bendigan abundantemente en su trabajo evangelizador, y a todos los que integran este movimiento de la Llama de Amor.

Fiesta de la visitación de María; Coatzacoalcos, Ver., 31 de mayo del 2011.

Con mi bendición, en Cristo y María.

DIÓCESIS DE COATZACOALCOS
CURIA DIOCESANA

+ Rutilo Muñoz Z.

+ Rutilo Muñoz Zamora.
Obispo de Coatzacoalcos.

Diócesis de Coatzacoalcos, A. R. Aldama No. 502 Apartados Postales 395 y 396
Tels. (921) 212.23.99 y 212.59.03 Fax 212.95.00 96400-Coatzacoalcos, Ver. México

+ Rutilo Muñoz Zamora
Obispo de Coatzacoalcos.

MOVIMIENTO DE LA LLAMA DE AMOR
DEL INMACULADO CORAZON DE MARIA

Que Cristo resucitado los colme con su alegría y con su Paz.

Por medio de la presente doy mi aprobación para la impresión del Diario Espiritual y todos los documentos de la Llama de Amor.

Que nuestro Señor Jesucristo y la Santísima Virgen María, los bendigan abundantemente en su trabajo evangelizador, y a quienes integran este Movimiento de la Llama de amor.

Fiesta de la visitación de María; Coatzacoalcos, Ver., 31 de mayo del 2011.

Con mi bendición, en Cristo y María.

DIOCESIS DE COATZACOALCOS
CURIA DIOCESANA

+ Rutilo Muñoz Z.

+ Rutilo Muñoz Zamora
Obispo de Coatzacoalcos

Diócesis de Coatzacoalcos, A. R. Aldama No. 502 Apartados Postales 395 y 396
Tels. (921) 212.23.99 y 212.59.03 Fax 212.95.00 *96400-Coatzacoalcos, Ver. México*

ÍNDICE

- 1 -

1961-1962

~ 2 ~

1963

- 3 -

1964

- 4 -

1965

- 5 -

1966

~ 10 ~

1980

~ 11 ~

1981

Isabel en 1932

Isabel, su marido Karoly Kindelmann, y sus seis hijos, en 1940

1980

1982

1983

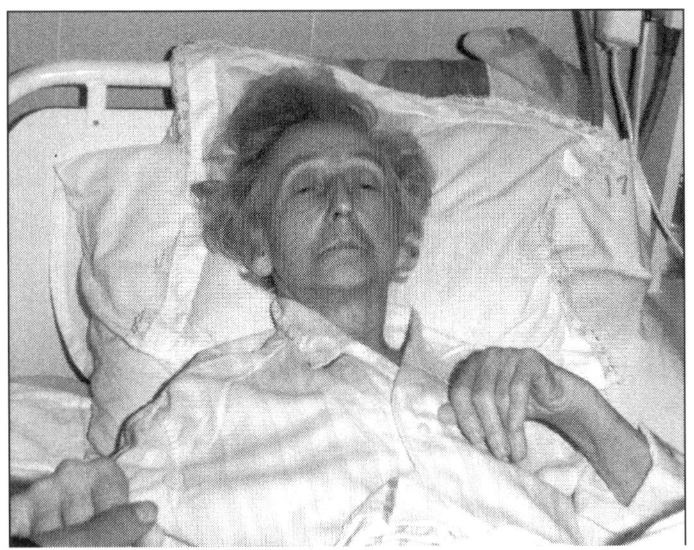

Isabel en su cama de hospital durante su enfermedad, en 1985

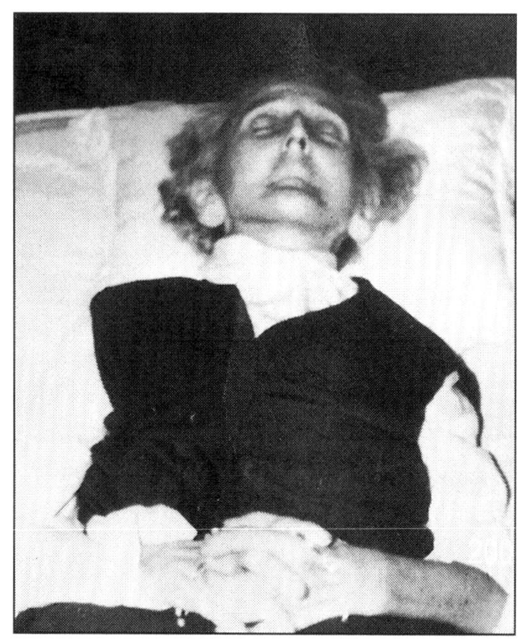

Isabel en la paz de Dios, 11 de abril de 1985

Su funeral, 16 de abril de 1985

Made in the USA
Middletown, DE
02 September 2024

60230415R00231